公安院校创新应用型
精品规划系列教材

安保勤务与安全检查

Security Work and Safety Inspection

盛虎 ▸ 编著

WUHAN UNIVERSITY PRESS
武汉大学出版社

图书在版编目(CIP)数据

安保勤务与安全检查/盛虎编著．—武汉：武汉大学出版社，2015.8
(2025.8 重印)
公安院校创新应用型精品规划系列教材
ISBN 978-7-307-16452-9

Ⅰ.安…　Ⅱ.盛…　Ⅲ. 保卫工作—中国—高等学校—教材　Ⅳ.D631.3

中国版本图书馆 CIP 数据核字(2015)第 178921 号

责任编辑：田红恩　　　　责任校对：李孟潇　　　　版式设计：马　佳

出版发行：**武汉大学出版社**　(430072　武昌　珞珈山)
(电子邮箱：cbs22@ whu.edu.cn 网址：www.wdp.com.cn)
印刷：武汉图物印刷有限公司
开本：787×1092　1/16　印张：11　字数：275 千字　插页：1
版次：2015 年 8 月第 1 版　2025 年 8 月第 6 次印刷
ISBN 978-7-307-16452-9　定价：48.00 元

公安院校创新应用型精品规划系列教材编委会名单

前　　言

近年来，随着我国经济的快速发展，社会人参与的各类社会活动越来越多，举办的大型群众性活动也越来越多，如2008年的北京奥运会、2010年的广州亚运会、2010年的上海世博会等，这些大型活动的举办极大地提高了国家和举办城市的地位和声誉，获得了良好的经济、社会和政治效益。但同时，我们也必须清醒地认识到，大型活动中大量的参与人群也极易成为恐怖袭击的对象，如1996年亚特兰大奥运会的爆炸事件就是其中典型案例。因此加强大型活动及人口稠密区域的安全保卫和查危的作用就突显出来。

社会公众参与社会活动的机会越来越多，对安全的要求也越来越高，这对安全检查工作的要求也越来越高。我国目前的安全保卫和查危工作也正在逐渐发展和完善，但在发展和完善的过程中，由于安保力量的水平及能力问题，对危险隐患有时不能做到及时发现和处理，作者在参与广州亚运会安保期间也多有体会，由于对违禁物品和危险物品不能准确判定，从而放过了违法犯罪嫌疑人，使其进入到禁入区域，对安全工作带来影响。

安全检查工作多是由保安公司的保安从事，但由于我国目前的保安人员的上岗资质制度不完善，大部分的保安未经系统的培训考核就上岗，在查危过程中，对工作的基本内容和要求不清楚，其危害是非常明显的，一是不能保证工作的目的顺利实现，二是对自身的安全也无法保证。因此加强学习就显得尤其重要。

作者结合自身的学习和研究，经多年的积累，编著本书，首先是对自己多年工作的总结，也是希望有关工作人员能够通过本书的学习，提高自己在安保特别是查危方面的工作能力，确保工作目的的实现和自身的安全。

由于时间仓促及本人水平有限，本书中难免存在疏漏和不当之处，敬请广大读者批评指正。

盛　虎

2015年6月18日

目　录

第一章　安保勤务概述

第一节　安保勤务的认识与理解

一、安保勤务的概念

安保勤务，是指为保卫特定活动的顺利进行，确保人、财、物的安全，安保服务单位(企业)及个人为完成安全服务任务，对安保机构与安保人员及装备，以最有效的编组，使其按分配的时间，遵循不同的工作要求，执行各种保安服务工作的一切有计划、有规律的活动。

二、安保勤务的主体

安保勤务的内容及形式是多方面的，这也决定了参与安保勤务的主体也比较多，不同类型的活动，安保的主体差异也较大，总体而言，参与安保勤务的执行主体主要有：

(一)公安机关

在不同的安保任务中，公安机关一般讲都承担着主管责任。在具体的安保活动中，根据工作需要，参与的警力和警种也各不相同，一般涉及治安、交通、消防等警种。

(二)保安服务公司

现在很多社会性大型活动，多将安保任务承包给社会的保安服务公司，保安服务公司为了活动顺利进行，会进行周密的计划与安排，会有大量的安保工作人员参与到安保工作中来。如武装押运人员、守护人员。

(三)其他人员

根据活动的需要，会安排很多其他单位(企业)的有关人员参与到活动的安保活动中。如在一些大型的体育比赛活动中，参与安保的工作人员可能就会包括公安机关、城市管理部门、体育行政主管部门、政府相关单位、保安公司等诸多的单位(企业)。

三、安保勤务的内容和分类

(一)安保勤务的内容

安保勤务的内容是：根据安保工作的需要进行组织和具体开展各种安全保护的手段、方法、措施。安保勤务主要有：

1. 门卫安保服务

单位(企业)的大门，既是职工、外来人员和车辆等出入的必经之地，也是各种违法犯罪分子的出入口，因而是客户单位(企业)的重要咽喉要塞，是防止违法犯罪进入、拦截犯罪分子外逃的重要关卡；出入控制式安保服务在单位(企业)安全防范中具有十分重要的作用。客户单位(企业)的大门守护工作，一般由保安服务公司派出保安员，以劳务服务形式完成。

2. 安保守护服务

雇请安保守护的目标，多是重要单位(企业)、要害部位或财物相对集中的场所。易成为各种违法犯罪分子侵害的目标，随时处于危险之中；而一旦发生问题，不仅会造成重大经济损失或人员伤亡，还可能在政治上造成恶劣影响。守护目标是执行守护任务的安保工作人员唯一的工作对象。工作时不能远离，更不能擅离职守。守护工作在明处，各类窥视者和违法犯罪者处于暗处，使守护工作处在相对被动的地位，且具有一定的危险性。

3. 安保巡逻服务

安保巡逻一般在安保服务区域进行。无论从防范的角度，还是从同违法犯罪作斗争的角度，都是一种安保人员的主动行为。巡逻中安保人员态度积极认真，工作仔细，责任心强，发现各种可疑情况的机会就多；反之，消极敷衍，应付差事，该发现的问题很可能发现不了，甚至有可能引发事故或灾难。

4. 押运保安服务

押运保安服务，是指保安服务公司应客户的要求，选派业务熟练的保安人员，采取一系列的防范措施，为客户押运贵重、危险物品并确保其安全抵达目的地的一项保安活动。

5. 工业企业安保服务

工业企业安保服务，是指保安服务公司依据与工业企业签订的保安服务合同，派出保安人员到工厂、矿山等部门提供的保安服务业务。由于我国的工业企业数量多、分布广，财物集中，易发生各类案件和事故，因此，为工业企业提供保安服务，已经成为保安工作经常性的业务。

6. 金融业安保服务

金融业安保服务，就是保安服务公司根据保安服务合同向银行、保险公司、证券公司等派出保安人员，为其开展金融业务提供安全服务，以维护其正常业务秩序，保障其员工人身安全、财产安全和工作安全的保安服务活动。

7. 商业安保服务

商业安保服务，是专门为商场、超市等商业场所提供安全服务的安保业务，商业安保依据有关合同为商家提供规定的服务内容。主要是维护商业场所的正常秩序，保障商业活动的正常运行，最大限度地保护商家的正当利益不受或少受损失，同时也保护顾客的人身、财产安全。

9. 旅馆业安保服务

旅馆业又称酒店业，是指为过往旅客提供住宿条件以及生活服务为主的服务性行业。作为公安机关确定的特种行业，酒店业是容易发生违法犯罪的地方，存在着一些不安全因素和侵害因素。基于这些因素的存在，从事酒店业保安的保安员，要遵守保安服务公司与酒店签订的保安合同，恪尽职守，以确保旅客安全。

10. 政府部门、事业单位(企业)安保服务

这里的政府部门是指省级以下党政机关和部门。事业单位(企业)，一般指以增进社会福利，满足社会文化、教育、科学、卫生等方面需要，提供各种社会服务为直接目的的社会组织。事业单位(企业)不以营利为直接目的，其工作成果与价值不直接表现或主要不表现为可以估量的物质形态或货币形态。政府部门、事业单位(企业)保安服务，是指为了保障

政府部门和事业单位(企业)的正常工作秩序，维护政府部门和事业单位(企业)的安全，根据保安服务公司与政府部门、事业单位(企业)签订的保安服务合同，派出保安人员提供的安全服务。

11. 文化娱乐业安保服务

文化娱乐业是我国国民经济的重要组成部分，它的繁荣和发展，对丰富人民群众的精神文化生活，提高我国人民的生活质量有着十分积极的作用。加强对文化娱乐业的安全秩序管理，保证博物馆、公共娱乐场所和大型活动的安全，对保障文化娱乐单位(企业)的经营秩序，确保国家集体财产和人民群众的人身生命安全有着深远的意义。文化娱乐业的安保服务工作，已越来越受到社会的普遍关注和接受，为文化娱乐业的安全秩序管理发挥着越来越重要的作用。

12. 涉外安保服务

改革开放以来，在华外资企业、中外合资企业和出入我国的外国人越来越多，在华举办的涉外大型活动也不断增多，为了保障外国人和外资企业、中外合资企业、在华举办的涉外大型活动等的安全，安保服务单位(企业)根据我国相关法律的规定与签订的安保合同，为它们提供安全服务；同时，根据我国法律的相关规定，为来华外国人提供有关的安全帮助服务。

13. 安保咨询服务

安保咨询服务，是安保服务单位(企业)应社会特定组织或个人的要求，据情为其提供安全、技术防范等方面的有偿咨询服务，是安保服务单位(企业)向社会特定组织、单位(企业)和个人提供各种安保服务中的一种形式；提供的服务侧重于安全方面的问题以及安全防范措施、安全防范技术和知识成果；安保服务单位(企业)向客户提供服务是有偿的；为客户解答咨询的意见、建议、方案，只供咨询者参考，不具有法律效力。

14. 其他合法勤务

安保服务单位(企业)根据社会的需要和自己的能力，可以承担其他安全服务，如提供紧急救护、安全紧急出动、自然灾害救助、通信安全服务、各种特定场所及活动的安全检查等勤务。以此方便客户，扩大经营范围、规模和利润。

(二)安保勤务的分类

1. 按照勤务性质的不同划分

按照勤务性质的不同，可将安保勤务分为一般安保勤务和特殊安保勤务两大类。

(1)一般安保勤务。是指执行门卫、守护、巡逻等常规性安保服务的活动。

(2)特殊保安勤务。是指在特定条件下或针对特殊对象实施的勤务活动，如现场保护与急救、执行贵重物品押运任务等。

2. 按照执行勤务方式的不同划分

按照执行勤务方式的不同，可将安保勤务分为相对固定勤务和临时勤务两类。

(1)相对固定勤务。指为客户承担固定场所、地点的安全服务。

(2)临时勤务。指随时接受任务，如参与大型文体活动的安全保卫、为展览展销提供安全服务、参与围堵抓捕现行犯罪分子活动等。

四、安保勤务的目的

安保勤务的目的，是通过安保人员的实际活动从事各项安保业务，最终完成安保服务的任务，实现单位(企业)的社会效益和经济效益。

安保勤务在业务上以满足社会各界不同层次安全需求为目的。在创效益、创利润的同时，尽可能地满足社会不同的安全需求，不同层次的需求和具体要求，为不同的客户提供安全服务，形成具有中国特色的安保服务网络，创造出安保勤务优良的社会形象和良好的社会效益。

五、安保勤务的特点

安保勤务有自身的独特性。在具有专项性强、契约性强、特定性强、商品性和服务性的基础上，还具有：

(一)性质的差别性

安保勤务有多种，其基本形式有巡逻、守护；有静态的，也有动态的；勤务范围有在一定空间的，也有在较大区域的；有面对机关单位的，也有针对工矿企业、事业单位(企业)的。

(二)方法的异同性

勤务活动多以劳务形式出现，以守护为主。但有的是被动看护，有的是主动发现情况和问题(巡逻)，有的以防范为主，有的则主要是维护秩序。

(三)目的的同一性

不论什么性质、什么部位的勤务活动，总的目的都是预防、制止案件、事故的发生，确保勤务目标的安全和勤务任务的完成。

(四)活动的复杂性

安保服务的对象(空间)不同，任务与勤务环境、条件不同，治安方面的危险性不同，需要采用的方法、措施也不相同。要因时、因地、因人制宜，注意工作的多变性，以灵活多变的工作方式和态度处理在具体工作中出现的各种问题，不能抱有“以不变应万变”的态度、方法和措施实施安保勤务。

(五)勤务过程的风险性

安保人员在执行勤务过程中，直接和对象面对面地展开工作，也就是说是和多种犯罪活动直接面对面的斗争，随时会面对各种违法犯罪分子的袭击和各类灾害事故的威胁，具有较大危险，安保人员应学习、掌握工作方法，学会自我保护。

(六)责任的重大性

勤务责任均与安全有关，稍有不慎就会在政治、经济、生命安全等方面造成较大损害。安保人员务必保持高度责任心和警惕性。

第二节　安保勤务的原则

安保勤务的原则，是安保服务单位(企业)和保安人员在执行安保勤务中应当遵循的行为准则。安保勤务的原则是一个体系，依据不同的标准，可以划分为：

一、安保勤务组织实施的基本原则

(一)依法办事原则

依法办事是我国安保勤务组织实施中应遵循的基本原则之一。依法办事，是指安保勤务必须在国家宪法、法律及其他行政法规许可的范围内进行，以国家法律作为行为准则，作为衡量是非曲直、合法与非法的唯一标准。在执行安保勤务中的任何情况下，都必须严格按照法律规定办事，保证国家法律的正确贯彻，维护国家法律的统一性和严肃性。

(二)遵守合同原则

安保服务单位(企业)通常是企业性组织①，必须遵守市场规则和经济行为规则。遵守合同必然成为实施安保勤务的又一基本原则。它是指安保服务单位(企业)和安保人员在实施保安勤务中，必须以重合同、守信用、严格全面地履行安保服务合同为行为准则。遵守合同是安保勤务开展的前提和条件。安保勤务的开展，自始至终都受到合同的制约。

(三)依靠群众，积极防范原则

1. 依靠群众

所谓依靠群众，是指安保勤务一定要与广大群众相结合，相信群众，依靠群众，密切联系群众，取得各行各业、各个部门的广大群众的理解和支持，充分调动广大群众的积极性、主动性，以确保各项保安任务的完成。

2. 积极防范

所谓积极防范，是指保安勤务活动过程中，安保单位(企业)和保安人员在自己的职责范围内要预先采取各种有效的措施和方法，提高安全防范能力，掌握安全保卫工作的主动权，预防各种违法犯罪和治安灾害事故的发生，防患于未然，以确保客户的财产和人身安全，维护良好的生产、工作和生活秩序。

(四)创造效益、确保安全原则

创造效益，确保安全，是对安保勤务质量和效果的基本要求，也是实施保安勤务的直接目的。所谓创造效益，就是指保安勤务活动中要尽可能地获得更多的经济效益和更好的社会效益。所谓确保安全是对安保勤务质量的要求，也是安保业理应履行的重要职责和对社会提供安全服务的直接目的。

二、安保服务的力量分配原则

(一)统一指挥的原则

这也可称指令唯一原则。安保勤务中必须实行统一指挥的原则，建立起良好的指挥体系。所谓指挥体系，也就是一系列垂直的上下级关系，从安保组织最高层领导者开始往下直到基层负责人，甚至最终可到普通保安员，形成一个“金字塔”式的指挥系统。任何一个下属只能也必须接受直接上级的直接指挥，执行来自一个上级的指示和决策，并且只能和这个上级联系，这就是统一指挥的原则。

(二)以事设职、才职相称的原则

这一原则就是根据安保工作的实际需要，设置工作职位，再把胜任这个职位的人放到这个职位上去。这就是通常所讲的才位匹配。当然，职位的设置是以工作需要为前提条件的，而不能因人设职，因人设职难以做到才职相称，而且可能会产生任人唯亲和裙带关系等不正之风，造成安保组织成员发展条件和机会的不平等。

① 现在社会的常规性安保勤务通常都是由保安服务公司来承担，但也有些临时性的大型活动，为了确保安全，通常其安保活动会由公安机关或其他国家机关承担主要的安保工作，当然在具体的执行过程中，有些业务也会承包给保安服务公司，对安保活动进行必要的补充。

(三)人员结构多职能的原则

任何一个组织或者活动都应该是一个系统，在进行安保勤务的力量分配时，要着眼于具体的作用，要根据任务的不同性质，组成由各种专业知识和才能的人员团队，以便相互取长补短，配合协作，充分发挥保安组织作用。

(四)动力原则

要使每一次安保勤务都达到高效率，确保安全，就需要有激励每一名保安人员的工作热情的动力，使他们都能主动、自觉投身到工作中去。常见的动力主要有精神动力、经济动力等。

马斯洛需求层次理论把需求分成生理需求、安全需求、归属与爱的需求、尊重需求和自我实现需求五类，依次由较低层次到较高层次排列。一般来说，某一层次的需要相对满足了，就会向高一层次发展，追求更高一层次的需要就成为驱使行为的动力。相应的，获得基本满足的需要就不再是一股激励力量。这些都为保安组织激励保安员提供动力，保持工作的积极性具有理论指导意义。

三、安保勤务中紧急情况的处置原则

紧急情况的处置原则，就是执行安保勤务的安保工作人员在预防和制止紧急情况的实践中的基本行为准则，即言论和行为的标准。综合起来，处置不同性质、不同种类的紧急情况所适用的基本原则，主要有：

(一)坚持公安机关的监督管理、争取客户单位(企业)配合的原则

2009年12月29日公安部部长办公会议通过并发布施行的《公安机关实施保安服务管理条例办法》第2条规定："公安部负责全国保安服务活动的监督管理工作。地方各级公安机关应当按照属地管理、分级负责的原则，对保安服务活动依法进行监督管理。"还对各级公安机关对保安服务活动的监督管理具体要求作出了明确的规定。安保服务单位(企业)提供的是安全服务，而社会安全是一个复杂的社会系统工程，公安机关作为社会治安主管机关，既是安保工作的参与机关，也应对社会上的安保勤务进行监督管理。而紧急情况处理得是否得当，将直接影响到社会治安。因此，安保组织和安保人员紧急情况的处理一定要在公安机关的监督管理下进行。另一方面，安保勤务是为客户提供的安全服务，涉及客户单位(企业)的人、事、物等方方面面，其中有利于安全方面的特点，也有不利于安全方面的特点，安保勤务活动过程中，特别是紧急情况下一定要争取客户单位(企业)的配合，努力发挥客户单位(企业)有利的方面，限制和克服不利的方面，以保证安全任务的完成。

(二)预防为主、疏导教育的原则

预防为主、疏导教育的原则，反映了处理紧急情况的基本立场和主要着眼点。预防为主就是立足于防范，利用事前检查的工作措施，及时发现安全隐患，并及时排除，努力减少引发紧急情况的各种因素，缓解社会矛盾，使之不发生或减少发生紧急情况。

疏导教育即疏通引导，启发说明，使之开通思想。预防为主，疏导教育的原则就是要求对发生的紧急情况：

1. 科学预见，把工作做在前头。现在对于事故致因理论及安全管理理论在专业领域已经有大量的研究成果和工作实践总结，如：事故频发倾向论、事故遭遇倾向论、多米诺骨牌理论、多重防护理论、重点控制理论等，利用专业理论对安保工作进行预分析，尽可能把问题解决在萌芽状态，把紧急事件制止于萌芽、平息于无形。

2. 因势利导，实施要有针对性。也就是在紧急情况的孕育之时或发生之初，就及时感知它，认真分析研究，因势利导，促使矛盾向有利的方面转化，使紧急情况不能发生，或发生了但可减轻危害后果。

（三）迅速及时、果断处置的原则

迅速就是快，及时就是不失时机。在处置紧急情况的过程中，迅速及时的原则要求是“五快”，即：获取信息快，组织力量快，赶赴现场快，抓住有利时机制止、平息事件快。“兵贵神速”，以快制快，选择紧急情况发展的有利时机及时、果断地予以处置，可以以极小的代价取得较好的效果。处置紧急情况，坚持迅速及时、果断处置的原则，是由紧急情况的突发性以及迅速扩大蔓延的特点决定的。迅速及时要以较少的力量将事件控制在一定的范围内，有利于实施调查了解工作，及时分清是非曲直，找到问题的根源，采取针对性的措施平息事态。

（四）统一指挥、整体作战的原则

紧急情况的处理，必须确定处置工作的总指挥，负责整个事件的集中统一指挥。所谓的统一指挥，是指在处置各种紧急情况中，应由总指挥员对整个处置工作行使集中统一指挥权，所有的安保人员都必须遵守高度集中统一的指挥原则，才能保证在总指挥员的统一组织指挥下行动。只有实行集中统一的指挥，才能保证指挥员在短时间内，下定决心，周密计划，精心布置，使所有安保人员都服从于统一的意图和计划，统一思想行动一致，并对指挥部（员）的工作指示有力、有效地执行，集中全力达到预期目的。整体作战是指挥在统一的处置意图和计划下，安保人员之间密切配合、互相支援，以促进和确保有关人员思想统一，步调一致地去采取行动。统一指挥、整体作战的目的就在于使所有的人员集体去完成任务，即发挥整体效应。在一定的人力、物力条件下，合理组织、协调指挥，就能发挥最大的效益。总之，统一指挥、整体作战的原则就是指在处置紧急情况时，必须实行自上而下、高度集中、适时、不间断、有序的指挥，集中每一名保安人员的力量，使之成为一个有机的整体。

（五）因事施策、区别对待的原则

因事施策、区别对待，就是要区别不同的情况，实施相应的对策。因为引发紧急情况的原因很多，其社会危害性也是多层次的，而且其形成和发展、变化十分复杂，往往与其他社会问题交织在一起。如果对待所有的紧急情况一律实行一种处置方式，对同一紧急情况中不同层次、不同角色的人也用同一种处置模式，是不可能正确地妥善处置的，而应该区分不同情况，区别对待。因此，在处置紧急情况时，首先要弄清其性质，摸准引发紧急情况的症结，探明引发或卷入紧急事件的成员结构，再因事施策，区别对待，从而实现迅速、及时、妥善处置所发生的紧急情况的目的。

（六）确保重点、兼顾一般的原则

所谓重点亦可成为要害，是指重要的部位和问题的关键。要害的特点就是作用大、影响大，发生问题后损失大。要害部位一旦发生问题，就会造成严重的损失，甚至影响整个安保勤务。因此，紧急情况处置过程中，要将有限的力量进行合理配置，防止平均使用力量或产生不分主次、轻重倒置现象，把主要力量用于保护重点部位的绝对安全上。当然“重点”和“要害”不是孤立的，他们是全局和整体的组成部分，重点和一般、要害和非要害是相比较而存在的，是相互依存、相互影响的。就整个保安勤务来说，各个部分、各个环节都有一定的联系，哪个部分和环节发生问题对整个都有一定的影响。因此，要充分认识要害的重要性，又不能忽视一般部分的安全，防止把重点与一般对立起来，而出现不顾重点和只顾重点的两种倾向。我们应当确保重点，兼顾一般，在确保重点和要害的同时，还必须统筹兼顾，全面做好安保勤务的安全工作。

第三节　安保勤务管理

一、安保勤务管理的含义

安保勤务管理，是指安保管理人员依据合同内容，对服务范围科学、合理地确定岗位、委派人员、明确任务、提出要求、检查考核等系列活动的总称。或者说是安保勤务管理是保安管理人员在实施勤务过程中的系统的管理活动，是组织保安勤务任务的落实，通过定岗、定任务，使分散的勤务活动相互联系、时空衔接的系统管理，是对每个岗位保安员有效开展工作实行的监督、指导，是整个勤务活动的保障环节。

二、保安勤务管理的基本原则

(一)调查研究，明确目标

各级安保管理人员为有效组织勤务活动，必须重视对主客观情况的熟悉了解。主观方面，必须清楚执行勤务的每个安保人员的思想状况、业务能力与协调能力、法律意识、工作态度等方面的情况。客观方面，要较为全面地了解勤务目标的性质、环境状况、治安状况、相关条件等。在知己知彼的情况下，有针对性地制订切实可行的勤务方案。

(二)科学安排，合理部署

各级安保管理人员要根据任务的复杂、难易程度，安保员人数、素质状况及相关设备条件，对工作进行全面规划，统筹安排；合理组织人员，按保证重点、兼顾一般的原则，力争以最少的人力、物力，最大限度地做好各项勤务工作。

(三)明确责任，分工负责

安保勤务可根据任务量、复杂程度和保安员的人数，划分工作责任区、段，通过定任务、定岗位、定工作标准、定人员方式，将具体任务落实到具体人，采用统一管理，分工负责的竞争机制。

(四)掌握情况，及时指导

安保勤务管理人员应对分管工作的开展情况了如指掌：勤务中有哪些环节、各环节的工作重点、各环节的工作隐患、工作状态的应急处理等。对保安员在勤务中遇到的困难能及时给予帮助，确保每个安保人员以高昂的工作热情，高质量地完成肩负的任务。

(五)总结经验，扩大成果

安保勤务的目标是创造出色的工作成果。为了提高勤务工作质量，安保勤务管理人员必须经常总结自己，吸取别人在勤务工作中的经验，结合自己的工作实际，将好的工作方法和经验贯彻到具体工作中去，以期更多的安保员在勤务活动中，创造更佳业绩。

(六)严格纪律，奖勤罚懒

纪律是安保勤务工作有效开展的重要保障。只有严格纪律，才能保证安保勤务人员认真履行勤务职责，各项安保勤务制度才能贯彻落实，各项勤务任务才能顺利完成。在工作中奖勤罚懒，一方面可以对认真履行勤务职责和勤务制度的安保人员，给予肯定，调动积极因素，扩大正面影响，促进良好企业风气的形成；另一方面，对那些对勤务工作不以为然、对各项勤务制度不严格遵守的安保人员进行批评教育，甚至给予相应的处罚，以起到教育本人，警示他人的作用。

三、安保勤务制度

(一)岗位责任制度

通过将不同岗位安保的工作职责进行细化，可使安保人员对工作内容、工作责任更加明确，使客观上的制约作用、促进作用、激励作用更为突出；对于管理部门来说，无论是检查还是考核的工作，都更增加了客观性、科学性、合理性。

(二)值班登记制度

多数长期固定的安保勤务，在工作空间、内容、方法相对不变的情况下，要保证一天24小时工作的连续性，必须建立昼夜值班制度，明确值班人员及岗位职责，要求值岗人员认真负责、尽职尽责地做好岗位的各项工作；妥善处置当班过程中的各项事宜并做好必要的值班记录；交接班时，要将当班情况、需要注意的问题、需要继续处理的问题，认真交接清楚。

作为勤务管理部门，必须建立管理人员分班跟勤制度，监督安保人员值班情况，直接处置当班中较为复杂疑难的情况；建立执勤日记，主要记载上级的指示、命令、通知，临时派勤情况；勤务调整情况；执勤中发生的问题和处理情况；查岗发现的情况、问题及处置结果等。

(三)交接班制度

1. 按时交接班，严禁迟到早退，接班安保员应提前10分钟到达岗位或者根据工作的具体要求确定提前时间；接班人员未到前，当班人员不准离开岗位。

2. 接班人员要详细了解上一班的执勤情况和当班应注意的事项。

3. 交班人员应将当班时发生的情况、发生的问题、处理情况及注意事项向接班人员交代清楚。

4. 当班发现的情况要及时处理，不能移交给下一班的事情要继续在岗处理完毕，接班人要协助完成。

5. 接班人员应注意检查岗位范围内的物品、设施、器械、装备等，发现异常情况应立即报告，必要时双方签名作证。

6. 当班人员向下一班移交值班记录本和装备及其他物品，接班人员应在值班记录本上签名。

7. 交接班时应列队进行并互敬军礼。

8. 交班人员应负责打扫值班场地的卫生。

(四)请示报告制度

当班安保人员在执勤中遇到重大问题、紧急情况、难以自行处置的问题时，须及时向值班领导(负责人)报告；值班领导根据自己的能力、条件，或就地解决，或向上级请示报告，以使问题得到及时、圆满的解决。

(五)检查监督制度

勤务管理部门必须通过定期与不定期相结合、日检与夜查相结合、普查与抽查相结合等方式，认真负责地检查监督保安勤务人员履行职责的情况，及时发现勤务工作中的各种问题并妥善解决。重要的节假日、发案旺季或高峰时段，勤务检查应更加有目的、有针对性地进行。

（六）学习训练制度

勤务管理部门必须有计划、有针对性地安排安保勤务人员的业务学习和实战技能训练。业务学习切忌追求形式、走过场，可以结合讨论，突出强调理论联系实际，总结实践经验、教训，不断提高业务素质和实际工作能力；技能训练要针对安保人员的薄弱环节，重点训练、提高应变能力，面对复杂危险，既能保护自己与队友，又能取得斗争的主动权。

四、安保勤务方案制订的要求

（一）制定安保勤务方案的依据

主要依据上级（含业务主管部门））的指示、要求，具体任务情况、执行勤务人员的素质及装备情况、勤务目标的性质、环境与周边治安状况、相关法律法规、与友邻单位（企业）的治安联防状况、安保勤务人员应有的职责、权限等。

（二）制定安保勤务的方法

1. 进行认真周密的调查研究。进行现场调查，掌握第一手材料，全面了解勤务目标的性质、规模、地形地物、重点要害部位的分布、周边治安状况等相关情况。

2. 集思广益，多方准备。召开有关人员会议，集思广益，围绕勤务任务、职责、要求、投放安保员人数等讨论、制订具体的勤务方案，可制订一套至几套紧急情况处置方案。

（三）制定安保勤务方案的要求

安保勤务方案的制订必须从实际出发，针对性要强，要简单适用，便于操作，方便管理，符合法律要求。既体现文明管理，注重社会效益，又要利于安保员积极性的调动和能力的发挥，促其尽职尽责。不同方案要有明确的侧重点，制订的方案须报上级审批后方能实施，如有情况变化，勤务方案须据情修改。

（四）制定固定勤务方案应考虑的内容

1. 要考虑勤务目标基本情况。主要是勤务目标的性质、规模、内部机构与人员情况、重点要害部位分布情况、所处位置、环境与周边治安状况、相邻单位（企业）间治安联防状况、勤务目标领导及相关部门对治安的重视程度以及内部单位（企业）的治安组织状况等。

2. 要考虑任务情况，即任务的类别、数量、难易程度和质量要求。

3. 要考虑勤务力量要求。主要包括执行勤务人员的数量、专业能力以及其他特殊技能。

4. 要考虑各执勤岗位的职责、通信联络、协同配合、特殊情况处置等内容。

制订临时勤务方案，如大型文体活动、展览展销的安全护卫，可以比照固定勤务方案；对待执行临时抓捕、救援、协助公安机关统一行动等临时勤务，则主要考虑任务作况、危险程度、需要投入的人力与装备等内容。

五、安保勤务活动中常见问题的处置原则和方法

（一）安保实践中疑难问题处置原则

1. 依法行事原则。在安保勤务工作中，保安人员对人、事、物产生怀疑，对违法犯罪嫌疑人的确认、审查、扭送等都必须符合法律的有关规定，保安人员在执勤时不能有任何的随意性，不得有任何的越权和违法行为。

2. 注重证据原则。安保人员在勤务活动中，认定一个人有无违法犯罪嫌疑，必须强调构成嫌疑的根据。通常情况下，直观印象的反常行为、身上特殊的痕迹、携带物、同行人之间表现出来(年龄、性别、职业)的矛盾现象等都应引起安保人员的怀疑，但更重要的是透过这些表面现象抓住事物的本质，找出嫌疑的根据——证据。必须严格区分嫌疑与事实的界限，安保人员必须习惯于用证据说话，要学会把嫌疑转化为证据的工作方法。

3. 开发方法原则。安保员的权利有限，而承担的任务又十分复杂，依法行政的要求十分严格，在这种情况下，安保员不能束缚住自己的手脚，应在法律允许的范围内，在方法上多一些智力方面的开发，发现犯罪本身就是和犯罪嫌疑人斗智斗勇的过程。通过请示报告的途径，采取群策群力的方法，或在不违法的情况下，运用模糊的方法，处理一些容易引发争议的具体问题。

4. 自我保护原则。根据实际工作中保安员经常面对凶恶的歹徒、生命安全受到严重威胁的实际情况，安保人员应具体情况具体对待，凡有条件的，可现场将歹徒制服，在敌我力量对比明显、敌众我寡、孤军作战、难以克敌制胜的情况下，就不能单靠勇猛，更不能轻易付出牺牲的代价，首先应保存自己，然后据情采取其他制服犯罪或抓获犯罪的办法。

(二)安保服务操作的基本要求

1. 依法依规进行。安保服务操作应按照国家法律、法规、规章及政策规定进行，并遵守主管行政机关的有关管理规定。属于安保工作职责范围内的事项按《保安服务操作规程与质量控制》标准实施，不属于保安服务职责范围的事项，依法交有关部门处理。

2. 依照合同提供安全服务。安保服务单位(企业)应依照约定合同为客户提供安全服务，维护客安保对象的安全和秩序，防止或减少安保对象受到不法侵害或灾害事故的发生，有效避免因服务提供方或安保员责任造成客户损失，以满足客户的安全需求。

3. 坚持诚实信用原则。安保服务单位(企业)应向客户单位(企业)提供服务的真实信息，包括公司的类别、资质、安保员的等级和素质状况、提供服务的种类和效果以及所收取的费用等。对客户提出或询问的有关问题，应本着诚实信用的原则给予明确的答复。

4. 合法提供服务。安保服务单位(企业)根据客户需要，可以提供安保服务种类中的一种或数种服务，如客户有特殊需求，在不违背有关法律规定的前提下视情况另行约定。

5. 可据情采用多种手段。安保服务单位(企业)据客户要求或安保服务的需要，可分别或联合采用人防、技防、物防和犬防等手段，维护客户合法权益。

第二章　安保职业规范

所谓规范是指明文规定或约定俗成的标准，它们可以由组织正式规定，也可以是非正式形成。安保工作需要规范自己的行为，从而规范组织的决策与行动。长期以来，人们对安保职业存在偏见，认同感低，缺乏诱惑力，难以吸引高素质的人才。2010年《保安服务管理条例》施行后，安保服务业的发展逐步实现法制化和规范化，安保服务业成为我国的一个重要产业。

第一节　安保业服务理念、宗旨与标准

一、安保业服务理念

(一)定义

理念是指人们对某种事物的观点、看法和信念。在很多情况下，理念和观念都是可以互用的。根据赫斯凯特(Jamew L. Heskett)的观点，任何服务理念都必须能够回答出以下问题：服务所提供服务的重要组成要素是什么；目标分割市场、总体市场、雇员和其他人员如何认知这些要素；服务理念对服务设计、递送和营销的作用。20世纪90年代初，美国哈佛大学有两位教授根据服务性企业的数据，研究了企业的市场份额与利润的关系，发现市场份额对利润并没有太大的影响，而顾客忠诚度较高的服务性企业更能盈利。他们认为，服务性企业应采用3R营销策略。1994年，美国哈佛大学商学院的赫斯凯特教授在前人研究的基础上，提出了服务利润链管理理论。安保服务在定义服务理念时需要满足以下要求：第一，服务理念中必须包含通用价值观，涉及的多数对象(包括安保人员和客户)一致赞同的价值取向；第二，服务理念要符合安保人员技能和品德的要求，增强安保人员的自尊和对工作的满足感；第三，服务理念要按照服务的标准，充分满足客户的需求，保证充足的人力、物力资源、满足客户要求；第四，定义服务理念，必须保持服务系统中前台和后台的一致性。

(二)安保业服务理念的意义

一方面，对安保服务管理具有极其重要的意义。服务递送系统与雇员都属于服务产品不可分割的一部分。服务递送系统包括雇员能力、雇员表现、雇员态度等因素，它与雇员都直接影响消费者需求的实现。从这一角度来讲，明确服务理念对服务管理具有指导意义。

另一方面，避免服务理念被人曲解。服务理念被人曲解的原因：一是来自安保人员本身。服务无处不在，加上服务业中安保人员的行为，特别是一线工作人员的行为又具有一定程度的自主性，这两个因素共同作用导致安保人员在行为、能力、态度等方面发生不同程度的变化，这些变化在一定程度上影响安保人员理解和推行服务理念；二是来自客户本身。

(三)安保业服务理念的内容

尊重客户，理解客户，持续提供超越客户期望的产品与服务，做客户永远的伙伴，这是

保安业应该坚持和倡导的服务理念。

1. 客户第一。站在客户的立场上去研究、设计和改进安保服务。完善服务系统，加强服务前、中、后的工作，对客户出现的各种问题及时帮助解决，使客户感到极大方便。高度重视客户意见，对客户意见建立快速反应机制，让客户参与决策，把处理客户的意见作为使客户满意的重要一环。千方百计留住已有客户，建立一切以客户为中心的机制，机构的设立、服务流程的变革等，都要以客户需求为中心。

2. 客户永远是对的。第一，客户是安保服务的购买者，不是麻烦制造者；第二，客户最了解自己的需求、爱好，这恰恰是安保业务需要搜集的信息；第三，由于客户有“天然一致性”，与一个客户争吵就是同所有客户争吵。

3. 客户满意三要素。提供的安保商品满意：客户对安保商品品质的满意；服务满意：指客户对前、中、后服务的一种肯定态度，“售后服务制造永久客户”；形象满意：指社会公众对安保单位(企业)综合实力和总体印象的肯定评价。

4. 5S理念。“5S”是指“微笑(Smile)、迅速(Speed)、诚恳(Sincerity)、灵巧(Smart)、研究(Study)”五个词语英文首字母的缩写。“5S”理念是最具代表性的服务文化创新，不仅具有人性化十足的时代特点，还具备相当的可操作性。

微笑指适度的微笑，对客户有体贴的心，才可能发出真正的微笑，微笑可以体现感谢的心与心灵上的宽容，笑容可以表现开朗、健康和体贴。迅速指“动作迅速”，是一种物理的速度，即工作时尽量快些，不要让客户久等，诚意十足的动作与体贴的心会引起客户满足感，使他们不觉得等待时间过长，以迅速的动作表现活力，不让客户等待是服务好坏的重要衡量标准。诚恳：心存尽心尽力为客户服务的诚意，客户一定能体会得到，以真诚不虚伪的态度工作，是安保工作人员的重要基本心态与为人处事的基本原则。灵巧指“精明、整洁、利落”，以干净利落的方式来接待客户，以灵巧、敏捷、优雅的动作来包装商品，以灵活巧妙的工作态度来获得客户信赖。研究指要时刻学习和熟练掌握专业知识，研究客户心理以及接待与应对的技巧。

(四)安保业服务理念的推行

要想成功推行服务理念，有三点需要特别注意：安保市场细分、定位客户目标市场和设计服务递送系统。

1. 安保市场细分。客户不同，他们的需求和期望就不同。因此，需要对安保市场进行分析，细分出不同的安保分割市场。每个分割市场中，还可以根据不同的客户需求层次再细分为若干子市场。一个安保分割市场要尽量与其他安保分割市场区别开来，并且给予区别对待。

2. 定位目标市场。每个细分市场中的客户需求都存在明显的不同，安保服务单位(企业)在提供服务时也要做相应的变动，尽量为客户量身定做。在分析不同的安保细分市场时，必须注意细分市场的整体吸引力及其在服务组织中的竞争力。

3. 创新服务递送系统。服务的本质决定了客户需求和雇员需求的变化性都很大，一个明确的服务理念要有独创性，否则就很难完善和满足具有变化性的服务递送系统的要求。

二、安保业服务宗旨

单位(企业)宗旨是关于单位(企业)存在的目的或对社会发展的某一方面应做出贡献的陈述，有时也称为单位(企业)使命。单位(企业)宗旨不仅陈述了单位(企业)未来的任务，而且要阐明为什么要完成这个任务以及完成任务的行为规范是什么。也就是说，尽管单位(企业)的宗旨陈述千差万别，但它要回答两个基本问题：我们这个单位(企业)是干什么的和按什么原则干的，我们这个单位(企业)应该树立什么样的社会形象以区别于同类单位(企业)。

(一)安保业宗旨陈述的重要性

1. 提出安保单位(企业)的价值标准，确保单位(企业)内部对单位(企业)的目的达成共识。安保单位(企业)宗旨中关于单位(企业)存在的根本目的的陈述，为全体员工树立了一个共同为之奋斗的价值标准。安保单位(企业)的价值标准是单位(企业)以及全体员工选择自身行为的总规范和总指导。个人的行为和目标，部门的行为和目标乃至整个单位(企业)的行为和目标是否符合单位(企业)发展的方向，其总的价值标准就是单位(企业)的价值标准。同时，以单位(企业)存在的根本目的所表达的单位(企业)价值标准还起着激励员工的作用。

2. 为安保单位(企业)管理者确定单位(企业)战略目标、选择战略、制定政策，有效利用资源提供了方向性指导。安保单位(企业)宗旨中关于单位(企业)经营范围或经营领域的陈述及单位(企业)发展方向的陈述，为单位(企业)选择实现目标的手段即战略方案提供了依据。也就是说，单位(企业)宗旨为单位(企业)确定战略目标，为了实现战略目标应进行哪些经营活动和以什么方式进行这些活动指明了方向、提供了依据。

3. 树立区别于其他单位(企业)的形象。单位(企业)宗旨中关于单位(企业)经营思想的行为准则的陈述，有利于单位(企业)树立一个非凡的、个性的、不同于其他竞争对手的单位(企业)形象。因为，它反映了安保单位(企业)处理自身和社会关系的重点和态度，反映了安保单位(企业)处理与各种相关利害团体和个人关系的观点和态度。良好的社会形象是单位(企业)宝贵的无形财产。

一般来说，单位(企业)的宗旨有一个历史的形成过程。一个单位(企业)新建之初，其宗旨都比较模糊或比较简单，大致局限在经营范围的陈述上。随着单位(企业)的发展和对经营过程的体验，其宗旨会逐步成熟和完善。不同单位(企业)的宗旨陈述详略不一，表达方式也不相同。但单位(企业)宗旨陈述是企业战略中最引人注目、最易为公众了解的部分，也是能够指导和激励各种利益相关团体的部分。因此对单位(企业)的宗旨陈述的主要要求是保证它能简要地包括所有基本内容。具体陈述中如何既简要又恰到好处地表达单位(企业)的宗旨，只有依靠在实践中不断地探索和研究。

(二)安保业宗旨陈述的要求

1. 安保单位(企业)的宗旨陈述应该是比较宽泛的。其原因有二：一是宽泛的单位(企业)宗旨陈述为企业管理者的创造性提供了选择的余地，过于狭窄的宗旨陈述会限制这种创造性，从而使单位(企业)在多变的环境中错过许多机会；二是便于调和各种利益相关者的差异，可以避免产生不必要的矛盾。

2. 安保单位(企业)的宗旨陈述应该比较全面。安保单位(企业)通过宗旨陈述不仅要从各方面来定义单位(企业)，而且还要能够综合反映单位(企业)各个利益团体的要求，否则就不能为制定目标和战略提供有效的指导。

3. 安保单位(企业)的宗旨陈述又不能过于宽泛而不限制单位(企业)的战略选择。单位(企业)宗旨在明确以后，还应适当展开。一般认为，展开的单位(企业)宗旨，应陈述下面十个方面的内容，客户：谁是单位(企业)的主要客户；产品或服务：单位(企业)的主要产品或服务是什么；市场：单位(企业)主要在哪一个地区或行业展开竞争；技术：单位(企业)的主导技术是什么；目标：对单位(企业)生存、发展和盈利的关注，对单位(企业)近、中、远的经济目标的态度；哲学：单位(企业)的基本信仰，价值观念和愿望是什么；自我意识：单位(企业)的优点和竞争优势是什么；对公众影响的关注：单位(企业)期望给公众塑造一个什么样的单位(企业)形象；利益协调的有效性：是否有效地反映了客户、股东、单位(企业)职工社区、供给和销售的厂商等各利益相关团体的利益；激励程度展开的单位(企业)宗旨：能否有效地激励单位(企业)职工。

(三)安保业宗旨陈述包含的基本内容

1. 保安单位(企业)形成和存在的基本目的。这一内容提出了单位(企业)的价值观念，及单位(企业)的基本社会责任和期望在某方面对社会的贡献。

2. 为实现根本目的应从事的经营活动范围。这一内容规定着单位(企业)在战略期的生产范围和市场范围。

3. 安保单位(企业)在经营活动中的基本行为规则和原则。这一内容阐明了单位(企业)的经营思想。经营思想的陈述，往往反映在单位(企业)的经营方针中。虽然并不是所有的单位(企业)都公开发表自己的宗旨陈述，但是越来越多的单位(企业)将宗旨陈述看成是单位(企业)战略的一个重要组成部分。

(四)我国现代安保业宗旨的主要内容

1. 信守合同。安保业向社会提供安全服务的前提和条件，是与客户在双方自愿的基础上，通过充分协商、讨论，最终签订的协议或合同。这一合同虽然只是一种双方发生业务来往和关系的形式，但其在整个安保服务工作过程中起着不可忽视的巨大作用，尤其在协议或合同中规定有具体的、实质性的条件，则是双方所必须履行的权利和义务。如为客户提供的安保服务项目，具体要求、职责、条件和标准，雇请单位(企业)所提供的场所、场所、设备和工作条件，以及应付的安全服务费用等，均在合同中明确规定。双方只有按照这些具体条款和要求实施、履行，才能获得各自的利益和效益。

信守合同对于安保业来讲，是赢得客户、树立单位(企业)形象的机会，是一种强有力的无形广告。如果取得了社会的信赖和支持，也就得到了安保业自身的生存和发展。合同履行或信守得不好，信誉降低，形象不佳，也就无法占领市场，赢得客户，从而使安保业的业务、效益、生存和发展都受到影响。当然，如果对方不按合同规定的条件执行，对方应负法律责任，必要时可以依照法律程序到法院起诉对方。

2. 确保安全。这是对安保业服务质量的要求，也是安保业理应履行的重要职责和为社会提供安全服务的直接目的。所谓确保安全，是指安保业依据合同规定，认真履行自己的职责，精心组织落实安保服务的具体措施和任务，有效地防止各种违法犯罪事件或人为灾害事故的发生，以此确保被服务对象或目标的绝对安全。要想达到这种效果，一要从安保业的领导与管理者做起，带好队伍练就一身过硬的业务本领，使整个队伍具备完成各项安保任务的条件和能力；二要加强责任心，从领导和组织者做起，抱着对客户负责、对社会负责、对自身负责的态度，视客户为上帝，视服务为生命，以此保证合同的认真履行和安保任务的顺利完成；三是具体执行任务的保安人员，要严守纪律，恪尽职守，一丝不苟地刻苦努力工作，确保安全服务万无一失，保证服务的高水平与高质量。

3. 讲求信誉。这是安保业生存发展的关键性条件。讲信誉的单位(企业)，会赢得许多客户，最终受益的是企业本身，不讲信誉的企业，会毁掉企业的形象，丧失客户，丧失市场，最终吃亏的还是自己。所谓信誉是指一个单位(企业)在生产经营过程中，在客户心目中或社会上树立起的单位(企业)的知名度和可信度。许多商战的实践证明，企业信誉好就成功，就发展，就兴旺；企业信誉差就失败，就停滞，就衰亡。那么，安保服务业如何树立自身的形象，求得客户和社会对自己的信任呢？一要热情服务、文明经营、礼貌待客；二要不断扩充和加强自己的业务实力，以质量求生存，以技术求发展；三要信守合同，严格按合同办事，尤其要认真履行自己的职责；四要尽职尽责，为客户为社会提供高效能、高质量、高水平的安全服务，以达到或超过客户对服务质量的要求标准，使其高兴而来，满意而归，信任长久。

4. 服务社会。这是我国安保业的根本宗旨。我国安保业的根本任务就是为社会各界提供多方面的、不同层次的安全服务。利润再高，效益再好，如果服务不好，政府不会答应，客户不会答应，人民也不会答应。对于我们中国的社会主义安保业来讲，效益是客观的，信誉是永远的，服务是根本的。只有向社会提供了有效高质的安全服务，我们的企业才能赢得信誉，赢得市场，赢得效益和利润。因此我们必须高度重视“服务社会”这一安保服务行业的根本宗旨，以百倍的努力，精心的经营，高质量的服务将自己推向社会，推向市场，为繁荣社会主义市场经济贡献力量。

三、安保业服务标准

(一)安保业服务标准的定义

安保业服务标准是指规定安保服务应满足的需求以确保其适用性的标准。按照 ISO 对标准化对象的划分，服务标准是相对于产品标准和过程标准而言的一大类标准，与服务有关的标准都可以划入这一类别。

客户在选择与接受服务时，总会预先考虑选择一家服务质量好的单位(企业)。为了满足客户不同层次的需求，要求提供服务的单位(企业)企业必须不断努力提高自身的服务质量。这些行为，均离不开使用服务标准来衡量、规范服务质量的好与坏。

(二)安保业服务标准的意义

1. 树立安保单位(企业)及员工的工作目标——前进的动力。安保服务需要有一个服务标准，因为有了标准，员工才知道什么样的服务是最好的，就会照着这个方向去努力。服务标准不仅为工作方法提供了一个指导，同时也指明了工作方向和努力的目标。

2. 向客户及员工传达保安企业的期望。清晰、简洁、直观、有效的服务标准，使每位员工清楚地了解单位(企业)对于服务的要求和期望。服务标准也是给客户看的：一方面能够让客户了解单位(企业)对于客户的态度，另一方面客户能够更清楚地了解安保单位(企业)提供的服务标准。

3. 服务标准是创造价值的衡量工具。服务标准是一个有效的员工业绩评价系统的基础，也提供给单位(企业)人力资源部门和管理人员参照，根据这个来衡量员工的绩效。

(三)安保业服务标准划分

服务标准按其性质和作用划分，可分为：服务基础标准，服务质量标准，服务资质标准，服务设施标准，服务信息标准，服务安全标准，服务环境保护标准，保护客户权益标准。

(四)安保业服务标准制定原则

1. 明确性。服务标准必须明确。如规定微笑服务——“八颗牙齿”；接听电话不超过三声。

2. 可衡量性。指服务标准要用定量表示，如所有特定范围以内维修服务都应当当天解决。

3. 可行性。建立标准不代表确立目标，它意味着设计一个可能实现的工作过程，并且使之不断地执行下去。

4. 及时性。服务标准应该有明确的时间限制，才有价值。

5. 吻合性。服务标准要与客户的需求吻合。

(五)安保业服务质量特性与评价

服务质量是指服务能够满足规定和潜在需求的特征和特性的总和，是单位(企业)为使客户满意而提供的最低服务水平，也是单位(企业)保持这一预定服务水平的连贯性程度。

1. 安保业服务质量特性的表述。客户的需求可分为精神需求和物质需求两部分，从被服务者的物质需求和精神需求来看，可以归纳为以下六个方面的质量特性：

第一，功能性。功能性是企业提供的服务所具备的作用和效能的特性，是服务质特性中最基本的一个。

第二，经济性。经济性是指被服务者为得到一定的服务所需要的费用是否合理。这里所说的费用是指在接受服务的全过程中所需的费用，即服务周期费用。经济性是相对于所得到的服务质量而言的，即经济性与功能性、安全性、及时性、舒适性等密切相关。

第三，安全性。安全性是指单位(企业)保证服务过程中客户、用户的生命不受危害，健康和精神不受到伤害，货物不受到损失。安全性也包括物质和精神两方面，改善安全性重点在于物质方面。

第四，时间性。时间性是为了说明服务工作在时间上能否满足被服务者的需求，时间性包含了及时、准时和省时三个方面。

第五，舒适性。在满足了功能性、经济性、安全性和时间性等方面需求的情况下，被服务者期望服务过程舒适。

第六，文明性。文明性属于服务过程中为满足精神需求的质量特性。被服务者期望得到一个自由、亲切、受尊重、友好、自然和谅解的气氛，有一个和谐的人际关系。在这样的条件下来满足被服务者的物质需求，这就是文明性。

2. 安保业服务质量评价。服务质量是一个复杂的话题，客户对服务质量的满意可以定义为：将对接受的服务的感知与对服务的期望相比较。当感知超出期望时，服务被认为是具有特别质量，客户会表示满意；当服务没有达到期望时，服务注定是不可接受的；当期望与感知一致时，质量是满意的。服务质量的评估是在服务传递过程中进行的。一般认为，评价服务质量的标准，主要有以下五个方面：

第一，可靠性。是可靠地、准确地履行服务承诺的能力。可靠的服务行为是客户所期望的，它意味着服务以相同的方式、无差错地准时完成。可靠性实际上是要求单位(企业)避免在服务过程中出现差错，因为差错给单位(企业)带来的不仅是直接意义上的经济损失，而且可能意味着失去很多的潜在客户。

第二，响应性。是指帮助客户并迅速有效提供服务的愿望。让客户等待，特别是无原因的等待，会对质量感知造成不必要的消极影响。出现服务失败时，迅速解决问题会给质量感知带来积极的影响。对于客户的各种要求，单位(企业)能否给予及时的满足将表明单位(企业)的服务导向，即是否把客户的利益放在第一位。同时，服务传递的效率还从一个侧面反映了单位(企业)的服务质量。研究表明，在服务传递过程中，客户等候服务的时间是个关系到客户的感觉、客户印象、服务企业形象以及客户满意度的重要因素。所以，尽量缩短客户等候时间，提高服务传递效率将大大提高单位(企业)的服务质量。

第三，保证性。是指员工所具有的知识、礼节以及表达出自信和可信的能力。它能增强客户对单位(企业)服务质量的信心和安全感。当客户同一位友好、和善并且学识渊博的服务人员打交道时，他会认为自己找对了公司，从而获得信心和安全感。友好态度和胜任能力两者是缺一不可的。服务人员缺乏友善的态度会使客户感到不快，而如果他们的专业知识懂得太少也会令客户失望。保证性包括如下特征：完成服务的能力、对客户的礼貌和尊敬、与客户有效的沟通、将客户最关心的事放在心上的态度。

第四，移情性。是设身处地地为客户着想和对客户给予特别的关注。移情性有以下特点：接近客户的能力、敏感性和有效地理解客户需求。

第五，有形性。是指有形的设施、设备、人员和沟通材料的外表。有形的环境是服务人员对客户更细致的照顾和关心的有形表现。对这方面的评价可延伸到包括其他正在接受服务的客户的行动。

第二节　安保业职业道德与社会责任

一、安保业职业道德

(一)安保业职业道德的含义

所谓安保业职业道德，是具体体现在安保业职业生活中的，同安保业活动紧密联系的，符合安保业职业特点所要求的道德准则、道德情操与道德品质的总和，它既是对本职人员在职业活动中行为的要求，同时又是安保业对社会所负的道德责任与义务。

保安业职业道德的含义包括以下方面：它是一种职业规范，受社会普遍的认可；它是长期以来自然形成的；它没有确定形式，通常体现为观念、习惯、信念等；它依靠文化、内心信念和习惯，通过员工的自律实现；它大多没有实质的约束力和强制力；它的主要内容是对员工义务的要求；它标准多元化，代表了不同单位(企业)可能具有不同的价值观；它承载着单位(企业)文化和凝聚力，影响深远。

每个安保业从业人员，在职业活动中都要遵守道德。要理解安保业职业道德需要掌握以下四点：

第一，在内容方面，安保业职业道德总是要鲜明地表达职业义务、职业责任以及职业行为上的道德准则。它不是一般地反映社会道德和阶级道德的要求，而是要反映安保业特殊的利益要求；它不是在一般意义上的社会实践基础上形成的，而是在特定的安保业实践的基础上形成的，因而它表现为安保业特有的道德传统和道德习惯，表现为从事安保业的人们所特有的道德心理和道德品质。

第二，在表现形式方面，安保业职业道德比较具体、灵活、多样。它总是从安保业的实际出发，采用制度、守则、公约、承诺、誓言、条例，以至标语口号之类的形式，这些灵活的形式既易于为安保业从业人员所接受和实行，而且易于形成一种职业的道德习惯。

第三，从调节的范围来看，安保业职业道德一方面是用来调节从业人员内部关系，加强安保业内部人员的凝聚力；另一方面，它也是用来调节从业人员与其服务对象之间的关系，用来塑造安保业从业人员的形象。

第四，从产生的效果来看，安保业职业道德既能使一定的社会道德原则和规范的“职业化”，又使个人道德品质“成熟化”。安保业职业道德虽然是在特定的职业生活中形成的，但它决不是离开社会道德而独立存在的道德类型。保安业职业道德始终是在社会道德的制约和影响下存在和发展的。保安业职业道德和社会道德之间的关系，就是一般与特殊、共性与个性之间的关系，在不同程度上体现着社会道德的要求。安保业职业道德与职业要求和职业生活结合，具有较强的稳定性和连续性，形成比较稳定的安保业职业心理和职业习惯，影响道德主体的道德风貌。

（二）安保业职业道德的特点

1. 安保业职业道德具有适用范围的有限性。安保业担负着一种特定的职业责任和职业义务，由于职业责任和义务不同，从而形成安保业特定的职业道德具体规范。

2. 安保业职业道德具有发展的历史继承性。安保业具有不断发展和延续的特征，安保业职业道德也有一定历史继承性。

3. 安保业职业道德表达形式多种多样。由于安保业职业道德的要求都较为具体、细致，因此其表达形式多种多样。

4. 安保业职业道德兼有强烈的纪律性。纪律也是一种行为规范，但它是介于法律和道德之间的一种特殊的规范。它既要求人们能自觉遵守，又带有一定的强制性。就前者而言，它具有道德色彩，就后者而言，又带有一定的法律的色彩。就是说，一方面遵守纪律是一种美德，另一方面，遵守纪律又带有强制性，具有法令的要求。例如，工人必须执行操作规程和安全规定、军人要有严明的纪律等。因此，安保业职业道德又以制度、章程、条例的形式呈现，让从业人员认识到它具有纪律的规范性。

（三）安保业职业道德的社会作用

安保业职业道德是社会道德体系的重要组成部分，它一方面具有社会道德的一般作用，另一方面它又具有自身的特殊作用，具体表现在：

1. 调节安保业从业人员内部以及从业人员与服务对象间的关系。安保业职业道德的基本职能是调节职能。它一方面可以调节从业人员内部的关系，即运用安保业职业道德规范约束职业内部人员的行为，促进职业内部人员的团结与合作。如安保业职业道德规范要求从业人员，都要团结、互助、爱岗、敬业、齐心协力地为发展安保业服务。另一方面，安保业职业道德又可以调节从业人员和服务对象之间的关系。如安保业职业道德规定安保人员怎样对客户负责等。

2. 有助于维护和提高安保业的信誉。安保业的信誉就是安保业的形象、信用和声誉，是指安保业在社会公众中的信任程度，提高安保业的信誉主要靠服务质量，而从业人员职业道德水平高是服务质量的有效保证。若从业人员职业道德水平不高，则很难提供优质的服务。

3. 促进安保业的发展。安保业的发展有赖于高的经济效益，而高的经济效益源于高的员工素质。员工素质主要包含知识、能力、责任心三个方面，其中责任心是最重要的。安保业职业道德水平高的从业人员其责任心是极强的，因此它能促进保安业的发展。

4. 有助于提高社会道德水平。安保职业道德是整个社会道德的一部分，一方面它涉及每个从业者如何对待职业，如何对待工作，同时也是一个从业人员的生活态度、价值观念的表现，是一个人的道德意识、道德行为发展的成熟阶段，具有较强的稳定性和连续性；另一方面，它也是安保业全体人员的行为表现，如果都具备优良的道德，对整个社会道德水平的提高肯定会发挥重要作用。

二、安保业的社会责任

所谓保安业社会责任，是指安保业在创造利润的同时，还要承担对员工(股东)、客户、社区和环境的社会责任，即要求安保业必须超越把利润作为唯一目标的传统理念，强调以人为本，在安保服务过程中对人的价值的关注，强调对客户、对环境、对社会的贡献。

(一)安保业履行社会责任的作用

1. 安保业履行社会责任有助于提供就业岗位。安保业积极履行社会责任，减少把人员推向社会而加大就业压力，不仅可以吸引劳动力资源，激励他们创造更多的价值，更重要的是通过这种管理可以树立良好的单位(企业)形象，获得美誉度和信任度从而实现安保业长远的经营目标。

2. 安保业履行社会责任有助于保护资源和环境，实现可持续发展。安保业对资源和环境的可持续发展负有不可推卸的责任，安保业履行社会责任，通过创新，降低能耗，节约资源，降低成本，公益事业，与社区共建，净化环境等，保护环保设施和公民的利益。这将有助于缓解经济发展与环境污染间的矛盾。

3. 安保业履行社会责任有助于提升单位(企业)的形象。安保业可集中资本优势、管理优势和人力资源优势，通过慈善公益行为帮助社会发展教育、社会保障和医疗卫生等社会事业，达到无与伦比的广告效应，提升单位(企业)的形象和客户的认可程度，提高市场占有率。

(二)安保业承担社会责任的内容

1. 承担诚信的社会责任。为了客户的利益，安保业必须承担起明礼诚信的社会责任。

2. 承担科学发展与交纳税款的责任。安保业担负着增加税收和国家发展的使命。安保业必须坚持科学发展观，承担起发展的责任，搞好经济发展，要以发展为中心，以发展为前提，不断扩大单位(企业)规模，扩大纳税份额，完成纳税任务，为国家发展作出贡献。

3. 承担可持续发展与节约资源的责任。中国是一个人均资源特别紧缺的国家，安保业的发展一定要与节约资源相适应，不能顾此失彼，不顾全局，一定要站在全局立场上，坚持可持续发展，高度关注节约资源，改变经济增长方式，发展循环经济、调整产业结构。要响应中央号召，实施“走出去”的战略，用好两种资源和两个市场，以保证安保业持续发展。

4. 承担发展慈善事业的责任。作为一个有13亿人口的大国，我们还存在很多困难，这些责任固然需要政府去努力，但也需要各行各业为国分忧，参与社会的慈善事业，安保业应更好地承担起发展慈善事业的责任。

5. 承担保护职工健康和确保职工待遇的责任。人力资源是社会的宝贵财富，也是安保业发展的支撑力量。保障职工的生命，健康和确保职工的工作与收入待遇，这不仅关系到保安业的持续健康发展，而且也关系到社会的发展与稳定。国家对企业社会责任标准的要求，中央关于“以人为本”和构建和谐社会的目标落实，安保业必须承担起保护职工生命、健康和确保职工待遇的责任，要遵纪守法，爱护员工，搞好劳动保护，不断提高工资水平和保证按时发放，要多与员工沟通，多为员工着想。

(三)安保业社会责任的构建

第一，安保业将承担社会责任的内容纳入安保业战略规划中，从安保业总体发展战略出发，将社会责任贯穿到安保业整体经营活动中。

第二，安保业设置专门的机构来负责社会责任的推行，并设置相应的社会责任考核指标。

第三，培养安保从业人员的社会责任意识，使每个员工在实际的日常行为中处处履行社会责任。

第四，持续发放安保业社会责任报告，全面真实地展现安保业行业形象。

我国企业的社会责任与竞争力提升是企业社会责任管理能力提升的应用指南。通过对社会责任的背景和发展趋势、企业社会责任在中国社会责任管理体系中地位的深度剖析，帮助企业有效运用社会责任报告编写等工具，改变经营理念，完善经营模式，梳理责任体系，迅速提高全面责任竞争时代下企业综合竞争力，引领企业成功地走向国际市场。

第三节　安保职业形象与安保礼仪

一、安保职业形象

（一）安保职业形象的概念

职业的内涵和特征决定了职业形象是一个行业或组织的精神内涵和文化理念在从业人员身上的具体表现，是一定行业或组织的形象与具体从业人员个体形象的有机结合。职业形象在一个行业的地位非常显著，行业谋求发展必须要塑造良好的职业形象。

安保职业形象即人们对从事安保职业的人员的所有行为和表现的总体印象和评价。安保职业形象是安保从业人员在从事安保服务时，给予公众直观的、具体的、形象的总看法、形象或感受。在整个安保队伍中，安保人员是基本力量和生力军，是安保业的门面和窗口，是安保业发展的基础。实际生活中安保人员都是以单个社会单元的身份出现的，因此人们通常把保安个体的职业形象看做整个安保职业的形象。安保人员作为安保行业直接与民众交往的载体，其外在形象和内在修养不仅直接体现安保从业者素质水平，也体现了我国安保业的发展状况。

（二）安保职业形象的构成

安保职业形象本质上是一种角色形象，是个人形象的一种。它是安保人员内在形象与外在形象的综合。

内在形象是一个人的生理机能、心理特点与知识积累、实践经验及智能锻炼等状况的综合表现，即一个人内在素质的总和。安保的内在形象是安保职业形象最重要的方面，不仅包括了安保人员的职业责任感、职业道德、职业操守、职业认知、职业的心理特征和职业技能，还包括安保人员自身的知识结构和认知结构，是安保职业形象的内涵。外在形象是一个人内在素质的外在表现形式。由此可见，在安保服务中，安保人员的外在形象将是保安精神面貌的直观反映，是公众对保安工作的最初感知。保安外在形象主要包括三个方面：仪表风度、谈吐举止、服饰穿戴。仪表风度涉及保安员在工作中的形体、体态、容貌，工作中的礼节礼仪；谈吐举止涉及保安员在提供服务时的工作态度、工作用语；服饰穿戴涉及工作时的着装、辅助器械。

内在形象是外在形象的实质，外在形象是内在形象的表现，两者是紧密联系、不可分割的。这些基本要素都是公众在评价安保从业人员时所关注的基本点。及时掌握公众对安保人员的认知和评价状况，准确找出安保形象的不足和缺陷，是对安保人员进行形象塑造的依据。

(三)安保职业形象与安保业发展之间的内在联系

1. 安保职业形象是安保业“软实力”的体现。安保职业形象是安保行业的潜在资产，形象是行业实力的反映，形象源于实力，形象作为一种“软实力”，是一种隐性资源，隐藏于行业实力的诸要素之中。公众对一个单位(企业)的认识，主要是通过单位(企业)的产品或者品牌来实现的，依靠对产品的印象和评价来衡量企业实力。在公众看来，有优良质量、良好形象、并且能充分满足消费者各种需要的产品或品牌，其单位(企业)的实力必然强大，从这个角度分析，当安保行业能提供“招牌”安全产品，安保服务单位(企业)具备良好社会声誉时，无疑可以证明安保行业的强大、安保服务单位(企业)服务的优质。因此，形象已成为行业的一种资产。

2. 安保业的发展与安保职业形象相辅相成。首先，安保业的发展能促进安保职业形象的发展，安保业的规范化势必对安保人员的录用标准、安保人员的职业培训、安保人员的权益保障作出明确规定，安保服务行为愈发规范化，这些措施势必对提升保安从业人员个人素质有着积极作用。并且，安保业的繁荣能促进安保职业声望的提升，安保业得到长足发展，薪酬待遇、职业保障进一步完善，这些势必将吸引优秀人才进入，给安保队伍带来新鲜的血液，安保人才将朝着高素质、高学历的方向发展，也将改变公众对安保从业人员低素质的看法。其次，安保职业形象作为安保行业人力资源情况的映像，它的提升能反映安保行业或者组织的微观情况，为整个行业或组织的经营目标的实现、整体社会地位的提升奠定基础。安保职业在社会中的美誉度高、认同感高，安保人员结构合理、学历水平高，必将会对安保业整体发展起到促进作用。

(四)安保职业形象的影响因素

我国安保服务业经过发展，已经形成了一支庞大的安保队伍。保安的服务范围已经覆盖到社会各行各业，在维护公共安全方面发挥着越来越大的作用。安保从业人员是安保服务业最宝贵的资源，也是推进安保业发展的根本力量。但是，我国大多数地区的安保从业人员整体素质低，法制观念淡薄，人员流失严重，这些问题在很大程度上制约了安保业的发展。从现实情况看，安保职业不是一个能吸引优秀人才的职业，在大多数公众的心目中，安保人员只能提供基本的看护、巡逻等技术含量低的人力安保服务，并不能提供高级的安全产品。总体上看公众对安保职业的认可率不高，安保形象不佳。安保业在我国属于低收入、低文化、低素质的职业，难以吸引高素质人才来从事安保服务业。正是这些消极因素，限制了安保业的进一步发展，具体来说，安保职业形象的影响因素有如下几个：

1. 职业吸引力。职业的吸引力，包括职业的薪酬待遇、职业保障、社会地位、工作内容和工作的风险性。从薪酬待遇上看，我国安保服务业仍然处于较低的层次，行政部门和物价部门制定的安保市场工资指导价位太低，一些地方的安保从业人员工资不足千元，福利待遇也低。从职业保障上看，在《保安服务管理条例》出台之前，一些保安公司为了节约经营成本，没有和保安员签订正式的劳动合同，更不用说为保安员购买社会保险。从社会地位上看，在社会系统中安保人员的财产、权利和权威的拥有程度低，处于劣势地位。从工作内容上看，安保工作大多简单枯燥，技术含量低，即使有了一技之长也难以发挥效用。从工作的风险性看，安保人员肩负着与违法犯罪行为作斗争的责任，安保服务潜在的危险性很高，在《保安服务管理条例》出台之前，安保人员因公致伤、致残甚至牺牲后其荣誉、费用等方面的落实事项没有在工作合同中明确规定，因而安保人员在与违法犯罪嫌疑人或治安灾害事故作斗争时仍存后顾之忧。这些都极大降低了安保职业的吸引力。

2. 公众认同感。公众对一个职业是否认同，可以从两个影响因素来分析：职业的社会声望地位、社会就业趋向。职业的社会声望是人们对职业的评价，它在一定社会时期保持相对稳定性，是职业地位高低的主要标志。从学者的研究中发现，在当代中国社会，决定人们声望地位的主要因素是教育、收入、权力、就业单位性质，以及是否从事受歧视职业。有学者对某市居民职业声望调查中发现，安保群体在此项调查中的100个职业中，居第93位。公众在一定程度上对安保职业存在一定误解和偏见，长期以来安保队伍管理水平仍然停留在粗放型管理阶段，队伍当中存在一些管理不善、人员素质偏低、服务意识差、服务质量不高等现象，引起部分群众的不满意，从而以偏概全地认为安保从业人员的素质都很低，而瞧不起安保工作。从社会就业趋向看，随着文化教育普及和学历水平的提高，未进入公务员队伍的许多青年都开始学习专业技术，他们希望以一技之长谋求好的发展。外资企业、公司行政管理、文秘、商贸、高档会所、酒店等高收入行业成了就业首选。公众普遍认为安保工作技术含量低、没有职业发展前景。

3. 媒体传播导向。媒体是指利用报纸、杂志、广播、电视和网络等大众传播工具从事信息传播的机构。其受众面广、传播速度快、可信性强、社会影响大。媒体作为大众舆论的传播者，它在社会生活中不同程度地影响着人们的思想和行动，各种人或事一经媒体报道，就容易受到公众的关注，成为公众人物或公众事件，影响范围十分广泛。但是在市场经济转轨过程中，市场导向型的媒体为追求经济效益和新闻效益，对具有社会影响力、显著新奇、能吸引公众眼球的社会事件很有兴趣，甚至为了提高媒体渗透力对一些事实歪曲报道。另一方面，在对安保人员和组织进行报道时，一旦发生有关安保职业形象危机事件的新闻，媒体报道便铺天盖地，甚至将正常工作中存在的不足扩大为对整个安保队伍的丑化。相反，如发生安保员拾金不昧、英勇负伤的事件，媒体却反应平平。

4. 组织经营理念。一个组织是否重视品牌效应，是否注重组织人才的培训将决定一个行业形象的好坏。在我国，保安公司，普遍存在忽视对保安人员的培训、不重视组织的危机公关能力问题。保安公司对保安人员的培训大多停留在上岗前的短期培训上，而对上岗后的再培训则是少之又少，更不用提重视培养组织的危机公关能力了。另外，我国保安公司之前受到政企不分的影响，没有形成现代化的企业管理机制，对品牌效应重视不足，没有做好企业的宣传作用，整个安保市场的有效竞争没有形成，以行政区域设立的安保企业划地为营，没有企业危机感，导致整个安保行业发展的受制，最终也影响了安保职业形象的提升。

5. 个人因素。决定一个职业的形象，人员因素是占首位的。从个人因素来讲，它包含三方面的内容：安保人员对自身职业的认知程度、安保人员的形象危机公关能力和安保人员自身的素质。这些因素直接影响与公众接触最多的安保人员的形象。第一，一些安保人员自身没有端正态度，感觉安保职业低人一等，对自身从事的职业不热爱、不尊重，这种消极思想直接导致消极的行动。第二，由于招收的安保人员素质有限，保安公司也忽视对保安员的培训，保安队伍普遍存在形象危机公关能力不强的问题。一些保安人员工作态度恶劣，工作方法简单粗暴，也容易引发保安与客户之间的冲突。一旦发生保安形象危机事件，当事者保安不知所措，保安公司也怠于处理，错过了最佳的危机修复时期，最终导致危机升级，成为社会的热点事件，影响了整个安保组织的形象。第三，在《保安服务管理条例》颁布之前，我国长期缺乏对安保人员条件的具体规定，实践中也疏于安保人员条件的审查，安保从业人员资格认证也流于形式。一些保安公司在招聘安保人员时，只注重年龄、身高、身体健康状况，学历要求也仅仅是初中毕业。安保从业人员本身存在文化素质低、法律观念淡薄、组织纪律松散等问题。

6. 职业的理论研究水平。一个富有吸引力的职业，必定有健全的理论研究系统，对职业心理、职业趋势、职业构成、职业标准等进行详细的论述，也必定有一批专门的学术研究队伍撰写关于该职业的著作，为职业生涯进行长远规划、对行业前景进行分析。只有如此，才能在理论层面形成专家话语权，决定职业的社会气候，为职业发展提供有力的正面舆论环境。但是从我国现阶段的情况来看，只有小部分学者对安保行业和安保职业作为附加的兴趣在进行研究，研究人员不成规模、理论研究水平低、学术交流闭塞、学术领域没有形成话语联盟。另外，有关安保行业和安保人员的著作和理论研究也非常少，目前只有《中国保安》杂志专门开辟专栏及选题策划，研究保安工作。没有科学的理论为实践做指导，必将对安保行业和安保人员的发展起到限制作用。

（五）提升安保形象的途径

1. 公安机关严格监督安保行业的规范运行。《保安服务管理条例》明确规定，公安机关在安保服务业的发展过程中，不再充当“办保安”的角色，转而承担监管的角色。这一立法明确了公安机关的职责，也给了保安公司更多的经营自主权。第一，《保安服务管理条例》中明确规定了公安机关负责保安服务公司和保安员的行业准入标准，保安公司的设立和保安员的录用要在公安机关进行审核和审查，并需要获得相应的营业执照或者职业资格证书。这一立法对公安机关的工作提出了高要求，公安机关的工作重在落实保安行业的资质审核、经营监督。第二，《保安服务管理条例》中明确了保安服务的范围，改变以往保安服务公司经营混乱、业务交叉的局面，给了保安服务公司施展才华的平台，这就要求公安机关在严格监管的同时，须为保安行业提供良好的政策或者舆论环境，积极引导保安行业进行产业化经营，鼓励保安公司走规模化、高科技化的道路。

2. 保安服务公司引进现代企业管理制度。面对国内日益增长的安保服务需求，各种类型的安保服务企业将会在短期内迎来一次大的发展，特别是民营企业和单位自建的安保组织会明显增加。这在客观上对各地保安公司提出了新的要求。第一，保安公司要拓展业务领域、实行多元经营，从单纯的门卫、巡逻、守护、押运、随身护卫项目拓展到安全检查、安全技术防范、安全风险评估等领域，而不是仅仅开展人防、技防还有犬防。第二，要实施保安公司的“品牌战略”，建立服务质量高、收费高、待遇高、装备精良的品牌安保队伍，并逐步对此加以推广，树立以客户为中心的营业理念，建立三级（公司、分公司、大队）定期走访和服务质量反馈制度，经常性地深入基层安保队，定期与驻勤单位主管领导沟通联系，征求他们对安保队伍的教育管理、文明执勤、服务质量等方面的意见，以客户需求调整工作中心，打造保安行业的品牌工程。第三，加紧高级专业保安人才的储备，加大对安全特卫、高级保安、专业保安、技术保安等特色人才的培养，以便承担较高层次的保安服务。第四，聘用经验丰富的教官，加大对保安的职前和日常训练，保证参训人员、时间、内容和效果的落实，将培训工作深入扎实地开展下去。第五，健全保安人员的各项保障机制，从薪酬待遇到职业保险，提升保安员的归属感。第六，安保服务公司要加大对公司负责人和安保个人的形象公关能力的培养，开展专题讲座，邀请专家学者，告知负责人和安保工作人员在面对不同的危机时采用的处理程序，做到有备无患。

3. 注重与媒体的互动。从现阶段来看，安保从业单位与媒体的互动较少，沟通机制不畅通，这方面或多或少影响了对安保职业的宣传力度。在这方面，我们可以借鉴政府发言人机制，在安保领域建立新闻发言人制度，由各地的安保行业协会负责人担任，保持与政府部门及新闻媒体的密切联系，及时跟踪和分析新闻媒体及互联网站关于保安的舆情动态，发现危机苗头立即采取措施，对于在社会上造成较大影响的安保工作的负面报道，面对传媒的关注甚至诘难，保安公司要本着诚恳、公开、透明的原则，及时沟通情况，尽快调查处理，并主动与政府宣传部门和新闻媒体协调，表明保安公司对问题的态度和处理的决心，尽量取得传媒和公众的理解和支持，及时控制影响，将危机的伤害控制在最小范围内，对于经过调查内容属实的报道，要通过强有力的整改措施回应媒体的关注和质疑，树立良好的安保形象，化“危机”为动力，及时通过新闻媒体公开处理结果，消除负面影响；对于经调查不属实的报道，安保行业协会或者安保单位(公司)也要主动应对，迅速通过新闻媒体及时予以澄清或纠正，以正视听，防止负面炒作。在日常工作中，安保服务单位(公司)要注重与媒体的经常性沟通，充分利用广播、电视、报纸、杂志、互联网等大众传播工具宣传保安工作。可以邀请媒体记者走进安保单位(公司)、走进安保人员的日常生活，通过奥运、国庆、世博会等大型活动，宣扬安保工作人员在维护社会治安方面作出的突出贡献，让更多的人了解安保从业人员这个群体，宣传安保工作，反映保安疾苦，以唤起社会和群众对保安的理解，加深保安与群众之间的情感交流。

4. 安保人员注重自身素质的提高。一个人只有正确认识了自己的职业，在职业中获得自我认同和自我尊重，才会在工作中全心付出。知识决定高度，只有做好内功才能实现全面的突破，要改变社会对安保职业的偏见，安保单位(公司)必须重视安保人员自身素质的提高，将人员结构优化作为一个长久的工作目标。首先，要做好安保人员的思想工作，引导安保人员正确认识自己的工作，转变就业观念，强化职业认同感，坚信安保工作也是实现职业目标的一个途径。其次，安保人员要规范日常工作礼仪。注意礼节礼貌、规范着装，从外在形象上下工夫，从自身做起，用个人气质感染身边的群众，改变周围群众的看法。最后，安保人员要注重自身身体素质、文化素质、道德素质的提高，多学新知识、新技术，用知识的力量武装自己。只有这样多系统共同改进、循序渐进，才能改变整个社会对这一行业及从业人员的偏见。

5. 加强保安行业理论人才的培养。由上述的影响因素分析，可以得知，一个行业的理论研究水平高、理论人才多，必能在学术领域依靠专家话语权获得更多的理论支持、营造行业良好的社会氛围。这也是行业获得社会认同，扩大吸引力、塑造良好职业形象的有效途径。政府和安保行业组织要重视安保行业的学术研究队伍建设，着力培养一批高水平的学术研究队伍，引导更多的学者进行安保行业的理论研究，同时要创办研究安保行业的学术期刊，促进国内外安保理论专家的学术交流，学习西方先进的保安经营理念，为我国安保行业的发展服务

二、安保礼仪

(一)安保礼仪概念

安保礼仪是安保从业人员在平常的生活行为规范与待人处事的准则，是对安保人员仪表、仪容、言谈、举止、待人、接物等方面的具体规定。

安保礼仪是保安人员个人品质、文化修养、思想素质等方面的外在表现。它不仅衡量着安保人员个人素质高低和修养高低的程度，而且也是衡量安保队伍精神文明建设的重要标

志。所以，保安礼仪不仅代表安保人员个人形象，更代表保安队伍的整体形象，是安保服务行业赢得声誉和客户的基本条件，是行业对外展示的一个窗口。

(二)安保礼仪的特点

1. 安保礼仪以个人为支点。个人礼仪是其他一切礼仪的基础，是一个人仪容、仪表、言谈、行为举止的综合体现，是个人性格、品质、情趣、素养、精神世界和生活习惯的外在表现。总的规范为：整洁清爽、端庄大方。安保礼仪不只是针对安保人员个人自身行为的规定，也是对安保组织行为的限定。

2. 保安礼仪以自尊为原则。只有你自己看得起你自己，给自己工作的信心，不自己看低自己，才能赢得别人对自己的尊敬。三百六十行，行行出状元，所以对保安工作有一个正确的认识。其次，要尊重别人，我们想要得到什么就要为之付出什么，互尊互敬是做人做事的基础，特别是对于安保这一行业来说尤其重要。

3. 安保礼仪以素质为基础。个人礼仪是一个人在公共社会活动中的外在表现，它直接反映一个人内在的品格和文化修养。

4. 安保礼仪以形象为目标。安保礼仪让安保人员的形象更加鲜明、积极、向上，目的就是让安保人员在做好最重要的安全保卫工作的基础上，更好地展现作为服务对象第一形象岗的地位，同时更是公司良好服务的象征。

5. 安保礼仪以细节为方针。不管是仪容仪表，还是待人接物，包括自身内务，都是安保礼仪的一部分。

(三)安保员基本礼仪要求

保安是一种半军事化的职业，所以很多要求都是参照军队。最明显的就是立、行、坐和内务等问题。安保人员的行为举止，体现的是安保人员的精神风貌和素质修养，也是安保人员职业道德规范的具体要求。良好的举止行为，对塑造安保队伍的良好形象，赢得客户的充分信赖，展示形象有很重要的意义。

安保人员礼仪形象规范的总体要求：着装整洁，站姿端正，仪态严谨，表情庄敬，步履稳重，目光有神，操作规范，军警风纪。基本礼仪要求：

1. 安保人员值勤时应讲究和注意礼仪服务与文明用语，与人接触应具备敬礼意识。

2. 值岗时遇主管以上领导应立正敬礼并问候。

3. 应按规定着制服，不得穿拖鞋，工作时不吃食物。

4. 未经同意，不得随意翻阅办公资料或办公文件。

5. 遇服务对象经过岗位时，应面带微笑，起身问好；因事与业主、客户交流，应事先敬礼。

6. 因事需进业主房内，应事先敲门，征得业主、客户同意后方可进入室内。

(四)安保员仪容仪表与着装要求

1. 仪容仪表要求。第一，值班时间应扣好衣扣，着制式衬衣时，下摆扎于裤内不得外露。不得敞胸露怀，不得披衣、挽袖、卷裤腿。第二，不得留长发、大鬓角、胡须，帽檐下发长不超过 1.5cm，前蓄发不得露于帽外，非工作需要不得染发，特殊情况只准染黑色发。第三，不准纹身，不得留长指甲或染指甲，不得戴围巾，不得戴项链、领饰、戒指及其他饰物，不准戴有色眼镜(眼疾除外)。第四，举止端庄，谈吐文明，精神振作，站姿端正，不得袖手或将手插入衣裤袋内，不准上岗时吃食物、嚼口香糖，不得搭肩挽臂。第五，集体活动应遵守秩序，不得吹口哨、起哄，上班期间不得无故脱帽，不得嬉戏打闹，大声喧哗。

2. 着装要求。第一，安保人员上班时间按规定着统一的制服。第二，严格按照要求佩戴帽徽、肩章、号牌、饰带，戴制式领带，上班必须戴帽，戴大绒帽时，护脑下缘距眉一指，帽徽与左眉平齐。第三，工牌统一挂于左前胸，冬夏服装不能混穿，换装由安保部门按季节统一调整，上班不许着便装，制服应勤洗勤换，保持洁净，衣服破洞或开线应及时修补或更换。第四，要求上班着黑色皮鞋，皮鞋应保持光亮。第五，训练着迷彩服，戴迷彩帽，穿白色球鞋，下班休闲时间不着制服。

(五)几种常见的安保礼仪形象规范

1. 门岗安保人员(固定岗)礼仪形象规范。第一，对过岗车辆，应按照“示意停车、查货验单、收单放行”的程序进行。第二，当客户、业主、员工携带箱包出入管辖区需检查时，应礼貌用语。第三，行人出入，应行注目礼或点头致意迎送。第四，若遇贵宾、领导人员出入，应敬礼致候。第五，客户问路，应先敬礼，用礼貌的语气简捷向对方说明地点。

2. 流动岗(巡逻岗)安保人员礼仪形象规范。第一，站姿与走姿：流动岗保安人员在流动值勤中，经常作站姿与走姿的交替形态。站要求站正、站直、站稳，走要求走军步、走直线、走稳重。第二，查询礼仪：凡发现有可疑的人与现象，应作有礼貌的查询。若遇客户车辆乱停乱放，应迅速走到车辆前侧向司机敬礼后，礼貌地解说。若遇老人或他人提重物需要帮助时，应主动上前帮助。

3. 大堂前台安保人员礼仪形象规范。第一，遇楼内业主进出大堂时，应作点头、微笑致礼，或致问候敬语。第二，来访客人接待礼仪：见有访客，应起身迎候，微笑问候；问明客人走访对象，即请客人用对讲机与走访业主对话，指示对讲机方位时，应右臂伸出，掌心向上，五指并拢；在客人使用对讲与单元业主联络时，应静候一旁，目视来客，等到业主答复邀请时，再办理入访登记手续；客人入访登记，应说明各项登记内容，并客气向客人说明“请出示××证件”；客人办毕入访登记手续后，应告知客人走访对象所在具体位置，指点电梯位置及行走路线；接待来访客人要热情、礼貌，杜绝一切冷淡、粗鲁、无礼的言谈态度。第三，接待公务人员礼仪：凡因公务需要入楼人员，应验看出入证，应操敬语：“请出示工作证(或介绍信)。”并指明公务办理方位，必要时应与管理处取得联系，由专人陪同前。

4. 进车迎候礼仪。第一，站姿呈工作状态立正式或跨立式，身体微侧于汽车通道一方，关注车辆进入情况。值岗时无业务需要不得走离站位。第二，汽车行至拦截坡前时，值岗人员应致礼表示迎接，并迅速填写车辆入区记时卡。第三，递卡时应目视司机，右手将记时卡递交司机，同时以左手平指示意。第四，让进礼节。递卡后，值岗人员双臂应按规定动作行让进礼，要体现公司对来车乘员的热情接待与礼遇。

5. 出车验卡收费礼仪。第一，值岗人员呈工作状态站姿，身体微侧向车辆来向。第二，车停拦截坡前时，值岗人员应向司机立正敬礼，并准备接卡、记时、收费。第三，验卡时，值岗人员以右手接卡，熟练地验卡、计时收费，并应向司机报明收费数据，如：“您的车计费停车××分钟，请交停车费××元”。第四，放行车辆时，值岗人员应平伸左臂，注目出车。第五，不需记卡收费之进出车辆，可只按进出车迎让和送别礼节操作。

6. 答询礼仪。第一，凡遇询问，应先向问询者敬礼，然后回答问题。第二，安保人员应熟知辖区内路段和单位，回答应明确快捷。第三，与询问者交谈时，应注意使用下列敬语“先生(小姐)，我能帮您什么?”“请问，找哪个部门(单位)?”等。对询问者不可以盘查或有其他不敬语对答。

第三章　恐怖组织与恐怖活动

当前，国际恐怖活动已引起世界各国的关注，爆炸恐怖活动对国家安定和社会稳定构成了极大的威胁。各国都在不断提高防爆安检工作的质量，增强防爆炸能力，这就要求首先了解恐怖组织情况及其活动规律。

第一节　恐怖组织概述

21世纪以来，国际形势总体趋向缓和，和平与发展成为时代主题。但是，在人类社会的生存和发展过程中存在着不安定因素，其中恐怖活动对世界的冲击明显加剧，已成为影响地区和世界各国安全形势的新不稳定因素，也是当前各国警方维护国家政权稳定和社会安定的重要防范内容。

一、恐怖活动的界定

恐怖活动，又称恐怖行为，恐怖主义等。作为一种社会现象，其最早可以追溯到古希腊和古罗马时代。只是在第二次世界大战以后，特别是20世纪的后半叶，恐怖活动才真正发展“成为一种需要认真对付的时代疾病”。① 就目前而言，还没有一个获得普遍接受的关于恐怖活动的概念，无论是在国内范围还是在国际范围，没有国际公约规定一个清楚的概念。因此，世界各国对恐怖活动的定义是不同的。

(一)国外的观点

世界上各个国家由于社会环境和文化背景的差异性，对恐怖活动的认识也不尽相同。维基百科对恐怖活动的定义是：恐怖活动是指恐怖分子制造的危害社会稳定、危及平民的生命与财产安全的一切形式的活动，通常表现为针对平民的爆炸、袭击公共交通工具和绑架等形式，与恐怖活动相关的事件通常称为“恐怖事件”、“恐怖袭击”等。美国法典(《The United States Code》)第22章规定：“恐怖主义”一词指的是由次国家组织或隐蔽人员(agents)对非战斗性目标所实施的，有预谋的、带有政治动机的、通常旨在影响受众的暴力活动。英国《预防恐怖主义法》中规定：恐怖主义是指为了政治目的而使用暴力，并且包括任何为了使公众或公众的一部分置于恐惧之中而使用暴力。《俄罗斯联邦反恐怖主义法》第3条第1款规定：恐怖主义是指以恐吓居民和(或)实施其他暴力违法行为，影响国家权力机关、地方自治机关或国际组织作出决定的暴力思想和行为。《吉尔吉斯斯坦共和国反恐怖主义法》第2条规定：恐怖主义是指进行危害人类甚至造成人员伤亡，后果十分严重，社会危害性巨大的爆炸、纵火或其他类似活动；企图破坏社会稳定、削弱或推翻现政权，进而恐吓或逼迫居

① [英]克里斯托夫·多布森等著，常雅茹译．卡洛斯邦——国际恐怖组织内幕[M]．北京：时事出版社，1986：1.

民、国家机关、国际组织和其他组织为或不为某种行为，或为实现上述目的而采取的各种威胁手段。这些定义揭示的恐怖活动内涵有相同之处，具体体现为以下三个方面：

1. 恐怖活动具有政治目的

在国外理论界，恐怖活动的定义存在着政治目的说，政治或其他目的说，政治或恐吓、要挟社会目的说等。尽管观点各异，但都主张恐怖活动具有政治目的。从实际情况看，许多恐怖活动都有一定的政治因素，包括民族的、种族的、宗教问题等。或者旨在影响或反对某一微观的社会政策，或者借此发泄对社会的不满与敌视情绪。例如：反对美国政府堕胎政策的激进组织针对医院诊所制造的爆炸活动，以此威胁政府改变堕胎政策。他们的共同之处在于通过实施恐怖活动，来实现其通过其他手段不能达到的非法目的。这一目的违反国际法或国内法，在多数情形下包含有政治利益。

2. 恐怖活动有特定的行为方式

恐怖分子通常使用暴力方式（爆炸、暗杀、绑架、劫机等）实施破坏活动，或者实施暴力威胁的行为，从而对社会心理产生强烈的震撼作用。有时，为实现总的目的，恐怖分子通常系统地使用暴力或破坏性手段实施恐怖活动，制造恐怖气氛。美国“9·11”事件后，各国对待恐怖活动的行动原则和反制措施都发生了很大变化，其中之一就是不再把希望寄托在谈判解决问题上，因为现在恐怖分子的恐怖活动往往以恐怖本身为目的，根本不想跟谁讲条件。这也使得恐怖活动行为方式的暴力性愈演愈烈，成为恶性循环。

3. 恐怖活动的作用对象是“非战斗性目标”①

从世界各国发生的多起恐怖活动来看，恐怖活动的作用对象往往是“非战斗性目标”。如果是“战斗性目标”，往往会酿成国与国之间、地区之间的战争，也不是恐怖分子要看到的结果。所谓“非战斗性目标”，指恐怖活动发生时没有武装的平民，或者不执勤上岗的军事人员，以及不存在军事对抗的军事设施或武装军事人员。一些国家境内的恐怖组织虽然主要以本国政府和民众为影响对象，却与某些境外组织或机构有不同程度的联系，有的甚至以寻求国际干预（包括舆论支持、经济制裁甚至军事卷入）为基本策略，其中比较典型的是一些国家的民族分裂主义势力。

（二）国内的观点

由于我国现行法律没有对恐怖活动的含义作出规定，直接影响到对恐怖活动的打击和对涉恐资产的控制，也影响到反恐怖国际合作。根据我国的实际情况，并借鉴我国参加的国际公约及相关国际文件的规定，2011 年 10 月 29 日全国人大常委会第 23 次会议审议并通过的《关于加强反恐怖工作有关问题的决定》对恐怖活动进行了明确定义：恐怖活动是指以制造社会恐慌、危害公共安全或者胁迫国家机关、国际组织为目的，采取暴力、破坏、恐吓等手段，造成或者意图造成人员伤亡、重大财产损失、公共设施损坏、社会秩序混乱等严重社会危害的行为，以及煽动、资助或者以其他方式协助实施上述活动的行为。由此可知，我国恐怖活动的含义至少包括四个方面的内容：

1. 个人、集团和国家都可以成为恐怖活动的主体

恐怖活动的主体是指恐怖活动的组织者和实施者。我国界定恐怖活动的主体应当包括个人、集团和国家。在实践中，个人成为恐怖活动的主体较少，多数情况下的主体是集团，即各种恐怖活动组织。恐怖组织种类繁多，危害极大，有的组织背后甚至有国家的支持。国家

---

① 石斌．试析美国政府对恐怖主义的定义[J]．世界经济与政治，2002(04)：15.

也可以成为恐怖活动的主体。倘若缺少国家，就为国家进行恐怖犯罪活动打开方便之门，不利于打击恐怖活动，不利于形成和平的国际环境。卷入恐怖活动的国家危害极大，既有国家直接实施恐怖活动，也有国家通过暗中支持、指使、帮助恐怖组织来实现自己的政治目的。同时，个人、集团和国家即使不亲自实施恐怖行为，但其“煽动、资助或者以其他方式协助实施上述活动的行为”也属于恐怖活动的范畴。

2. 恐怖活动的目的有多个

恐怖活动有三个目的：制造社会恐慌；危害公共安全；胁迫国家机关、国际组织。这三个目的，有助于我们把恐怖活动与严重暴力犯罪、有组织犯罪等其他刑事犯罪活动区分开来。有的国家界定恐怖活动只有两个目的（比如第一、第三个目的），而我国从反恐怖工作出发，并与参加的国际公约相衔接，确定以三个目的来界定恐怖活动。

3. 恐怖活动都会采用极端的手段来实施

恐怖活动的手段有很多，包括：抢劫、刺杀、绑架、劫机、放置爆炸装置（如路旁炸弹）、施放生物和化学武器、实施人体炸弹等。其中，绝大多数手段都很极端。这些极端手段的采用是为了造成或者意图造成人员伤亡、重大财产损失、公共设施损坏、社会秩序混乱等严重社会危害后果，以达到引起人们恐惧或者迫使政府屈服的目的。

4. 恐怖活动的对象可以是任何人和物（设施）

恐怖活动针对的对象包括人和物（设施）。尽管在一些场合，恐怖活动对于侵害对象加以选择，往往以特定的政府要人、宗教领袖或特定的政府首脑作为目标。但更多时候，恐怖分子却滥杀无辜，侵害不特定多数人的人身和财产安全。在恐怖活动实施者看来，侵犯谁并不重要，重要的是实施侵害行为能够产生恐怖效果，影响社会大众。由于没有特定的攻击目标，这就意味着在恐怖活动发生时没有任何人是安全的，这种任意性就使得社会的所有成员都处于恐惧气氛中。

随着国际恐怖活动愈演愈烈，西方国家的恐怖活动也呈现常态化发展趋势。从恐怖组织状态和规模上看，西亚、中亚等恐怖主义传统集中的地区，存在许多显性的恐怖组织，而美国等西方国家面临恐怖威胁的组织，大多处于隐性状态。从恐怖活动发生的频度与广度来说，美国等西方国家的恐怖袭击发生过“9·11”袭击、马德里爆炸、伦敦地铁爆炸等重大恐怖袭击事件，但西亚、北非等地区的恐怖袭击几乎天天都有，而且大多数国家都是重灾区。当前，恐怖活动发生最为频繁和激烈的国家不是西方国家，而是中东邻近的北非、南亚、中亚、东南亚地区的发展中国家。就我国而言，自20世纪80年代末以来，受东欧剧变、苏联解体及世界范围内的民族分裂主义浪潮，伊斯兰原教旨主义极端思潮以及恐怖主义活动泛滥的影响，特别是西方一些国家敌对势力的公然或者暗中纵容与支持，我国新疆、西藏等地区面临日趋严重的分裂势力和宗教极端势力的恐怖活动的威胁。恐怖活动未来的发展趋势是：恐怖威胁将持续存在；时有重大事件发生；恐怖源将增加；反恐怖成本急剧增加等。

可以根据不同的标准对恐怖活动进行分类。通常根据恐怖活动的动机和根源，将其分为极端民族主义型、宗教极端主义型、邪教型、极右型、极左型、黑社会型，这种分类方法主要适用于恐怖集团。

二、恐怖组织的界定

由于所处立场的不同，对于恐怖主义和恐怖活动不同国家有不同的定义。西方专家认为“恐怖主义”是亚洲国家集团或秘密机构对非战斗人员实施的有预谋、有政治动机的暴力活动。我们认为，只要是“为达到某种政治目的，对第三者使用或威胁使用暴力”的行为就属于恐怖主义的范畴。行为的政治目的，是恐怖主义犯罪活动不同于其他暴力活动的特征。因此，从事这种暴力活动的组织，就是恐怖组织。

我国认定恐怖组织的标准是：其一，以暴力恐怖为手段，从事危害国家安全，破坏社会稳定，危害人民群众生命财产安全的恐怖活动的组织（不论其总部在国内，还是在国外）。其二，具有一定的组织领导或分工体系。其三，符合上述标准，并具有下列情形之一：曾组织、策划、煽动、实施或参与实施恐怖活动，或正在组织、策划、煽动、实施或参与实施恐怖活动；资助、支持恐怖活动；建立恐怖活动基地，或有组织招募、训练、培训恐怖分子；与其他国际恐怖组织相勾结，接受其他国际恐怖组织资助、训练、培训，或参与其活动。

我国认定恐怖分子的具体标准是：其一，与恐怖组织发生一定的联系，在国内外从事危害我国国家安全和人民群众生命财产安全的恐怖活动的人员（不论其是否加入了外国国籍）。其二，符合上述条件，同时具有下列情形之一：组织、领导、参与恐怖组织的；组织、策划、煽动、宣传或教唆实施恐怖活动的；资助、支持恐怖组织或恐怖分子进行恐怖活动的；接受上述恐怖组织或其他国际恐怖组织资助、训练、培训或参与其活动的。

第二节　恐怖组织分类及代表组织

恐怖主义组织根据其政治动机和主张可划分为以下六种：极端民族主义和宗教主义恐怖组织、“左”翼恐怖主义组织、右翼恐怖主义组织、黑社会性质恐怖组织、邪教性质恐怖组织和国家恐怖主义。

一、极端民族主义和宗教主义恐怖组织

由于民族和宗教矛盾导致的国内和国家间的战争在人类历史上屡见不鲜。所谓极端民族主义和宗教主义恐怖组织，就是指出于维护或扩张本民族、宗教利益目的而形成的恐怖组织。出于维护本民族、本宗教利益建立的团体和组织，在最初阶段采取合法斗争途径遭到挫折后，往往会转而采取极端的手段对抗处于优势、掌握有国家控制权的民族及其政权。例如开始于 18 世纪末爱尔兰争取独立、对抗英国政府统治的斗争，就是由最初的和平方式逐渐转变为爆炸和暗杀活动。到 20 世纪末，先后出现的爱尔兰共和军（IRA）、反独立自愿军（LVF）、临时派爱尔兰共和军（PIRA）和真正的爱尔兰共和军等恐怖组织每年在英国制造数十起恐怖爆炸事件。1998 年 8 月 15 日爱尔兰民族主义恐怖组织在北爱尔兰奥马制造的汽车炸弹爆炸事件，直接导致 28 人死亡、220 人受伤。

与此类似的还有斯里兰卡泰米尔地区的“泰米尔—伊拉姆猛虎解放组织”（ITTE）、俄罗斯车臣地区巴萨耶夫领导的“黑寡妇”组织、西班牙巴斯克地区的“埃塔”（巴斯克祖国和自由组织，ETA）等。

泰米尔猛虎组织（The Liberation Tigers of Tamil Eelam）于 1976 年成立，是斯里兰卡最强大的泰米尔组织，目标是建立独立的泰米尔国家。他们的大本营位于马拉维。斯里兰卡北部和东部海岸是其主要活动范围。最高指挥官普拉巴卡兰被尊称为“民族的领袖”。泰米尔猛虎组织成员加入游击队没有报酬，完全是凭信仰。所有猛虎成员，即使是那些猛虎组织的上层人员，脖子上都挂了一个装有氰化物的容器，随时准备自杀。泰米尔猛虎组织中最残忍无情的是由 3000 多名妇女组成的“黑虎敢死队”，这是一支精锐的自杀部队，心甘情愿充当

“人体炸弹”，与被攻击目标同归于尽。她们专门担负轰炸政府的大楼、暗杀政要。印度前总统拉吉夫·甘地就是于1991年5月21日被该组织的两名“人体炸弹”所刺杀，原因是他于1987年下令派遣印度特种部队前往斯里兰卡参加围剿猛虎游击队。他们还用同样的方式袭击了斯里兰卡前任总统库马拉通加夫人，所幸夫人死里逃生，但她永远失去了右眼。1990年印军撤离斯里兰卡后，猛虎组织纠集力量实施反攻，迅速控制了北部广大地区，并在贾夫纳半岛建立起“泰米尔政权”。据统计，猛虎组织现有兵力10000余人，既能同政府军进行大规模作战，又擅长山地、丛林游击战，同时开展各种恐怖活动，经常使斯政府顾此失彼、疲于应付。特别是其进行的恐怖活动，令人不寒而栗。此外，猛虎组织同日本的“赤军”、意大利的“红色旅”等恐怖组织保持着密切联系。正是依靠这些后备力量的支持，猛虎组织骄傲地将自己喻为“一支不可战胜的力量”。

由不同宗教信仰之间矛盾导致的恐怖主义活动，在当前主要体现为20世纪70年代后期大量出现的针对犹太国家以色列的宗教激进组织，如真主党、阿布·尼达尔组织(ANO)、犹太防卫联盟(JDL)、解放巴勒斯坦人民阵线(PFLP)、人民战斗阵线(PSF)等。这些恐怖组织在巴以地区乃至世界范围制造的恐怖爆炸事件，在最高潮的时期每年超过100起，造成的人员伤亡达数千人之多。在1972年德国慕尼黑奥运会上发生的造成11名以色列运动员死亡的人质绑架事件，就是由阿布·尼达尔和其他有关组织领导人策划、以“黑色九月”组织为名义实施的，这一事件的发生直接导致了后来世界各国防恐怖和防爆安检工作的出现和发展。

目前，在中国新疆地区活动的“东突”伊斯兰运动最初是由穆罕默德·伊敏在1933年3月建立的。当时该组织在新疆和田地区举行暴动，企图建立所谓的“东突厥斯坦伊斯兰共和国”。“东突”分裂恐怖势力在20世纪80年代至90年代极为活跃，自1990年至2001年，他们在新疆境内制造了至少200余起恐怖暴力事件，造成各民族群众、基层干部等162人丧生，440多人受伤。2002年9月11日，联合国安理会正式将“东突”伊斯兰运动列为恐怖组织。2003年12月15日，中华人民共和国公安部公布了首批东突厥斯坦伊斯兰运动、东突厥斯坦解放组织、世界维吾尔青年代表大会、东突厥斯坦新闻信息中心4个“东突”恐怖组织和艾山·买合苏木(已于2003年底在巴基斯坦警方对基地组织武装的围捕行动中被击毙)、买买提明·艾孜来提、多里坤·艾沙、阿不都吉力力·卡拉卡西等11名恐怖分子的名单。

国务院新闻办公室在2002年初发表的《“东突”恐怖势力难脱罪责》一文中指出，在南亚活动的“东突”恐怖组织不但得到了本·拉登的大力支持，同时又是本·拉登恐怖势力的重要力量。“东突”恐怖势力不但在中国境内策划、组织骚乱、暴乱事件，引发打、砸、抢、烧、杀等恐怖活动，对社会稳定和人民生命财产安全造成严重危害，还在国外制造恐怖暴力事件，开枪或用炸弹袭击中国驻有关国家的使领馆，杀害中国商人、政府工作人员和外国警察。“东突”恐怖势力与国际恐怖势力有着密切的联系。本·拉登曾与中亚、西亚的恐怖组织头目多次密谋，要帮助“东突”恐怖势力在新疆进行“圣战”，要把中国新疆建成一个标准的“伊斯兰”政教合一的国家。本·拉登恐怖势力不仅为“东突”恐怖势力提供了大量的活动经费和物资援助，还直接为“东突”恐怖势力培训人员。受训后，一些“东突”恐怖势力骨干分子被秘密派遣回中国境内发展恐怖组织，策划与从事恐怖活动；有的加入阿富汗塔利班武装，有的参与了俄罗斯车臣恐怖势力的活动，有的则参加在中亚的恐怖活动。文章还指出，美国“9·11”恐怖事件发生后，国际反恐怖合作的呼声日趋强烈，带有明显恐怖主义印记的

“东突”势力处境十分尴尬。一方面，他们从内心对本·拉登恐怖势力和塔利班恐怖主义训练营地被美国导弹击毁“痛心不已”；另一方面，又不得不“主动”表示对美国军事打击的支持，试图拉开其与本·拉登恐怖势力的距离。在南亚的“东突”恐怖组织暗中抓紧进行战略转移，将其在阿富汗的成员转移到周边的南亚、中亚或中东地区，以保存、积聚实力；与此同时还以攻为守，又一次打着所谓维护“人权”、“宗教自由”和“少数民族利益”的旗号，编造所谓“中国政府借机打击少数民族”的谎言，企图混淆视听，欺骗国际舆论，逃脱国际反恐怖主义的打击。

在“9·11”事件后，由沙特富商奥萨马·本·拉登(Osama Bin Laden)于1990年建立的“基地”(阿尔·凯达)组织逐渐成为极端宗教主义恐怖组织的代名词。该组织宣扬伊斯兰教、对抗以美国为代表的西方天主教、基督教世界，先后策划了1993年纽约世界贸易大楼爆炸事件(6人死亡，数百人受伤)、1998年美国驻肯尼亚和坦桑尼亚大使馆爆炸案(导致257人死亡、5000余人受伤)、2000年美国科尔号驱逐舰爆炸案(17人死亡、40人受伤)、2001年纽约世界贸易大楼撞机事件(3000余人死亡、6000余人受伤)等一系列恐怖爆炸事件。而2002年10月印度尼西亚巴厘岛系列爆炸事件(187人死亡、300多人受伤)、2003年5月摩洛哥卡萨布兰卡系列自杀性爆炸事件(41人死亡、100人受伤)、2003年8月印度尼西亚雅加达万豪酒店汽车炸弹爆炸事件(14人死亡、152人受伤)、2003年11月沙特阿拉伯首都利雅得外国人住宅区系列爆炸(18人死亡、122人受伤)等发生的针对美国及其西方盟国在海外目标的恐怖爆炸事件，也均有证据表明系“基地”组织指使当地恐怖组织或直接参与所为。该组织经常使用自杀爆炸和连环爆炸的爆炸手法，且具体策划的恐怖袭击行动则因出乎常理而令人防不胜防：从最初的人体炸弹到驾驶装有炸药的汽车、快艇冲击，再发展到用满载燃油的大型客机撞击大楼，在2003年底又爆出该组织成员在沙特企图驾驶装有炸药的小飞机撞击准备起飞的大型客机的消息，花样不断翻新的恐怖袭击浪潮充分表露出该组织的狂热和危险。①

“基地”组织恐怖爆炸活动目前阶段正呈现出”四化“的趋势，即：实施恐怖袭击的手段趋于简单化、爆炸袭击的组织形式表现为“意识形态化”、爆炸袭击目标的选择逐渐转向平民化、爆炸袭击造成的危害日益严重化。这一变化趋势也代表了当前世界范围恐怖爆炸犯罪的整体变化趋势。

二、“左”翼恐怖主义组织

20世纪60年代末期，在西方大多数国家受马克思主义影响相继爆发了学生运动。这些学生运动中相对少量的极端分子为实现其“左”翼政治主张，在60年代末、70年代初逐渐成立了一些“左”翼恐怖组织，这其中包括德国的“红军派”(RAF)、法国的“直接行动”(AD)、意大利“红色旅”(BR)、日本的“赤军”(JRA)和秘鲁的“光辉道路”、哥伦比亚的“哥伦比亚革命武装力量”等。一些极端分子，例如“红军派”的前身巴德尔·迈因霍夫集团，除通过爆炸、劫持和暗杀等手段制造影响、宣传“左”翼政治要求外，还进行抢劫等犯罪活动。一般来说，我们可以把持有“左”翼政治要求并为实现这一要求而采取恐怖活动手段的恐怖组织称为“左”翼恐怖组织。

“左”翼恐怖主义组织在经历了十到二十年的活跃期后，在20世纪80年代逐渐衰败。

---

① 魏连芳，白红杰编著：《安检与排爆》，光明日报出版社2014年版。

德国“红军派”在70年代后期在政府的严厉打击下逐渐萎缩，德国统一后逐渐转入地下，支持其他欧洲“左”翼团体的活动。日本“赤军”在20世纪70至80年代曾在世界各地针对以色列和意大利制造了多起恐怖事件，其中包括1972年5月以色列本·古里安机场的爆炸事件，2000年11月，“赤军”最高指导者重信房子在日本大阪被捕，2001年9月该组织宣布解散，重组成为一个合法团体。① 秘鲁“光辉道路”在1995年后一直沉寂六年，直到2001年12月才在本国境内炸毁了一座高压输电塔以证明该组织仍然存在。

三、右翼恐怖主义组织

20世纪80年代，欧洲普遍的经济繁荣导致右翼恐怖主义开始盛行。进入90年代后，由于大量外国移民的涌入，导致德国极端民族主义——新法西斯主义(新纳粹)的复活。与此类似的还有美国的3K党、“新秩序”、“国家权力”等组织。与“左”翼恐怖组织的定义相类似，我们可以把持有右翼政治要求、并为实现这一要求而采取恐怖活动手段的恐怖组织称为右翼恐怖组织。

右翼恐怖主义组织的活动形式一般表现为暴力袭击外国移民和纵火，有组织的爆炸恐怖活动较少出现。较为特殊的是，制造1995年4月19日美国俄克拉荷马州政府大楼爆炸案的蒂莫西·麦克维就是出于种族主义仇恨情绪实施的犯罪。在那次爆炸中共有168人被炸死、500多人受伤，死者中有19名儿童。此外，美国的右翼团体上帝之军(Army of God)在2001年11月曾向美国的200余家堕胎诊所投寄过装有类似炭疽粉末混合物的白色粉末的恐吓信。

四、黑社会性质恐怖组织

此类恐怖组织多数起源于从事刑事犯罪活动的黑社会团伙。在其发展到一定程度后，为对抗政府的压制常会实施各种危害社会安全的恐怖破坏活动。因此，黑社会性质恐怖组织是指以制造社会恐慌、谋取集团经济利益和社会地位为目的，有组织进行恐怖破坏活动的黑社会组织。黑社会性质恐怖组织和普通黑社会团伙的区别，一是看是否有更加严密的组织形式，二是看是否实施了以制造社会恐慌为目的的恐怖破坏活动。成立于20世纪70年代的菲律宾“阿布沙耶夫”组织最初是一个激进的伊斯兰原教旨主义组织。在1998年创始人简加拉尼被政府军击毙后，分裂并演变成为以绑架人质勒索赎金为主要活动形势和经济来源的黑社会性质恐怖组织。该组织于2001年9月曾因绑架并杀害三名美国人质而引起世界范围的关注。

“可引渡者”是哥伦比亚贩毒集团的恐怖组织。截止到2000年底，该组织共进行了390多起恐怖活动，导致410人死亡、2000多人受伤，其中包括1989年底埃维科班机爆炸案和波哥大警察总部汽车炸弹爆炸案。该组织的目标就是通过恐怖破坏活动迫使政府放弃反毒品行动，以利本组织的贩毒活动。

同属此类型恐怖组织的还有“哥伦比亚革命武装力量”。该组织最著名的恐怖手段就是“项圈炸弹”，即在受害人的脖颈处安装遥控或定时的反拆卸爆炸装置勒索赎金。1999年5月15日，一名名为德潘琼的哥伦比亚妇女被该组织放置项圈炸弹。在排爆人员试图拆除起爆装置时，炸弹发生爆炸，德潘琼当场死亡。2003年6月30日，该组织成员进入邻国委内瑞拉边境，给一名牧场主安置了有该组织标志的项圈炸弹，勒索18.75万美元，这枚爆炸装

① 张承志：《赤军的女儿》，人文与社会网．http：//wen. org. cn. 2009. 09. 02.

置后被成功拆除。

在我国周边地区比较著名的黑社会组织有俄罗斯黑手党、日本山口组等。此外，我国的台湾竹联帮与香港三合会也属此类黑社会组织。

五、邪教性质恐怖组织

关于邪教的定义有很多种，简单地说，“邪教组织”是指冒用宗教的名义或者宗教的教名而建立的、不受国家法律承认和保护的所谓宗教组织。1999 年 10 月，最高人民法院、最高人民检察院通过了《关于办理组织和利用邪教组织犯罪案件具体应用法律若干问题的解释》，其中对“邪教组织”作了司法解释“邪教组织”是指冒用宗教、气功或者其他名义建立，神化首要分子，利用制造、散布迷信邪说等手段蛊惑、蒙骗他人，发展、控制成员，危害社会的非法组织。

当前世界上的邪教形形色色，但都具有一些共同的特征：一是大力宣扬“世界末日学说”，以此作为禁锢教徒的精神枷锁；二是引诱强迫教徒绝对服从教主；三是培养树立教徒的排斥与反社会心理。邪教组织为了扩大影响、宣扬迷信邪说或对抗法律制度对其的限制，在发展到最后的疯狂暴力阶段，常会制造集体自杀、纵火、爆炸、投毒等恐怖事件。

由麻原彰晃(原名松本智律夫)于 1986 年在日本组建的“奥姆真理教”(AUM)是近一个历史时期最为臭名昭著的邪教性质恐怖组织。该教派宣扬世界末日论，在日本本土有广泛的影响。据统计，鼎盛时期奥姆真理教在日本国内有信徒 1700 余人。教规对信徒十分严厉，要求信徒绝对服从麻原。一旦加入了奥姆真理教，就如同陷入牢笼一样。许多加入这个邪教组织的人“下落不明”，其中不少人实际上被麻原为首的犯罪团伙杀人灭口。一些企图逃跑、退会的信徒，只要被发现，就会遭到严刑拷打，之后，被扔进昏暗、阴湿的小房间，断水断食，直至死亡。奥姆真理教在日本境外也有相当的影响，俄罗斯就发现有奥姆真理教信徒囤积武器和爆炸物品，企图策划制造恐怖事件。

在我国，政府曾经打击过的邪教组织有“呼喊派”、“新约教会”、“观音法门”、“灵仙真佛宗”、“天父的女儿”、“门徒会”等。最为典型的是以李洪志为首的“法轮功”邪教组织。截至 2001 年 2 月，被“法轮功”害死的练习者和无辜人员已达 1660 人、受李洪志“升天”、“圆满”蛊惑自杀身亡的达 239 人。在 2000 年到 2001 年，仅在北京地区就发现并拆除了近 20 个法轮功宣传录音自动播放器及数起定时宣传条幅悬挂装置，案件破获后发现，“法轮功”顽固分子采用统一采购原料、集中制作、分散运输的方式，先后制作了统一规格的近千个播放装置，并在全国十几个省市使用。“法轮功”分子所使用的定时、防动装置较为精密，而且可以十分容易地改装为爆炸装置。

六、国家恐怖主义

如果一个国家政权对外输出恐怖主义或支持恐怖主义，即组织和向境外输出恐怖活动，或者有意识地为恐怖活动提供物质支持、容许恐怖组织在境内设立基地等，则可以将其认定为国家恐怖主义。例如以奥马尔为领袖的前阿富汗塔利班政权执政时期，该国政府承认并支持“基地”恐怖组织在其境内建立了若干个训练营，使得“基地”组织得以在此进行指挥、训练和经营活动，为“基地”组织在境外成功实施一次又一次的恐怖破坏活动奠定了基础，政府则因此获得恐怖组织高额的经济回报。在“基地”组织因涉嫌制造“9·11”事件遭到国际反恐怖联盟的谴责和军事打击时，塔利班政权公然动用国家武装力量对恐怖组织给予保护，在阿富汗战争结束后被赶下台的塔利班顽固力量更直接加入了恐怖组织，成为当代国家恐怖主义的典型代表。在第二次海湾战争爆发之前，美英等国就已经罗列出一系列伊拉克萨达姆政权暗中支持“基地”组织、为恐怖活动提供经济和技术帮助的“证据”，将萨达姆政府指证为国家恐怖主义，并以此为理由展开了军事打击。

与其他五类恐怖主义组织相比，对于国家恐怖主义的认定具有较大的争议，这主要是由于国际政治斗争环境的复杂情况所造成的。在“9·11”事件发生后，美国政府出于其政治目的，在其国会上通过决议，认为前阿富汗政权、前伊拉克政权、朝鲜、利比亚、索马里、苏丹七个国家有国家恐怖主义的嫌疑。

第三节　恐怖活动方式

恐怖分子有多种不同的活动方式。20世纪主要有：爆炸、暗杀、武装袭击、绑架劫持、纵火、投毒六类，被专家统称为常规型的恐怖活动方式。进入21世纪以后，随着科学技术的发展恐怖分子已经不满足于传统的恐怖袭击方式，开始使用超级恐怖袭击方式，具体有：使用核生化等大规模杀伤武器进行袭击的超级恐怖主义活动、使用“黑客”进行网络袭击的网络恐怖主义活动和使用电磁袭击的电磁恐怖主义活动。

一、常规型恐怖活动方式

据美国权威机构研究报告指出，爆炸、暗杀、武装袭击、绑架劫持、投毒、纵火六种是20世纪常用的恐怖活动方式，它们占所有恐怖活动的95%，其中爆炸约占50%以上。各种方式的主要特点如下：

（一）爆炸

长期以来，爆炸一直都是当代国际恐怖主义最常用、最普遍与最主要的活动方式。在全球每年发生的国际恐怖活动中，少时有三分之一以上的是爆炸，多时有四分之三的是爆炸。此外，爆炸也是杀伤力最大的恐怖活动方式之一，造成人员伤亡的恐怖活动大多是爆炸。可以说，当今绝大多数具有轰动意义的恐怖行为都以某种爆炸形式为载体，例如：20世纪80年代的泛美航空公司103客机爆炸案、莫斯科地下商城爆炸案、美国俄亥俄州哥大楼爆炸以及新千年以来的车臣政府大楼爆炸案、印尼巴厘岛爆炸案、沙特利雅得高档社区爆炸案和卡萨布兰卡连环爆炸案等，都反映出恐怖分子利用爆炸形式达到其政治、社会目的的重要趋势。

（二）暗杀

暗杀作为一种最古老的恐怖活动方式，它仍是当代国际恐怖活动的常用方式之一。但从20世纪80年代末以后，暗杀活动呈下降态势，发生次数大为减少。其中一个重要原因就是各国对政要的安全保护措施越来越严密与周到，防范暗杀政要的国际合作进一步改善，暗杀作为恐怖活动的一种方式难度大为增加，成本越来越高。从总体上看，1968—1997年暗杀活动的数量及在全球的比例都呈波浪式的下降态势，特别是1997年国际恐怖活动中暗杀大约只有一起；但是，可以肯定的是，暗杀活动还会出现反弹现象，并不可能从此消失。

（三）武装袭击

武装袭击是当代国际恐怖活动常用的方式之一。随着枪支弹药等武器越来越容易获取和制造，恐怖分子武装袭击的活动越来越多。从总体上看，1968—1997年30年来，袭击活动在全球呈波浪式增长态势，年均增长率约为4%；其占全球的比例也略呈上升的波动态势，年均增加 0.14 个百分点(从 1968 年的 8.45%上升到 1997 年的 12.5%)。

(四)绑架劫持

绑架劫持不但是恐怖活动的一种古老方式，也是当今国际恐怖活动一种常用方式。在 1968—1997 年期间，绑架与劫持人质的恐怖活动呈波浪式增长态势，由 1968 年发生的 2 起增长到 1987 年的 53 起(年均发生 45 起)，年均增长率为 18.8%。其中 70 年代初、中期更为普遍，1975 年数量最高，发生 73 起。其中一个主要原因是恐怖分子占领大使馆劫持人质的活动大量增加。但随着各国大力加强使领馆的安全措施，1976 年 12 月联合国通过有关应对劫持人质的 311 号决议，1979 年 12 月联合国通过《反对劫持人质国际公约》，以及各国政府大都采取不向恐怖分子妥协的后恐怖政策，进行这种恐怖活动的危险增加，80 年代后此类活动减少了，而其他形式的绑架与劫持人质活动并未下降。劫机是一种现代恐怖活动方式。自 1931 年 2 月在秘鲁发生的第一起劫机事件以来，恐怖分子对这一有着广泛宣传效果的恐怖活动方式一时间似乎特别钟爱。国际社会先后在 20 世纪六七十年代制定签署了《关于航空器内犯罪和其他行为的公约》(1963 年)、《关于制止非法劫持航空器的公约》(1970 年)、《关于制止不利于民用航空安全的非法行为的公约》(1971 年)，自 1971 年 1 月起，各国开始在飞机上安排“空中警卫人员”(我国自 2003 年也开始安排空警)，自 1973 年在全球开始对旅客进行 100%的安全检查，一定程度上打击了国际劫机恐怖分子，并使 70 年代中期的国际劫机事件有一定程度的减少。但是，由于错综复杂的国际斗争形势以及条约并未得到广泛而有效的实施与执行，国际劫机活动并未得到根本而有效的遏制。劫持车船虽然相对容易些，但危险性较大，宣传效果并不好，因此这种方式并不常为恐怖分子所采用。

(五)投毒

使用剧毒物质，毒害特定目标或伤害无辜的传统攻击方式也被恐怖分子广泛采用，成为恐怖活动的方式之一。1995 年 3 月 20 日上午 8 时至 9 时，麻原彰晃领导的奥姆真理教在东京 16 个地铁站同时释放沙林毒气，制造了震惊世界的东京地铁沙林毒气事件。这一毒气案共造成 12 人死亡，5500 多人受伤。日本在此事件中逮捕了 345 人，对麻原彰晃等 16 人进行了起诉，一些奥姆真理教的骨干分子因直接参与毒气事件被判死刑，2004 年 2 月 28 日，东京地方法院判处麻原彰晃死刑。

(六)纵火

纵火是恐怖组织惯用的手段之一。20 世纪 60 年代到 90 年代，欧洲右翼恐怖组织活动猖獗，其中常有的手法就是纵火，如 1993 年 5 月德国极右翼恐怖组织，为达到暴力排外的目的在德国制造了震惊世界的索林根纵火案，造成 5 名土耳其人丧生，手段恶劣惨绝人寰。

二、超级恐怖活动方式

(一)生化恐怖主义活动

21 世纪的恐怖分子已经开始使用毒气(如沙林/芥子气等)、化学物质(如砷、氰化物等)、生物物质(如肉毒杆菌、破伤风杆菌、炭疽菌、结核病菌等)攻击公共目标，造成人员死亡社会恐慌。如 2001 年 10 月，以美国为发源地，爆发的全球性质的炭疽菌袭击，令世界各国一片恐慌。随着恐怖主义的发展，未来的恐怖主义活动会不会以核攻击为活动方式，也不可知，用发展的角度来看，不得不防。

(二)网络恐怖主义活动

从事网络恐怖主义活动的恐怖分子，被称为“超级数字游击队”，他们利用网络袭击国家的金融、通信、军事、核工业等网络系统，使国家政要部门陷入瘫痪。在我国，网络“黑客”也开始侵扰国家各种的设施。

(三)磁恐怖主义活动

现在发现恐怖分子已掌握并开始使用便携式强磁发生器(能发射每秒频率逾千次的连续脉冲集，峰值功率为8000万瓦)，用来袭击飞行的飞机、行驶的汽车、运转的银行系统和动力变电站。典型的例证是，在莫斯科，车臣匪帮曾用电磁袭击的方法使两家商店的警报系统失灵；在伦敦，北爱尔兰共和军恐怖分子，利用电子干扰系统使银行的计算机网络系统陷入瘫痪。正是由于电磁攻击的非致命性、易得性和隐蔽性，可以从远处发射，能覆盖大量目标，且不留痕迹的特点，使其更具危险性。

三、当前国际恐怖活动的新特点

随着“冷战”的结束，世界的政治、经济和军事单极化的倾向越来越明显。进入21世纪以后，美国利用发动阿富汗战争和伊拉克战争，在全球推行单边强权政治，导致国际政治中的阿以矛盾、美国与穆斯林国家的矛盾、东西矛盾、南北经济矛盾日益激化，世界上部分政治组织甚至国家政府不能按常规方式，转而采取暴力或以暴力相威胁的恐怖手段表达自己的政治和经济要求，国际恐怖活动因此越来越猖獗。特别是2001年美国“9·11”事件之后，在全球范围内出现了以本·拉登为精神领袖，以“基地”恐怖行动为象征意义的恐怖活动。在阿以不间断地实施自杀性爆炸的背景声中，世界范围内先后经历了数轮恐怖袭击。仅从2002年10月到2003年6月发生的两轮恐怖袭击高潮来分析，就足以管窥国际恐怖活动的危害：第一轮是2002年10月6日正值美国发动阿富汗战争一周年之际，以法国油轮在也门亚丁湾被炸为起点，一系列恐怖袭击见诸报端：在科威特、阿富汗，美国军人遭袭；在莫斯科，恐怖分子绑架了800余名人质；在印尼、菲律宾相继发生了8起严重恐怖爆炸案件；在法国一夜之内发生了11起爆炸袭击；在巴基斯坦、泰国发生了4起邮包炸弹。第二轮是伊拉克战争结束后，国际恐怖组织借口维护穆斯林利益而发动更加疯狂的恐怖袭击，在2003年5月10日至5月19日短短的十天里，从俄罗斯车臣的政府大楼到沙特利雅得的高档社区，从南亚的巴基斯坦到北非的摩洛哥，恐怖分子或采用人体炸弹，或驾驶车载炸弹，对7个与美国利益相关的盟国发动了41次恐怖爆炸袭击，造成至少201人死亡、688人受伤。分析这一系列“圣战全球化”的恐怖袭击，我们会发现现代恐怖主义出现了新的特点。

一是实施爆炸恐怖袭击的手段趋于多样化。越来越多的案例证明，在绑架、暗杀、枪击、武装袭击、投毒、爆炸六类传统恐怖袭击的手段中，由于爆炸具有威力大、危害大、材料易得、实施简单、作案后容易逃身等特点，已成为恐怖分子实施袭击的首选手段。仅从两轮恐怖袭击的“高潮”分析，不仅印尼巴厘岛、沙特利雅得、俄罗斯车臣、摩洛哥卡萨布兰卡等影响较大的恐怖袭击使用了爆炸手段，而且在也门、巴基斯坦等其他小型的恐怖袭击中也或完全或穿插地使用了简单易行的爆炸手段。在具体实施时则呈现多样化，既主要使用人体炸弹和驾驶车载炸弹冲闯目标等简单可靠的自杀性爆炸手段(占80%以上)，也间或使用定时炸弹、遥控炸弹和其他诡计爆炸装置等传统的预设型爆炸手段，还使用了发射迫击炮弹、小型战术导弹等超级恐怖爆炸手段，形式不断变换，花样不断翻新。

二是爆炸袭击的组织形式表现为“意识形态化”。正在形成以本·拉登为精神领袖，以“基地”恐怖行动为象征意义的恐怖袭击。两轮爆炸袭击都具有明显的“基地”组织的行动特点，即：多起爆炸同时进行、自杀性袭击和受袭击目标的随意性。这主要是由于美国摧毁阿富汗塔利班政权之后“基地”组织已经失去了原先在阿富汗的避难所，他们的头目或被捕或逃散，在这种情况下，世界各地“基地”组织的拥护者和追随者纷纷回撤到阿拉伯、非洲、南亚、东南亚等穆斯林聚居的地区，“变一堆沙粒为一片散沙”，由原来那种集中训练模式转变为相对松散模式，由接受“基地”上层组织严密控制转变为分散躲在阴暗的地下室里策划各自的恐怖计划。因此，现在的“本·拉登”并不是某个具体组织的头目，而是国际恐怖主义的精神领袖，“基地”也不再是上下贯通、组织严密的行动实体，而是国际恐怖主义的代名词。正如美国《华尔街日报》评论的那样，“‘基地’的意识形态化”是现代恐怖主义的特征。这种袭击的简易性和随意性使预测和防范更为艰难。

在组织结构上：虽然三分之二的“基地”领导人已被逮捕，但产生了新一代的“基地”领导人。他们从拉登身上得到精神鼓励，却不完全依照拉登的想法行事；他们受教育程度高、宗教热情高；他们独立性强、组织能力好。

在活动阵地上：亚洲是他们的传统基地，但欧洲正从反恐战争的后方变为前沿。英国是恐怖分子青睐的后勤人本营和人才市场；奥地利则是通信中枢；法国则是产生新恐怖分子的滋生地。意大利的恐怖组织“安萨尔”正在帮助基地组织建立一个人才招募和输出的地下网络，输送到伊拉克。

在行动手法上：从空中转到地下延伸到海上，目标从飞机至汽车到火车延伸到舰船。

美国反恐专家断言“我们应对的恐怖是非机械性的，不能指望拆除某一个零件就可以坐等它全盘垮掉，恐怖活动更类似于菌类繁殖，烧掉一些，可它还会不断从别处冒出来”。

三是爆炸袭击目标的选择逐渐转向平民化。由于美国本土防范严密，各大使馆、军事设施和全球其他受到保护的“自由象征”的目标都处在高度防范当中，恐怖袭击难以得手。恐怖分子改变战术，进而转向中东、远东、南亚、非洲等非美国及其盟国本土的“薄弱”目标下手。用“基地”领导人的话说“就是要针对美国后方，令敌人摔一跤”。主要体现在三个方面：其一，向中东、东南亚和非洲等发展中国家和地区发动袭击。第一轮的恐怖袭击中的二十多起爆炸案件，都在菲律宾、印尼等东南亚国家和也门等发展中国家。第二轮恐怖袭击则发生在沙特、巴基斯坦、摩洛哥等中东、南亚和非洲国家。其二，攻击目标避开了政府要害、军事要害等防范严密地区，转为攻击“没有政治色彩”的旅游胜地、购物中心、停车场、加油站、住宅区等疏于防范的民用公共设施及场所。其三，越来越倾向于向防爆意识不强、资金不足、防范能力弱的目标发动袭击。巴厘岛发生爆炸之前，印尼曾多次接到美国警告：印尼已经成为“基地”组织的容留地，很有可能遭到恐怖袭击，但印尼当局并没有予以重视，各重要目标也因资金不足，无力购买防爆设备，处于不设防状态。摩洛哥发生五起连环爆炸前，也多次接到恐怖袭击预警，但由于缺乏足够的资金和警力，难以开展有效防范。

四是爆炸袭击造成的危害日益严重化。恐怖袭击的目的已经从 20 世纪的“让更多人看，不让更多人死”，转变为 21 世纪“既让更多人看，也让更多人死”。因此，不仅死伤人数和财产损失剧增，而且使普通民众的安全感日益下降，对政权的稳固构成了威胁。印尼巴厘岛爆炸案已造成 200 多人死亡、300 多人受伤；菲律宾系列爆炸造成 21 人死亡、220 人受伤；卡萨布兰卡 5 起连环爆炸造成 41 人丧生、100 多人受伤；利雅得 4 起爆炸造成 50 人死亡、

190 人受伤。但这远远不及给人们心理造成的悲伤和恐惧。巴厘岛爆炸案使游客望而却步；菲律宾系列爆炸案使居民不敢去超市，职员不敢乘公共汽车；巴基斯坦一天内 19 起连环爆炸案虽然伤及的只是加油站的垃圾箱，但已足以使公众对政府的防范能力产生了怀疑。爆炸对人类伦理和政权的巩固已构成极大威胁。正如媒体评论“恐怖主义颠覆了人类伦理底线，生活在恐怖威胁当中的人们最大的渴望已经不是幸福和富有，而是安全”。

第四章 违禁品常识

第一节 违禁品概述

一、违禁品的概念

目前在学术界，对违禁品尚没有统一的界定，只是在具体的工作中和具体违法行为联系起来而界定了一些物品，如淫秽物品、色情物品等。笔者认为：违禁物品是指以影响社会治安秩序、危害群众身心健康并易造成人财物损失为主要作用形式，法律、法规规定，禁止其在社会中流通和交易，只允许其在特定的条件下使用的物品。

二、违禁品具有的特征

通常认为违禁品具有以下特征：

(一)危害性

违禁品在社会中通常都以危害性为其主要的表现形式，对社会的治安秩序及群众的身心健康基本上没有帮助，更多时候表现出来的都是危害社会、危害群众、危害治安。如邪教及其出版物，其在社会中所表现出来的基本上是危害群众的身心健康，虽然其鼓吹的是对人及社会有多少利益，但最终都无法掩盖其危害社会、危害群众身心健康、借机敛财的终极目的。

(二)特定性

不同的国家对违禁品的界定是有区别的，会根据国家的社会及经济等方面考虑，将某些特定的物品作为违禁品列管。如我国把毒品就作为违禁品列管，而在哥伦比亚，种植和贩卖毒品则是合法的，甚至其 GDP 中有很大一部分都是来自于毒品交易。国家对违禁品的使用也进行了规定，虽然不允许其在市面上流通交易，但在特定的条件下则是允许的，如因卫生医疗工作的需要，履行特定的手续，针对特定人，是可以使用毒品(杜冷丁)来辅助医疗，减轻病患痛苦；为了使士兵在作战时保持良好的战斗精力等方面的需要，有的国家统一为士兵在作战时配发兴奋类药品或麻醉性药品。

(三)违法性

所有的违禁品，国家都以法律、法规的形式予以明确，并明确了违法的法律责任。以淫秽物品为例：我国《刑法》涉及淫秽物品犯罪的立法规定有走私淫秽物品罪(第 152 条)；以牟利为目的，制作、复制、出版、贩卖、传播淫秽物品和为他人提供书号出版淫秽书刊罪(第 363 条)；传播淫秽物品罪和组织播放淫秽音像制品罪(第 364 条)；组织淫秽表演罪(第 365 条)。《中华人民共和国治安管理处罚法》规定：制作、运输、复制、出售、出租淫秽物品行为和传播淫秽信息行为(第 68 条)；组织播放淫秽音像行为、组织或者进行淫秽表演行为、参与聚众淫乱活动行为以及为其提供条件的行为(第69条);多次发送淫秽信息干扰他人正常生活的行为(第42条第5款)。《互联网上网服务营业场所管理条例》规定:互联网上网服务营业场所经营单位和上网消费者不得利用互联网上网服务营业场所制作、下载、复制、查阅、发布、传播或者以其他方式使用含有宣传淫秽、赌博、暴力或者教唆犯罪等内容的信息。违反本规定的,触犯刑律的,依法追究其刑事责任;尚不够刑事处罚的,由公安机关给予其警告,没收其违法所得,并处罚款;情节严重的,令其停业整顿,直至文化行政部门吊销其《网络文化经营许可证》。上网消费者有违法行为的,触犯刑律的,依法追究刑事责任;尚不够刑事处罚的,由公安机关依照《治安管理处罚法》的规定给予处罚。

第二节 邪教及其出版物

所谓邪教就是指冒用宗教、气功或者其他名义建立,神化首要分子,利用制造、散布迷信邪说等手段蛊惑、蒙骗他人,发展、控制成员,危害社会的非法组织。邪教大多是以拯救人类为幌子,散布迷信邪说,且通常有一个自称开悟的具有超自然力量的教主,以秘密结社的组织形式控制群众,一般以不择手段地敛取钱财为主要目的。

一、国外的邪教组织①

(一)美国

1. 和平教团运动:和平教团运动成立于1922年,创立人是黑人迪瓦因。10年后,该教派发展到数万人,成为当时影响最大的黑人教派团体,并宣称在加拿大、英国、澳大利亚、瑞典、奥地利和德国等地拥有上百万信徒。40年代,他们在美国有60多个分会,其中在纽约州就有30多个。

2. 造物者世界教会:造物者世界教会成立于1973年,创立人为柯立森。柯立森原为佛罗里达州议员,他的教会成立后吸引了不少新纳粹分子和仇视亚裔移民分子。该组织在全世界共有44个分支机构。

3. 人民圣殿教:人民圣殿教成立于1955年,创立人是新教牧师琼斯,总部原在旧金山。1978年11月,在南美圭亚那琼斯镇,该教信徒在教主琼斯的胁迫下,他命令城中的638名成人和276名儿童喝下含有氰化物的果汁,那些拒绝服从的信徒被当场枪杀,琼斯本人最后也开枪自杀,造成914人丧生的震惊世界的惨案。

(二)加拿大

耶稣基督原教旨主义最后审判圣徒会是一个跨国邪教组织。在加拿大不列颠哥伦比亚省南部利斯特镇和美国犹他州和亚利桑那州拥有3万名信徒。该教派声称"世界末日临近","只有结成天体伉俪的人才能幸免于难"。邪教头目以此邪说欺骗教徒,让年龄在13岁至16岁的美国幼女和少女嫁给他们,一名头目可"娶妻"多达几十人。在加拿大的利特斯,全镇居民不过千人,镇内44岁的该教会主教兼大商人温斯顿一人竟"娶妻"30名,生子多达80人。1999年,这名主教又"娶"了数名年龄在16岁左右的美国"妻子"。他还任该镇一所学校的学监,并要求全校184名学生"严格保守神圣的秘密"。

---

① 世言:《阳光下的罪恶——当代国外邪教实录》,人民出版社2000年版。

(三)墨西哥

撒旦崇拜教：曾有信徒上万人。该教在教庆仪式上将动物和人杀死，以祭拜其偶像——魔鬼撒旦。撒旦崇拜教广泛流行于墨西哥、澳大利亚等地。1989年4月，墨西哥有13人在“撒旦崇拜”的仪式中被当作活祭杀害，除一人遭枪击，一人被滚水煮死外，其余人均被活活虐待而丧生。拉特斯卡拉州巫术7人命案：2000年8月11日，拉特斯卡拉州媒体报道，巫师特奥多罗在拉特斯卡拉州的一间小屋内举行宗教仪式，替8人“驱邪”。其中7人参加巫术仪式是为了“纯洁灵魂”，还有一名15岁少年是因为“中邪”而接受治疗。马丁内斯和8个人进入一间密封的房屋，然后在祭坛前点燃了木炭。4个小时后，包括马丁内斯在内的7个人因为一氧化碳中毒死亡，另2人中毒后被送往医院治疗。巫术造成7人命案。

(四)秘鲁

基亚班巴圣灵降临：基亚班巴圣灵降临组织的教主是胡安·基斯佩等几个牧师。2000年3月，秘鲁警方在库斯科省热带雨林中救出了86名因为绝食40天而濒临死亡的邪教信徒。他们把绝食行动看作是等待世界末日的一种仪式。该邪教头目在被警方捉捕前要求信徒们卖掉所有财产，并将钱交给他们，作为神的贡品。

(五)英国

1999年7月3日星期六，英国为了揭露邪教“世界末日”的欺骗性，在国家电视台第四频道播出了一个长达7个小时的特别节目：“诺查·丹玛斯之夜”。节目制片人耶尔专门找来6个世界知名邪教人物，和他们一起等待丹玛斯预言的世界末日，并由他们解释自己的信仰。这6人中的2人形象是生前录像，因为美国“大卫教派”的教主考雷什和“天堂之门”的教主阿普尔怀特已经死亡。节目之后，所谓的“世纪预言”和邪教教主的言论受到最大嘲讽。

(六)德国

少年撒旦教：曾有信徒上万人。该教在教庆仪式上将动物和人杀死，以祭拜其偶像——魔鬼撒旦。1993年，17岁的少年撒旦教信徒汉德列克及同伙将自己15岁的同学桑德罗骗到森林里电死作祭品。“撒旦教”与“撒旦崇拜”还广泛流行于墨西哥、澳大利亚等地。

(七)法国

太阳圣殿教成立于瑞士。1994年10月4日，该教派53个教徒在加拿大魁北克和瑞士自杀。事后，教主朱雷将总部迁到法国。1995年12月，太阳圣殿教的信徒在法国伊泽尔省韦科尔高原上再次发生集体自杀事件，造成包括3名儿童在内的16人死亡。

(八)瑞士

太阳圣殿教原名为“复兴圣殿会”，成立于1977年，创立人是原德国纳粹盖世太保军官奥里加斯，总部设在日内瓦。1983年，在扎伊尔出生的路科·朱雷与法裔加拿大人德·芒布罗一起成立了太阳圣殿教。先后在瑞士、法国、加拿大和澳大利亚等地吸收了数百个信徒。他们在澳大利亚等地购买军火，转卖给第三世界国家牟取暴利，然后在瑞士银行洗钱。为了扩大组织，有一对瑞士夫妇变卖农场给朱雷捐献了15万英镑，他用十万英镑在加拿大莫林高地买了一套住房，一些信徒也跟随他前往。根据调查，他在瑞士和加拿大的银行有大量存款，其中仅从教徒身上搜刮的钱财多达1亿美元，并且用这些钱从事军火走私活动。1994年10月4日，该教派53个教徒在加拿大魁北克和瑞士自杀。事后，警方在日内瓦邮局发现了教主朱雷寄往澳大利亚的邮包，瑞士一些内阁部长和报界也收到了自杀教徒生前寄出的信件，内容大意是：鉴于地球即将毁灭，为躲避世界末日，他们决定离开这个地球。

(九)希腊

黑魔教：该教组织经常举行集会，男女均穿黑袍，戴面罩，一男一女排列起来向右转圈，然后由每个女人与她前面的男人性交。他们崇尚群交，认为这样女人容易怀孕，可以加强魔鬼的力量。该教发展的教徒主要是青少年。他们一旦入教，就很难解脱。凡是入教后再想摆脱组织控制的教徒往往会被杀害。

(十)俄罗斯

苏联解体后，各种邪教势力乘虚而入。如日本的"奥姆真理教"就首先在俄罗斯设立了分部，全俄加入各种邪教组织者数万人。1995 年年初，莫斯科成立了"强化安全区"，加强街头巡逻，参加执勤的警力大大增加，同时对莫斯科的 100 多个外国代表机构也建立了 24 小时的值勤和监控制度。

圣约书教会：圣约书教会(又名：最后的圣约书神庙)创立于 20 世纪 90 年代初。教主是谢尔盖·多洛普。他曾经是一名原国家警察小队长，因为信奉神秘，不务正业，被警察局开除。因为他长着络腮胡子，一头黑发，与耶稣有几分相似，所以他索性宣称自己就是耶稣，在西伯利亚建立了自己的根据地——太阳城。圣约书教会有数千个信徒，据称是俄罗斯本地最大的邪教团体。

(十一)日本

"奥姆真理教"，制造了日本地铁事件。在第三章有论述。

二、我国的邪教组织①

改革开放后，我国的邪教组织逐渐发展起来。20 世纪 80 年代，邪教势力大多在偏远地区活动，90 年代新生邪教多以中心城市为基地扩张，进入 21 世纪，当代邪教势力开始出现国际化的趋势。在我国，明确认定的邪教组织共有 14 个。其中，中央办公厅、国务院办公厅文件明确的邪教组织有 7 个，包括呼喊派、门徒会、全范围教会、灵灵教、新约教会、观音法门、主神教等；公安部认定和明确的邪教组织也有 7 个，分别是被立王、同一教、三班仆人派、灵仙真佛宗、天父的儿女、达米宣教会、世界以利亚福音宣教会等(其中不包括"法轮功"、"全能神"等)。②

(一)法轮功

李洪志于 1992 年创立"法轮功"后，在北京设立了"法轮大法研究会"，自任会长。此后，又陆续在各省、自治区、直辖市设立了 39 个"法轮功"辅导总站，总站下又分设了 1900 多个辅导站、28000 多个练功点，自上而下形成了一个完整的组织系统。"法轮大法研究会"负责领导和管理各地"法轮功"辅导总站一切事务，审批各地"法轮功"组织的机构设置，任免主要骨干分子的职务。还制定了《对法轮大法辅导站的要求》、《法轮大法弟子传法传功规定》、《法轮大法辅导员标准》、《法轮大法修炼者须知》等一系列规章制度，使"法轮功"活动组织化、规范化。

李洪志作为"法轮功"的最高头目，经常发布指令。"法轮大法研究会"也以最高组织机构的名义经常向各地站、点发出通知、公告等，还设有专人，或者利用互联网、电话、传真

---

① 六九笑：《揭秘中国 14 个邪教组织》，http：//www.360doc.com. 2014 年 1 月 6 日.

② 佚名：《揭开"法轮功"的庐山真面目》，中国新闻网. http：//www.china.news.com. 2009 年 3 月 2 日.

等现代化通讯手段与各地站、点联络，传达李洪志及“法轮大法研究会”的指令，指挥协调各地的活动。多次策划、煽动众多“法轮功”修炼者有组织地围攻新闻出版单位和党政机关，严重影响了这些部门的工作秩序和社会秩序，破坏来之不易的社会稳定局面。1998 年 5 月，“法轮大法研究会”及北京总站的一些骨干煽动千余名“法轮功”修炼者围攻北京电视台。

一些“法轮功”练习者受李洪志歪理邪说的欺骗、迷惑，有的患病后拒绝去医院，不打针、不吃药，贻误治疗导致死亡。有的因练“法轮功”自杀身亡或精神失常。有的甚至采用残忍的手段杀害他人。“法轮功”对人们的身心健康造成的恶果不胜枚举。仅北京两所精神病院收治的因练“法轮功”导致精神失常的病例看，1996 年 9 例，1997 年 10 例，1998 年 22 例，1999 年上半年就有 16 例，呈逐年上升趋势。李洪志在传播“法轮功”的过程中，不断标榜自己是超凡脱俗的“最高的佛”，但实际生活中的李洪志，却对金钱格外贪婪，靠传播“法轮功”，短短几年暴富起来。“弘法”初期，李洪志通过举办培训班聚敛了大量钱财。据不完全统计，仅 1993、1994 年，李洪志在长春教功售书就收入 429300 元，在全国各地办班收入 789000 元，共计 12183000 元。其中在哈尔滨办班时间只有几天，但听课证每张却高达 53 元，净收入达 20 万元。此后，李洪志又称“想学好大法就必须读书，看录像，听录音练功”，通过“法轮功”组织大量印制书籍、录音带、录像带、VCD 等，以每套 300 元的价格在练习者中出售，并极力吹嘘自己的“法像”和“法轮功徽章”有“灵气”，鼓动练习者购买。还宣扬“有施才有得”，以“小施获大得”，从众多练习者中骗得了数额不等的“捐款”。李洪志以其亲属的名义在北京、长春拥有数处豪宅、多辆轿车。李洪志利用“法轮功”聚敛了巨额财富。

（二）呼喊派

社会危害：李常受妄称“基督是我，我也是基督”。2013 年造成山东招远血案的“全能神”教主赵维山曾是该团体的黑龙江骨干。近年来，该组织逐步演变出“常受教”、“中华大陆行政执事站”、“被立王”、“主神教”、“实际神”、“东方闪电”等派系。

（三）徒弟会

社会危害：季三保编造“七步灵程”，自称是“神所立的基督”、“神的儿子”，可以行神迹奇事，治病救人。该组织骨干制造、散布迷信邪说，致使大量学生辍学，群众整天“祷告”，放弃生产，变卖家产，预备“升天”，或有病不求医，因贻误治病而死亡。

（四）全范围教会

社会危害：徐永泽编了《教会基本建造草案》，提出“实现中国文化基督化、全国福音化、教会基督化的国度，与主一同掌权”。一些骨干散布“世界将到尽头，灾难就要降临”、“信主能治病”等谣言，要求信徒天天聚会时嚎啕大哭。受其影响，群众不思工作，一心等待“升天”。

（五）灵灵教

社会危害：华雪和自称是“第二个耶稣、主基督”，是“主耶稣二次道成肉身降临”，称“淮阴就是耶路撒冷”。该组织宣扬“世界末日即将来临，整个人类要毁灭，只有早进‘灵灵教’才能躲过灾难”，致使信徒群众放弃生产，坐等“世界末日”。

（六）新约教会

社会危害：梅绮、洪三期、左坤等人均自称“先知”，代表“至高神来执掌王权”，是“神在地上的君”，宣称要“推翻人的国，建立神的国”。

（七）观音法门

社会危害：释清海标榜自己是“清海无上师”，等同于释迦牟尼、耶稣基督、安拉真主等。从 1989 年开始，“观音法门”组织成员以旅游、探亲、投资办厂为名，频繁派人进入大陆，发展成员，秘密建立活动点。此外，又多次策动境内信徒到境外参加“法会”或培训，回国后进一步发展邪教组织。

(八)主神教

社会危害：刘家国自称“主神”，制造、散布“世界末日即将来临，只有信仰‘主神’才能得救，要团结在‘主神’四周，终极建立神的王国”等迷信邪说。他还以“赐神灵”为名，强奸妇女 19 人；以缴纳奉献粮、奉献款为名，诈骗钱财 40 余万元人民币。

(九)被立王

社会危害：吴扬明利用《圣经》中“被立”一词，自称“被立王”，宣称：“世界末日就要到来，只有信‘被立王’才能得救，若不信就要受惩罚，遭到屠杀。”

(十)同一教

社会危害：该组织规定信徒必须与异性信徒发生两性关系，称此为“洗礼”，由文鲜明为信徒指定婚配，主持跨国大型“集体婚礼”。该组织曾在韩国、美国组织过反共大游行。“同一教”以投资援助、任职任教、文化交流等为名，派遣职员进入我国进行渗透活动。同时极力拉拢、发展我出国职员，指使他们回国后广泛传播“同一教”。

(十一)三班仆人派

社会危害：徐文库借用《圣经》神化自己，自称“大仆人”。该组织散布“2000 年以前世界有七大灾难，世界末日来到了，只有‘三班仆人派’才是真理真道”等迷信邪说。近几年来，徐及其骨干以“奉献钱是交给神”等为名，骗取大量钱财。

(十二)灵仙真佛宗

社会危害：卢胜彦标榜自己为“活佛”、“佛主”，极端敌视社会主义制度，曾于 1989 年多次发表公然演讲，攻击党和政府。该组织还在上海、广州、昆明等地设立分支机构，委任主持人，偷运、散发大量该组织书籍和宣传品，发展成员，建立组织。

(十三)天父的儿女

社会危害：攻击一切社会制度和意识形态，宣称“上帝的爱即是性爱”，指使信徒用类似卖淫的方法发展信徒，募捐经费。在“家庭”中实行群居、滥交，甚至提倡儿童性行为。受其影响，大多数成员有流氓行为，乱搞两性关系。

(十四)达米宣教会

社会危害：该组织以宣扬“末世论”为宗旨，宣称：“1992 年 10 月 28 日 23 时是‘世界末日’的开始，届时加进该组织的人将随复活的耶稣一起‘升天’，不信其说教的人将在而后的 7 年‘大灾难’中受苦。”自 1992 年以来，该组织频繁派人进入我国，发展成员，建立组织，并指使境内骨干煽动、组织受蒙骗群众搞集体“升天”活动。

(十五)世界以利亚福音宣教会

社会危害：朴叫呼自称是最后的先知“以利亚”，要求信徒将其作为“石仙”加以崇拜，称其组织为“石国”。该组织在我国各地建立了聚会点、联络点，并租地建立“石国”聚居村，唆使受蒙骗群众变卖家产，举家移居，共同生活。

第三节 毒 品

自鸦片战争以来近一百多年，毒品仍在世界许多地方蔓延。尤其是近三十年来，毒品滥用形势急剧恶化，无论是天然的还是合成的毒品的滥用日趋扩散，几乎影响到所有的国家。毒品品种繁多，吸食方法不时变化，由于常常与吸烟和酗酒相结合，同时吸食两种或两种以上毒品，对身心健康危害愈来愈严重，静脉注射方式吸毒还面临感染艾滋病的危险。当前，国际上被滥用的毒品已由传统的鸦片、海洛因、吗啡发展到滥用兴奋剂和其他精神药物。2015 年 6 月 27 日，联合国发布的《世界毒品问题报告》中估计全球吸毒人数超过 2 亿。实际情况可能要更严重得多。吸毒已成为没有国界的祸害。为了在全世界范围内开展禁毒斗争，1985 年 5 月联合国秘书长发出呼吁：现代应是国际社会作出更大努力在全世界范围内开展一场更协调一致，更全面的行动的时候了。

一、毒品的概念、种类和危害

(一) 毒品的概念

毒品是指进入人的肌体后能够对人的中枢神经系统产生兴奋、抑制或致幻作用，并能使人产生依赖性的物质；从法律意义上讲，是指国家依法管制的能够使人形成瘾癖的麻醉药品和精神药品。《刑法》第 357 条第 1 款规定：“本法所称的毒品，是指鸦片、海洛因、甲基苯丙胺(冰毒)、吗啡、大麻、可卡因以及国家规定管制的其他能够使人形成瘾癖的麻醉药品和精神药品。”在医疗中为了治疗疾病而依法合理使用的麻醉药品和精神药品，一般不称为毒品。砒霜、氰化物等进入肌体后能够造成肌体损伤，引起功能性障碍甚至死亡的有毒物品，纳入危险物品管理，也不是毒品。毒品具有以下三个特征：

1. 违法性，即违反国家关于麻醉药品、精神药品的管理法规，而非法生产、运输、持有、吸食这类药品。

2. 成瘾性，即多次使用而产生身体依赖或精神依赖，或者兼而有之。

3. 危害性，即滥用这类药品而严重损害人的身心健康。

(二) 毒品的种类

1. 麻醉药品类。作为毒品的麻醉药品是指对中枢神经有麻醉作用连续使用后易产生身体依赖性，能形成瘾癖的药品，主要包括：鸦片类、可卡因类、大麻类、合成麻醉药品类以及国家卫生健康委员会指定的其他易形成瘾癖的药品、药用植物及其制剂。1996 年 1 月公布的《麻醉药品品种目录》共列入 118 种药品，其中常见的有：鸦片(Opium)，从成熟的罂粟果提取而得；吗啡(Morphine)，鸦片中的主要生物碱，在医学上为麻醉性镇痛药；海洛因(Heroin)，以二乙酰吗啡或盐酸二乙酰吗啡为主要成分的一类半人工合成的精制毒品的总称，被称为毒品之王；大麻(Marihuana 或 Cannabis)，一年生草本植物，其叶、花中含有大麻酚、大麻二酚、四氢大麻酚等化合物；可卡因(Cocaine)，从古柯属植物古柯灌木叶中提取的生物碱，是最强的一种天然中枢神经兴奋剂；美沙酮(Methadone)，是一种人工合成的麻醉药品，医学上用做镇痛麻醉剂；二氢埃托啡(Dihydroetorphine)，俗称小鸦片，是一种人工合成的强镇痛药；度冷丁(Dolantin)，临床上常用的人工合成的麻醉药物。

2. 精神药品类。作为毒品的精神药品是指直接作用于中枢神经系统，使之兴奋或抑制，连续使用能产生依赖性的药品。精神药品依据使人体产生的依赖性和危害人体健康的程度分为两类，1996 年 1 月公布的《精神药品品种目录》列入的 119 种精神药品中，第一类有 47 种，常见的有甲基苯丙胺、咖啡因、安纳加等；第二类有 72 种，常见的有巴比妥、安定、三唑仑等。甲基苯丙胺(Methamphetaline)，又称甲基安非他明、去氧麻黄碱，俗称冰毒，可一次成瘾；咖啡因(Caffeine)，从茶叶、咖啡果中提取的一种生物碱，有兴奋神经作用临床上主要用于治疗神经衰弱和昏迷复苏；安纳加(Caffeine and Sodium Benzoate)，苯甲酸钠与咖啡因的等量混合物，又称苯甲酸钠咖啡因、安息香酸钠咖啡因，临床上常用于镇静安眠；巴比妥(Barbital)，一般分为苯巴比妥和异戊巴比妥，是人工合成的巴比妥酸的衍生物，临床上有镇静、催眠、抗惊厥、抗癫痫作用；安定(Diazepum)，临床上有镇静、催眠、抗惊厥、抗焦虑作用；三唑仑(Triazolam)，具有较强的镇静、催眠效果。

(三)毒品的危害

毒品给人类文明和社会安定带来触目惊心的危害。毒品直接损害吸毒者的大脑和中枢神经系统以及循环、呼吸系统的功能，降低其免疫力，使其极易感染各类疾病，威胁身心健康甚至生命；吸食、注射毒品在导致大量家庭悲剧的同时，极易传播艾滋病等严重疾病，威胁公共卫生安全；毒品诱发卖淫、盗窃、抢劫、伤害、杀人等多种违法犯罪；毒品的泛滥给社会造成巨大的经济损失，危害社会经济的健康发展。20 世纪 80 年代以后，我国涉及毒品的违法犯罪沉渣泛起，巨额利润刺激毒品犯罪分子铤而走险，涉毒案件数量激增，毒品犯罪趋于暴力化、武装化、组织化、国际化，严重危害社会治安，查禁毒品、严惩毒品犯罪是长期而艰巨的任务。

二、常见的毒品

(一)安非他命

主要为甲基安非他命。纯品为无色至淡黄色油状物，其盐酸盐或硫酸盐为微带苦味之白色结晶体粉末。甲基安非他命盐酸盐结晶如细碎冰块，目前市面流通之包装已由保济丸瓶装改为封口小塑胶袋装。

安非他命属于兴奋中枢神经，虽具有兴奋、警觉及抑制食欲之作用，重复使用会成瘾，中毒症状包括多话、头痛、错乱、高烧、血压上升、盗汗、瞳孔放大、食欲丧失。大剂量使用引起精神错乱，思想障碍，类似妄想性精神分裂症，多疑、幻听、被害妄想等，长期使用导致器官性脑症候群。有高血压及脑中风之危险。停用之脱瘾症状包括精神呆滞、昏睡、易怒、烦躁不安、忧虑，有自杀倾向。

(二)大麻

一年生植株为单一茎草本，生长于温带或热带气候。在植物学分类上为大麻科大麻属，主根明显，多年生，植株形如灌木，以枝及根须为主；茎直立，密生细柔毛，掌状深裂复叶，互生具长叶柄，茎下部叶对生，小叶 3~9 枚，披针形先端渐尖边缘粗锯齿，上下表皮有钟乳体及腺毛。雌雄异株，一般高 1~3 米，但也有的高大植株能长到 6 米，矮小的不到 1 米。主要成分(Tetrahydrocannabinoid，THC)富含于叶及雌花。大麻植物顶端之树脂分泌物干燥之大麻制剂，在中东及北非地区称为 Hashish，远东地区称 Charas，为含大麻酚浓度最高者。大麻制品包括：大麻饼、大麻浸膏、大麻晶、大麻香烟、大麻油、大麻树脂等。美国广泛使用大麻是从 20 世纪 60 年代开始的，美洲地区曾经被人们认为是大麻的重灾区。

使用大麻初有兴奋感，剂量增加会引起懒散、意识混乱、无方向感、时空扭曲、动作协调差、记忆、思考、注意力、判断力下降，称为“动机缺乏症”。在生理上会造成频脉、发汗、眼结膜红肿、步履不稳、眼球震颤等影响。较强之 Hashish 制剂常有幻觉及精神病反应。精神分裂症病人如吸食大麻则会使精神病症状加剧。大麻被认为是海洛因、古柯碱等强烈药物中毒者的入门药物，常与酒精合并滥用。

(三)冰毒

即甲基苯丙胺，又称甲基安非他命、去氧麻黄素，为纯白色晶体，晶莹剔透，外观似冰，俗称“冰毒”，吸、贩毒者也称之为“冰”。该药小剂量时有短暂的兴奋抗疲劳作用，故其丸剂又有“大力丸”之称。冰毒最早1887年由德国药理学家埃德林诺首先合成。历史上冰毒的最滥用是在二次大战时，日本政府提供了数以吨计的冰毒以提高前线士兵战斗力，而在美国，1971年合法生产的苯齐巨林药片(冰毒)达到120亿片。20世纪50年代在我国叫“抗疲劳素片”，1957年在重庆曾出现过吸食冰毒的成瘾人群。1962年，在山西、内蒙古等地也发生过滥用的问题。后来国家禁止了去氧麻黄素的生产、销售与使用。①

冰毒属于苯丙胺类中枢神经兴奋剂，是我国规定管制的精神药品。苯丙胺药物强烈的兴奋作用使它们刚应用于临床不久就开始被滥用。从1932年起就有人为寻求感官刺激而吸食安非他命。冰毒(甲基安非他命)虽然问世较晚，但是它见效快、药效维持时间长的特点使它蔓延速度极快。1996年11月25日联合国禁毒署在上海召开的国际兴奋剂专家会议上，专家一致认为苯丙胺类兴奋剂将逐步取代20世纪流行的鸦片、海洛因、大麻、可卡因等常用毒品，成为21世纪全球范围滥用最为广泛的毒品。

(四)阿片类(鸦片、吗啡、海洛因)

鸦片，俗称“大烟”、“鸦片烟”、“烟土”等，是英文名Opium的音译，来自罂粟。鸦片有生鸦片和熟鸦片之分。罂粟是两年生草本植物，每年初冬播种，春天开花。其花色艳丽，有红、粉红、紫、白等多种颜色，初夏罂粟花落，约半个月后果实接近完全成熟之时，用刀将罂粟果皮划破，渗出的乳白色汁液经自然风干凝聚成粘稠的膏状物，颜色也从乳白色变成深棕色，这些膏状物用烟刀刮下来就是生鸦片。生鸦片有强烈的类似氨的刺激性气味，味苦，长时间放置后，随着水分的逐渐散失，慢慢变成棕黑色的硬块，形状不一，常以球状、饼状或砖状出售。鸦片制剂的发展是15世纪开始的，流行性使用始于19世纪初。

吗啡，是鸦片中最主要的生物碱(含量约10%~15%)，1806年法国化学家F. 泽尔蒂纳首次从鸦片中分离出来(也有人认为是德国化学家赛特纳其于1803年首次分离)。他用分离得到的白色粉末在狗和自己身上进行实验，结果狗吃下去后很快昏昏睡去，用强刺激法也无法使其兴奋苏醒；他本人吞下这些粉末后也长眠不醒。据此他用希腊神话中的睡眠之神吗啡斯(Morphus)的名字将这些物质命名为“吗啡”。

纯净吗啡为无色或白色结晶或粉末，难溶于水，易吸潮。随着杂质含量的增加颜色逐渐加深，粗制吗啡则为咖啡似的棕褐色粉末。在“金三角”地区，吗啡碱和粗制吗啡又称为“黄皮”、“黄砒”、“1号海洛因”等，在非法买卖中，“黄皮”论“个”数进行交易，每个重1公斤。非法生产的吗啡一般被制成砖块状。东南亚的产品有“999”、“AAA”、“OK”等商标，呈白色、浅黄或棕色。鼻闻有酸味，但吸食时有浓烈香甜味。滥用吗啡者多数采用注射的方法。在同样质量下，注射吗啡的效果比吸食鸦片强烈10~20倍。

海洛因，即二乙酰吗啡，鸦片毒品系列中最纯净的精制品，是目前我国吸毒者吸食和注射的主要毒品之一。1874年英国化学家C. 莱特在吗啡中加入冰醋酸等物质，首次提炼出镇痛效果更佳的半合成化衍生物二乙酰吗啡即海洛因。海洛因为白色粉末，微溶于水，易溶于有机溶剂，盐酸海洛因易溶于水，其溶液无色透明。海洛因进入人体后，首先被水解为单乙

① 孙大虹主编：《冰毒危害与防范》，中国人民公安大学出版社2001年版。

酰吗啡，然后再进一步水解成吗啡而起作用。因为海洛因的水溶性、脂溶性都比吗啡大，故它在人体内吸收更快，易透过血脑屏障进入中枢神经系统，产生强烈的反应，具有比吗啡更强的抑制作用，其镇痛作用亦为吗啡的4~8倍。最初的海洛因曾被用作戒除吗啡毒瘾的药物，后来发现它同时具有比吗啡更强的药物依赖性，常用剂量连续使用两周甚至更短即可成瘾，由此产生严重的药物依赖。由于海洛因易于生产，便于携带运输走私，特别是药效强，其诱发的欣快感和依赖性作用较吗啡和生阿片强烈，因此，自20世纪以来的百年间，海洛因成为滥用最广、毒性最强、危害最大的违禁品。我国近年由于禁毒工作做得较有成效，吸食海洛因的成瘾者有下降趋势。

目前国际上对毒品的排列分为十个号，主要是鸦片、海洛因、大麻、可卡因、安非他命、致幻剂等十类，其中海洛因占据第三、第四号，即三号毒品和四号毒品，因此世界上人们普遍称之为“三号海洛因”、“四号海洛因”。由于这样的习惯叫法使人们误以为还有一、二号海洛因，实际是吗啡或吗啡盐类。“三号海洛因”又称为“香港石”、“棕色糖”、“白龙珠”等，是将盐酸吗啡经化学过程产生二乙酰吗啡后，再添加大量的稀释剂(如士的宁、喹吁、莨菪碱、阿司匹林、咖啡碱等)而制成的颗粒状毒品，有时也有粉末状的，颜色从浅灰色到深灰色。三号海洛因中二乙酰吗啡和单乙酰吗啡的总含量一般为25%~45%，咖啡因含量在此30%~60%，一般有掺假。“四号海洛因”是在盐酸吗啡经乙酰化反应后不对其进行稀释，而是提纯，然后经过沉淀，予以干燥。其中二乙酰吗啡含量一般在80%以上，最高可达98%，纯的或高纯的四号海洛因是一种白色、无味、透明的粉末，且非常细腻以致擦在皮肤上会消失。但如果制造不好则会呈现浅黄色、粉红色、沙色或棕色的粗糙粉末甚至是颗粒状。目前国际上对毒品海洛因的鉴定只定性不定号。

海洛因可用鼻嗅、吸食、皮下注射和静脉注射，其中后两种方法较常见。据测定，海洛因对人体的毒性是吗啡的五倍以上，吸食海洛因二次后，大多数情况下都会使人上瘾，产生生理和心理依赖。海洛因的戒断症状一般表现为：焦虑、烦躁不安、易激动、流泪、周身酸痛、失眠、起“鸡皮疙瘩”、有灼热感、呕吐、喉头梗塞、腹部及其他肌肉痉挛、失水等。还出现神经质、精神亢奋、全身性肌肉抽搐、大量发汗或发冷，男性还会出现自发性的阴茎勃起甚至射精，或二者兼而有之。海洛因中毒的主要症状是：瞳孔缩小如针孔，皮肤冷而发黑，呼吸极慢，深度昏迷，呼吸中枢麻痹，衰竭致命。海洛因吸毒者极易发生皮肤菌的感染，如脓肿、败血症破伤风、肝炎、艾滋病等，甚至会因急性中毒而死亡。我国海洛因的主要毒源地是位于老挝、泰国、缅甸三个国家接壤的“金三角”地区。

(五)杜冷丁

杜冷丁学名哌替啶，又称作唛啶、地美露。其盐酸盐为白色、无臭、结晶状的粉末，能溶于水，一般制成针剂的形式。作为人工合成的麻醉药物，杜冷丁普遍地使用于临床，它对人体的作用和机理与吗啡相似，但镇痛、麻醉作用较小，仅相当于吗啡的1/10~1/8，作用时间维持2~4小时左右。毒副作用也相应较小，恶心、呕吐、便秘等症状均较轻微，对呼吸系统的抑制作用较弱，一般不会出现呼吸困难及过量使用等问题。

杜冷丁的滥用是我国当前所面临的毒品问题之一。据上海戒毒康复中心的调查，部分人是从治疗某些疾病而逐渐上瘾的，但大多数吸毒者滥用杜冷丁只是为了追求感官刺激。杜冷丁有一定的成瘾性，连续使用1~2周便可产生药物依赖性。研究表明，这种依赖性以心理为主，生理为辅，但两者都比吗啡的依赖性弱。停药时出现的戒断症状主要有精神萎靡不振、全身不适、流泪流涕、呕吐，腹泻、失眠，严重者也会产生虚脱。

(六)氯胺酮、K 粉

K 粉是氯胺酮的俗称，英文 Ketamine，属于静脉局麻药，临床上用作手术麻醉剂或麻醉诱导剂，具有一定的精神依赖性潜力。近年来在一些歌厅、舞厅等娱乐场所发现了氯胺酮的滥用现象。2001 年 5 月 9 日，国家药品监督局将氯胺酮列入二类精神药品管理。

(七)美沙酮

美沙酮，又作美散痛，也是一种人工合成的麻醉药品。其盐酸盐为无色或白色的结晶形粉末，无臭、味苦，溶解于水，常见剂型为胶囊，口服使用。美沙酮在临床上用作镇痛麻醉剂，止痛效果略强于吗啡，毒性、副作用较小，成瘾性也比吗啡小。近年来，在我国沿海地区已多次出现非法服用美沙酮的吸毒者，特别是一些原来吸食、注射海洛因或度冷丁的人，一旦中断药物供应出现强烈的戒断症状，便会服用美沙酮替代。口服美沙酮可维持药效 24 小时以上，但由于它的作用比海洛因弱，故只要能重新获得海洛因，这些吸毒者又会转而复吸海洛因。

(八)可卡因

古柯碱，古柯叶提炼而得，哥伦比亚、秘鲁、玻利维亚、古巴为主要产地。美国及中南美洲为主要滥用地区。盐酸古柯碱(Cocaine HCI)为无色或白色薄片状结晶性粉末，味苦，具舌麻痹感，又称为可卡因。20 世纪 60 年代末，可卡因滥用之风在西方国家盛行。常见的可卡因制品包括：古柯叶、古柯膏、盐酸可卡因、游离可卡因、巴苏克等。使用后产生兴奋、发抖、心跳加速、血压上升、被害妄想、幻觉。大量使用引起精神错乱、思维障碍，长期使用引起失眠、躁动或妄想性精神病。过量引起呼吸抑制。停药之脱瘾症状与安非他命类似，包括精神呆滞、昏睡、易怒、烦躁不安、忧虑，有自杀的倾向。

(九)麻古(麻果)

麻古是泰语的音译，其主要成分是冰毒，是一种加工后的冰毒片剂，外观与摇头丸相似，属苯丙胺类兴奋剂，经化验含有甲基安非他命和咖啡因。具有很强的成瘾性。服用后会使人中枢神经系统、血液系统极度兴奋，能大量耗尽人的体力和免疫功能。长期服用会导致情绪低落及疲倦、精神失常，损害心脏、肾和肝，严重者甚至导致死亡。麻古毒品均为圆形、片剂，黄连素药片大小，呈玫瑰红、橘红、苹果绿等色，上面印有“R”、“WY”、“66”、“888”等标记。此种毒品直接作用于人的中枢神经系统，具有迷幻作用，含毒性，吸食后呈现健谈、性欲亢进等生理上的反应，心脏有问题的人服用后可导致休克或突然死亡。

第四节　其他的违禁品

一、封建迷信活动制品

迷信即盲目信仰或崇拜，封建迷信是指信仰神仙鬼怪，散布鬼神论、宿命论，躲灾辟邪等思想或学说的荒诞、愚昧的行为。迷信起源于人类对自然力量及其规律的无知和恐惧，是人类对自然界和人类自身错误认识的反映。从社会管理角度上看，封建迷信活动是指以客观唯心主义有神论为核心或思想基础，在错误世界观支配下的信神、信鬼、信天命的反科学的荒诞欺骗活动。封建迷信产生于人们认识自然界能力低下、崇拜万物有灵的早期社会，由于人们的认知局限、信仰缺失和生命困惑，封建迷信思想难以彻底消除，封建迷信活动在当今世界仍然普遍存在和传播。封建迷信活动愚昧、愚弄群众，对人们的生产生活、工作学习有严重的负面影响干扰科学教育影响经济发展甚至损害他人身体健康，残害生命，制造谣言，蛊惑人心，扰乱社会秩序，危害社会稳定。

二、淫秽物品的概念、范围和危害

（一）淫秽物品的概念

“淫秽”一词在《现代汉语词典》中意为淫乱或猥亵。“淫”指不正当男女关系，“秽”指肮脏，依其本意，淫秽物品是指与男女不正当性关系有关联的肮脏的物品。《刑法》第 367 条的规定，淫秽物品是指具体描绘性行为或者露骨宣扬色情的诲淫性书刊、影片、录像带、录音带、图片及其他淫秽物品；有关人体生理、医学知识的科学著作不是淫秽物品；包含有色情内容的有艺术价值的文学、艺术作品不视为淫秽物品。根据该规定以及其他国家有关规定可知，淫秽物品是指在整体上宣扬淫秽行为，挑动人们性欲，足以导致普通人腐化堕落，又没有艺术价值或者科学价值的出版物、用具等，包括具体描绘性行为或者露骨宣扬色情的书刊、图片、音像制品、电子游戏软件、玩具及用具等。

（二）淫秽物品的范围

根据新闻出版署《关于认定淫秽、色情出版物暂行规定》及其他有关规定，认定淫秽物品范围，应掌握以下几个标准：

1. 具体描绘性行为或者露骨宣扬色情。根据有关规定和司法实践，所谓“具体描绘性行为或露骨宣扬色情”，主要有以下情形：一是淫秽性地具体描写性行为、性交及其心理感觉；二是公然宣扬色情淫荡形象；三是淫秽性描述或者传授性技巧；四是具体描写乱伦、强奸或者其他性犯罪的手段、过程或情节，足以诱发犯罪；五是具体描写少年儿童的性行为；六是淫秽性地具体描写同性恋的性行为或者其他性变态行为，或者具体描写与性变态有关的暴力、虐待、侮辱行为；七是其他令普通人不能容忍的对性行为的淫秽性描写。

2. 具有诲淫性。所谓“诲淫性”，是指具有挑动人的性欲，引诱他人实施奸淫行为的性质或特点。在司法实践中，有不少物品并不直接具体描绘性行为或者露骨宣扬色情，但它确能挑动人们的性欲，足以导致他人的腐化堕落，也属于淫秽物品的范围。

3. 具有外在的物的表现形式。淫秽物品和其他物品一样，作为一种物，它有一定的外在表现形式，具有可移动性、可分离性等特点。因此，人的身体以及文在身体上的淫秽图案则不能以淫秽物品论。淫秽物品的表现形式是多种多样的，如淫秽书刊和内容淫秽的手抄本，淫秽图画照片，淫秽音像制品、影片，淫秽游戏软件，淫秽玩具等实物。

需要指出的是，具有艺术价值但夹杂淫秽、色情内容的文学艺术作品，表现人体美术作品，有关人体的解剖知识、生育知识、疾病防治的自然科学作品以及研究、宣传性知识、性道德、性社会学的社会科学作品，都不属于淫秽物品的范围。

（三）淫秽物品的危害

淫秽物品是社会的精神垃圾，宣传腐朽糜烂的生活方式，具有腐蚀性、诱发性和催化性。淫秽物品的内容低级下流，极易诱发、催生卖淫、嫖娼、强奸、聚众淫乱等违法犯罪活动。青少年往往有强烈的好奇心模仿能力强，辨别能力弱，自控能力差，特别容易成为淫秽物品的受害者，身心健康受到严重毒害，甚至走上违法犯罪的道路而不能自拔。淫秽物品的传播腐蚀人们的灵魂，弱化人们的道德观念，严重污染社会风气，败坏社会伦理道德风尚，破坏精神文明建设，扰乱文化市场和社会秩序，危害社会治安。

三、赌博概述

(一)赌博的概念

赌博是指以营利为目的，以金钱财物为赌注，通过共同认可的方式比输赢，达到转移财物所有权目的的非法行为。赌博的方式多种多样，只要有关当事人均认为“公平”即可。在我国，赌博的产生由来已久，《说文》中有“钱戏曰赌”的说法。我国学者一般认为，私有制的出现是产生赌博活动的社会根源和阶级根源，私有制的唯利是图思想是产生赌博活动的思想根源，赌博是随着阶级的产生而产生，是剥削阶级生活方式的伴随物。赌博是千百年来一直存在的社会瘤疾，近年来又重新泛滥，甚至聚众赌博、开设赌场、利用互联网赌博，日趋公开化。

我国传统上的赌博可以概括为四大类：棋类，如象棋、围棋、投壶、射鸽等；球类，如马球、蹴鞠等；角抵类，如摔跤、斗牛、斗鸡、斗虫蟋蝉等；博戏类，如骰子、天九牌、麻将、扑克、套圈等。西方国家通常把赌博分为三类：游戏类、彩票类和竞技类，其中，利用轮盘和投币式自动赌博机赌博，在游戏类赌博中最常见；六合彩在彩票类赌博中最著名；赛马在竞技类赌博中历史最悠久，形式最完备。西方国家注重运用法律手段控制赌博活动，尽力保证参加赌博的人不受欺骗，逐渐解除赌禁，赌博业趋于合法化；赌博日趋专业化、标准化；赌博业的服务项目和招揽术日趋改进，越来越具有诱惑力。

(二)赌具的概念和认定

赌具是用做直接实施赌博行为的物品、工具，常见的赌具有麻将、骰子、扑克、牌九、赌博机等。由于赌博方式的多样性，任何器具、物品都可用来直接实施赌博，用来直接实施赌博的物品均称为赌具。对参与赌博人员使用的交通、通信工具不得认定为赌具，未作为赌注的，不得没收。但是，在以营利为目的，聚众赌博、开设赌场，或者采取不报经国家批准，擅自发行、销售彩票的方式为赌博提供条件的案件中，违法行为人本人所有的用于纠集、联络、运送参赌人员以及用于望风护赌的交通、通信工具，应当依法没收。

对查缴的赌具和销售的具有赌博功能的游戏机，一律依法予以没收、销毁。

第五章　危险物品常识

第一节　危险物品概述

一、危险物品的概念

从历史的角度来说，"危险物品"是一个不断变化的概念。古代社会并没有"危险物品"这一具体说法，当时由于生产力和人们认识能力所限，统治阶级只将少量的物品和器具作为危险物品，《梦溪笔谈》上记载过宋仁宗庆历年间(1041—1048 年)平民毕昇创造了活字印刷术。当时的统治阶级认为，活字印刷的普及将导致书本的大量出现，人民长期禁锢的思想得到解放，从而难以控制，不利于中央集权。因此，在当时活字印刷被视为"一种妖术"，将其作为"危险物品"，坚决予以查抄和毁坏，几百年后它却成为举世闻名的四大发明之一。而在古代弓弩、刀和矛作为狩猎、生活和防身的器物，并未作为危险物品进行管理，当今它们被列入了危险物品的范畴。因此，这种"危险"很大程度上是相对的危险，并不是绝对的危险。

不同的时代危险物品含义不同，在当代，对于不同的行业和部门，危险物品的含义也不尽相同。它主要分为两类：一类是危及人畜安全和财物安全的物品；另一类是危及环境安全的物品。《危险货物分类和品名编号》对危险货物的定义为：具有爆炸、易燃、毒害、感染、腐蚀、放射性等危险特性，在运输、储存、生产、经营、使用和处置中容易造成人身伤亡、财产损毁或环境污染而需要特别防护的物质和物品。危险物品的标准化定义仅存在于个别行业中，如劳动生产部门。危险物品，是指易燃易爆物品、危险化学品、放射性物品等能够危及人身安全和财产安全的物品。

本书所指的危险物品借鉴国内学者关于危险物品的定义或描述，我对危险物品作出如下界定：危险物品是指具有杀伤、燃烧、爆炸、毒害、腐蚀、感染、辐射等性能，在生产、销售、购买、运输、储存、使用和销毁等过程中，容易引起人身伤亡、财产损失或环境污染，而由国家法律、法规规定，属于公安机关和国家其他行政管理部门安全监督管理的物品。

二、危险物品的性能

(一)穿透性

部分危险物品，如枪弹和管制器具具有穿透性。它可以射入或刺入人或动物体内，破坏人或动物机体组织，使器官失去原有的功能，严重的可以造成人或动物的死亡与伤残。

(二)爆炸性

部分危险物品在外界因素影响下，能发生激烈的化学反应，产生大量气体和高温，形成压力聚变。如梯恩梯(TNT)爆炸反应的线速度可以达到 7000m/s，苯的爆温与爆压分别是

4200℃和1665kPa。如此的高温与高压所具有的能量超越人、物可以承受的能量，将导致人畜伤亡和物品的损毁。

(三)燃烧性

部分危险物品在外界因素影响下，能发生燃烧，其中一些极易发生燃烧。如黄磷的燃点为40℃，松节油的燃点为53℃，汽油的闪点为-46℃，乙醚的闪点为-45℃。燃烧与爆炸常常相伴，爆炸产生的高温可引发燃烧，燃烧时产生的热量造成可燃物分解，有机物分解碎片部分形成易爆气体，当该气体浓度达到爆炸范围(爆炸极限)时也能发生爆炸。

(四)毒害性

大部分物质具有毒性。根据毒性的大小，毒性分为剧毒、高毒、中等毒、低毒、微毒和无毒。公安机关所管理的毒害品是毒性较高的剧毒和高毒品部分，这些物质摄入少量，就可以使人畜伤亡。

(五)腐蚀性

部分危险物品具有腐蚀性。这类物质主要是强酸和强碱，如硫酸、硝酸、氢氧化钠和氢氧化钾等。它们破坏动物细胞组织，造成动物细胞坏死或使其丧失原有的功能，严重时危及动物生命。强酸和强碱对金属也有较强的腐蚀作用，使金属锈蚀，改变原有的机械性能，缩短设备使用寿命。

(六)放射性

部分危险物品具有放射性，如钴-60、镭-226、氡-222等。它们在自身衰变过程中都能放射出α、β、γ等高能粒子，这些高能粒子具有很强的穿透性和杀伤性，可以杀死或损伤变异动物细胞，破坏器官功能。

(七)感染性

部分危险物品主要是生化制品，会具有很强的感染性，管理不善，或蓄意使用，易造成感染或传染，影响人或动物园的生命安全，危害社会治安。

三、危险物品的特点

(一)利害两重性

这是危险物品的本质特点，也是危害物品区别于违禁品的典型特点。危险物品是社会主义建设和维护社会治安必须使用的物品，同时又能对人身和财产造成损害，它具有利害两重性。

(二)便于携带，使用方便

危险物品体积小、易隐蔽，犯罪准备阶段或实施过程难以发现，增加了安全防范的难度。震惊全国的“9. 14”南京汤山特大投毒案就是一例。据中国法院网报道：罪犯陈某某在南京市江宁区汤山镇经营“菊红”面食店期间，为琐事与汤山镇“正武”面食店业主陈某某发生矛盾。罪犯陈某某见“正武”面食店生意兴隆，遂怀恨在心，意图报复。2002年9月13日晚11时许，罪犯陈某某潜入“正武”面食店，将所携带的剧毒鼠药“毒鼠强”投放到该店食品原料内，造成42人死亡，300多人因食用有毒食品而中毒。

固体炸弹体积小，难以发现，而液体炸弹更难以发现。液体炸弹常为无色透明的液体，它制造方法简单，原材料来源广泛，易于伪装。例如，将两种相对稳定的化学液体装于饮料瓶中带上飞机，在飞机上将它们混合处理后，就可以造出炸弹。而这两种液体分别存放时，均无爆炸性，机场安检人员在检查随身行李时很难察觉。

(三)在外界作用下易发生作用

含有化学物质的危险物品通常不稳定，当撞击、摩擦、受热、震动会发生爆炸，部分危险物品接触一些性质不同的物质时能引起化学反应导致燃烧、爆炸，部分危险物品在一定条件下会自燃。

(四)广泛性

危险物品来源广、品种多、性能复杂、用途广泛，给危险物品管理带来困难。仅国家安全生产监督管理局公布的危险化学品名(2015 版)就有 2828 种，其实还有很多危险化学品由于社会生产、生活等方面很少用到，而没有列入品名。

(五)威力大，作用快

部分危险物品会在很短的时间内就完成反应，从而形成破坏效果。如 1kg TNT 完全爆炸仅需十万分之一秒，可以说在瞬间就完成反应，从而对外界造成巨大的破坏。

四、危险物品的特性

(一)特定性

这里所指的危险物品都是由国家法律、法规特别规定，并由公安机关和国家其他行政管理部门实施安全监督管理的物品。这些物品主要包括：枪支弹药、管制器具(具体指管制刀具和弩)、民用爆炸物品、烟花爆竹、危险化学品(含剧毒化学品)、放射性物品等。其他一些物品虽然也具有危险性，但是法律、法规没有明确规定属于公安机关和有关的国家其他行政管理部门安全监督管理，因此，不在此列。

(二)危险性

危险性是危险物品所固有的基本特性及潜在的易释放的破坏能量。危险物品的危险性一方面具体表现为杀伤、燃烧、爆炸、毒害、腐蚀、感染、辐射等性能，如枪支弹药、管制器具具有杀伤性能，民用爆炸物品、烟花爆竹、易燃易爆化学品具有爆炸、燃烧性能，剧毒化学品具有毒害性能，感染性物品含有病原体，放射性物品具有辐射性能等。另一方面表现为危险物品所固有的基本特性及潜在的破坏能量极容易被表现和释放出来。再一方面不同的危险物品其危险性各异，不仅是性质不同，既便是相同性质的，且危险程度也不一样。

(三)危害性

危险物品的危害性由其危险性所决定，危险性是危害性的基础。有危险不等于有危害，只有失去控制的危险才有可能转变成危害。在危险物品生产、销售、购买、运输、储存、使用和销毁中，若管理不当，危险性就易变成危害性，引发事故，造成人身伤亡和财产损失。危险物品危害性不仅表现为对社会有危害，而且危害巨大。由于危险物品威力大、作用快，造成的事故后果非同一般，往往是群死群伤、物毁财尽、环境严重污染。特别是危险物品一旦落入犯罪分子手中，就很容易成为他们实施暴力犯罪的“凶器”和犯罪危害的“倍增器”，给社会治安和公共安全带来严重的危害后果

(四)有益性

危险物品所固有的基本特性及潜在的易释放的破坏能量，使得它在工业、农业、医疗、科研、体育、国防等建设方面得到广泛的应用，成为国家建设和人民生活不可或缺的重要物品。我们不能因为危险物品存在危险性、危害性就弃而废之，而是要趋利避害，充分发挥它们对社会的有益作用。

五、危险物品标识

第二节　枪支弹药常识

一、枪支的概念

枪支有狭义和广义之分。狭义的枪支是指利用火药燃气能量发射弹头，用以杀伤有生目标或毁坏敌方武器装备，口径在20mm以下的轻型射击武器。广义的枪支，是指以火药或者压缩气体等为动力，利用管状器具发射金属弹丸或者其他物质，足以致人伤亡或者丧失知觉的各种枪械。本书枪支管理的枪支均指广义的枪支。

掌握枪支的概念，要把握枪支四个方面的特征：一是发射能源，即以火药或者是压缩气体等为动力；二是外形特点，即发射器具为管状；三是发射物，即为金属弹丸或者其他物质；四是伤害程度，即足以致人伤亡或者丧失知觉。只有同时具备这四个特征的，才构成枪支。

二、枪支的结构

不同的枪支，结构各异，但其基本构造、工作原理相差不多。以军用枪支为例，枪支一般由枪管、机匣、枪机、复进机、击发机、弹匣、瞄准具等主要部件组成。

（一）枪管

枪管是枪支的基本零件，其作用一是使火药在其中燃烧；二是使弹头沿一定的方向运动；三是赋予弹头一定的初速和转速。枪管的内膛由弹膛、坡膛、线膛三部分组成。弹膛的形状及尺寸与配用枪弹的弹壳一致，是容纳枪弹并使枪弹正确定位的场所；坡膛为弹膛与线膛的过渡部分；线膛内表加工有膛线，它可使弹头在飞离枪口时获得一定的自转速度，从而保持弹头在空中飞行的稳定性。

(二)机匣、枪机和复进机

机匣用于容纳枪机和复进机，固定击发机和弹匣。复进机由导杆、复进簧组成，用以使枪机回到前方位置。枪机由击针、击针簧、抓弹钩、击针体等组成，它在机匣里往复运动，以完成进弹、闭锁、击发、开锁、后坐、退壳、复进等动作。

(三)击发机

击发机由扳机、击锤、击锤簧、击发阻铁、击发机座等组成，用以与枪机相互作用形成待发和击发状态。当扣动扳机，击针立即撞击子弹底火，点燃发射药将弹头射出。

(四)弹匣

弹匣由弹匣体、托弹簧、托弹板等组成，用于容纳和托送子弹。不同枪支使用的弹匣的容弹量和形状不一样。手枪多采用长型弹匣，步枪(冲锋枪)通常采用长型、圆盘型弹匣(也称弹鼓)供弹。机枪还可采用弹链供弹。

(五)瞄准具

由准星、标尺(含照门)组成，用以瞄准。为了提高射击精度，根据不同的需要，还可配置光学瞄准具、激光瞄准具、红外瞄准具、微光瞄准具等。

三、枪支的分类

枪支品种繁多，根据不同的分类标准，可将枪支划分为不同的类别。

(一)按枪支的用途分类

1. 军用枪支。专门为军队研制、配备的枪支，根据使用功能不同，又可分为手枪、冲锋枪、步枪、机枪、特种枪等。军用枪支具有结构精密、性能良好、射程远、精度高、威力大等特点。

2. 警用枪支。泛指自卫和治安目的使用的枪械，一般也称公务用枪。我国目前警用枪支主要用的是军用枪支，但也有专用枪支，如警用防暴枪和警用转轮手枪等。相对军用枪支而言，警用的专用枪支具有结构简单、动作可靠、射击精度好，使用方便、便于维修、配用弹种多、威力适中等特点。

3. 民用枪支。指体育运动、狩猎、游艺及其他生产、生活用的枪支。按用途不同，又可分为射击运动枪支、猎枪、麻醉注射枪、气枪等。它们都具有一定的威力，射入人体也会致伤、致残或丧失知觉。

(二)按枪支的性能分类

1. 自动枪支。自动枪支是依靠火药气体压力作用，自动完成全部或部分射击循环动作的枪支。按自动化程度的不同，自动枪支又可分为全自动枪支和半自动枪支两类。全自动枪支的进弹、闭锁、击发、开锁、后坐、退壳等动作全部都是自动完成并往复循环。半自动枪支自动完成重新进弹，但不能自动击发，扣动一次扳机只能发射一发子弹。

2. 非自动枪支。非自动枪支因为没有滑动枪机及复进的弹簧等自动机件，而不能利用火药气体的压力来自动进弹、击发和退壳，各射击循环动作均要射手手动操作，所以只能单发射击，射速低、使用不便。世界上最初出现的枪支都是非自动的，如今一些枪支为了满足某种需要，仍采用非自动结构，如转轮枪、多管枪等。

(三)按枪管内膛结构分类

1. 滑膛枪。枪管内膛无膛线，光滑平整，如猎枪、信号枪，自制枪大多是滑膛枪。

2. 线膛枪。枪管内膛刻有螺旋凹凸状条纹，即膛线，又称来复线。从左向右(顺时针)旋转的称右旋，从右向左(逆时针)旋转的称左旋。膛线多为四条或六条，凸起的部分叫阳膛线，凹进的部分叫阴膛线。膛线可赋予弹头高速旋转的功能，并确保弹头平稳飞行。线膛枪与滑膛枪相比，具有射程远、精度高的特点。

(四)按枪支口径分类

枪支口径是指枪管口部内膛的最小直径。线膛枪的口径指的是相对两条阳膛线之间的距离。按口径大小可把枪支分为：

1. 大口径枪：口径在12mm以上的枪支；

2. 中口径枪：口径为6~12mm，又称普通口径枪；

3. 小口径枪：口径在6mm以下的枪支。

(五)按枪支弹膛数目分类

1. 单膛枪，指只有一个枪管和一个弹膛的枪支，大多数枪支都属于单膛枪。

2. 多膛枪，指有一个枪管多个弹膛的枪支，如转轮手枪，或者多个枪管多个弹膛的枪支，如双管猎枪等。

(六)按枪支制造方式分类

1. 制式枪，又称“厂造枪”，是由正规厂家依照国家规定标准生产的枪支。制式枪的机件构造精巧，符合各项技术标准。

2. 非制式枪，又称“土造枪”，是指制式枪支以外的，由非正规厂家或个人非法制造的枪支。一般机件构造粗糙，不固定的技术标准。

(七)按使用方式分

1. 手枪。手枪是一种单手射击的武器，主要用于近距离的攻击和防卫，外形小巧，结构简单，便于随身携带和使用。国产的手枪有51式、54式、公安式、59式、64式、67式、77式、80式、92式、转轮手枪等几种类型。

2. 冲锋枪。冲锋枪是单人双手握持、一般发射手枪弹的攻击型的自动武器。其体积较小，重量较轻，装弹多，射击速度快，使用方便。国产的冲锋枪主要有50式、54式、64式、79式、85式等。

3. 步枪。步枪是一种单兵使用的双手持枪的肩射式长枪类武器，射程较远，威力大，主要用于杀伤中近距离的有生目标。目前使用的主要有突击步枪、自动步枪和狙击步枪。

4. 机枪。机枪是带有枪架或枪座，连发射击为主的自动武器，主要用于中远距离上歼灭或压制集结的有生力量，属自动化程度最高的枪械，可分为轻机枪、重机枪、高射机枪、专用机枪等类型。

5. 防暴枪。防暴枪是一种特殊的单人用武器，主要用来驱散聚集人群或制服暴徒。防暴枪由于具有一枪多弹、首发命中率高、威力适中、结构简单等特点，一直是世界各国警察使用的主要防暴武器。

6. 射击运动枪。射击运动枪系指在射击运动、射击竞赛中使用的枪，射击精度好，机构动作可靠，但威力小于军用枪。射击运动枪包括小口径步枪(自选和标准两种)、小口径手枪(慢射、速射、标准三种)、转轮运动手枪、气步枪、气手枪、运动猎枪。射击运动比赛只规定了比赛的枪类，对枪支的规格式样没有统一规定。

7. 猎枪。猎枪主要用于狩猎和护牧、护林、护秋等活动。按枪管数可将猎枪分为单管猎枪、双管猎枪和多管猎枪；按供弹方式可分为非自动猎枪(机柄式、撅把式、唧筒式猎枪)、半自动猎枪。双管猎枪按枪管结构分为平式(二枪管水平并列)和立式(二枪管竖向叠置)两种，一次可同时发射两发枪弹，也可错开时间击发；唧筒式猎枪设有弹匣盛弹，通过护木运动实现装退枪弹；半自动猎枪，可以连击连发，如三连发、五连发半自动猎枪。

8. 麻醉注射枪。麻醉注射枪主要用于狩猎生产和野生动物保护、饲养和科研等工作。按发射能源可分为火药式注射枪、气动式注射枪和弹簧式注射枪。麻醉注射枪弹的弹头由针头、针管和麻醉药组成，射中目标体后，通过惯性作用将麻醉药注入动物肌体内，使动物麻醉昏迷，便于捕捉。麻醉弹的药效一般为 2~3 个小时，药力过后，动物可恢复正常，不会造成伤害。

9. 特种枪。因某些特殊使用目的的要求而生产和使用的在外形、结构等方面有区别于常规枪支的枪支。如钢笔枪、雨伞枪、马鞭枪、打火机枪、项链枪、锁枪等。

10. 仿真枪。仿真枪一是有的枪支本身就具有一定的杀伤力，二是极易被人利用从事违法犯罪活动，因此，对于仿真枪也不能掉以轻心。公安机关对仿真枪的界定：一是颜色和外形与真枪相似或相近；二是尺寸大小为真枪的一半到一倍之间。我国市场在所卖的儿童玩具枪基本上都属仿真枪范畴

11. 其他的枪支及其零部件。主要包括发令枪(极易被改造)、钢珠枪(国家已经明令禁止生产和销售)、游艺彩弹枪、激光枪、电击枪、催泪枪等。对于枪支的零部件在工作中很难进行区分，因为有的零部件同时也是生产、生活中的工具，所以在工作中注意发现。

四、枪弹的结构和分类

(一)枪弹的结构

枪弹是配用于各种枪支的弹药，是枪械系统的核心部分，一般由弹头、弹筒、发射药、底火四部分组成。

1. 弹头。弹头是直接完成任务的枪弹部件。弹头的外形通常是前部呈圆形(手枪弹或冲锋枪弹)或圆弧锥形(步枪或机枪弹)，中部呈圆柱形，后部呈船尾形，在飞行中可减小空气阻力，有利于增大射程和侵彻力。弹头中部直径略大于枪管口径(如 56 式 7.62 毫米步、机枪普通弹圆柱部直径为(7.87~7.92 毫米)，发射时，挤入枪管膛线，密闭发射药气体，引导弹头旋转前进，使弹头出枪口时具有一定的初速和旋速，以保证弹头达到一定射程、精度和侵彻力。

弹头由被甲(外壳)和装填物组成。被甲用黄铜或复铜钢冲压而成。装填物的种类较多，常见的有铅芯、钢心、曳光剂、燃烧剂、炸药等。装填物不同，弹头的效能也不同，所以装填物随弹种的不同而异。

2. 弹筒。弹筒亦称弹壳，是枪弹的基架。其作用一是装发射药，连接弹头、底火为一整体；二是保持枪弹在膛内的正确位置，发射时密闭火药气体，保护枪机和弹膛；三是防止发射药受潮。

弹筒的材料，常见的有黄铜、复钢铜和软钢三种。

3. 发射药。发射药是弹头及枪支工作的能源，成分为黑火药或无烟火药。将它直接散装于弹筒里，发射时产生火药气体推动弹头加速运动。

4. 底火。底火是点火元件，击发时产生火焰，点燃发射药。底火壳为黄铜冲压的铜盂，内压击发剂，上盖铅箔防潮，压入弹壳底火室后对正击砧，靠击针冲击与击砧挤压而发火。

(二)枪弹分类

枪弹根据不同的分类方式，可分为不同的种类：

1. 根据使用对象的不同，枪弹可分军用枪弹、警用枪弹和民用枪弹三大类：

(1)军用枪弹。配用于军用枪支的枪弹，如五一式手枪弹、五六式步枪弹等。

(2)警用枪弹。配用于警用枪支的枪弹，如动能弹、痛块弹等。

(3)民用枪弹。配用于民用枪支的枪弹，包括猎枪弹、运动步枪弹、运动手枪弹、气枪铅弹、麻醉注射弹等。

2. 根据用途可分为战斗用弹和辅助用弹两类：

(1)战斗用枪弹又可分为普通弹和特种弹。普通弹有手枪弹、冲锋枪弹、步枪弹、机枪弹等；特种弹有穿甲弹、爆炸弹、燃烧弹、曳光弹、高压弹、强装药弹等。

(2)辅助用弹包括空包弹、教练弹、标准弹等。

3. 根据杀伤力可分为致命性枪弹和非致命性枪弹两种。枪弹有相当一部分是军用枪弹，这些基本上都是致命性枪弹，但也有一部分是低侵彻型、穿障型、驱散型的枪弹，如18.4毫米防暴枪弹除杀伤弹外，动能弹、痛块弹、催泪弹和染色弹均为非致命性枪弹。

4. 根据配用的枪支可分为：五一式手枪弹、五六式步枪弹、猎枪弹等。

第三节 管制物品常识

一、管制刀具的概念

刀具，也称切削工具，是一种切削用的金属工具。刀具有广义和狭义之分。狭义的刀具是指通过手动或机动对工件进行切削以改变其形状、尺寸，使其符合规定要求的切削工具的统称。按工件材料的不同，分为金属切削工具、木工刀具、橡胶、塑料刀具等。广义的刀具泛指能够切削物质的工具。除上面所指的外，还包括屠宰刀具、手术刀具、收割农作物的刀具以及人们日常生活使用的各种刀具等。

刀具一般由刀柄、刀格、刀身、血槽、刀尖和刀刃等部分构成(见图)。其构成要素如下：

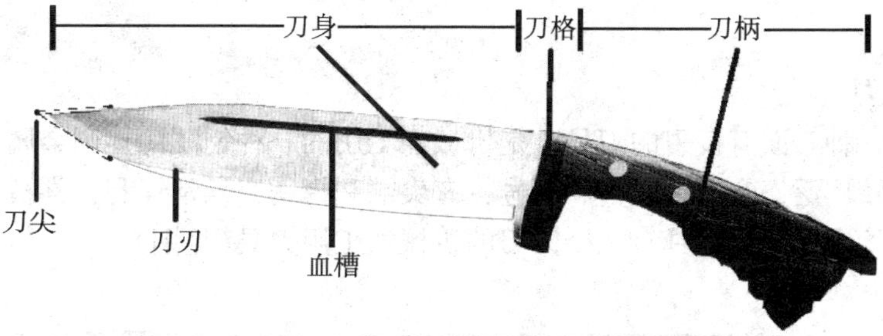

刀具的构成

1. 刀柄：是指刀上被用来握持的部分。

2. 刀格(挡手)：是指刀上用来隔离刀柄与刀身的部分。

3. 刀身：是指刀上用来完成切、削、刺等功能的部分。

4. 血槽：是指刀身上的专用刻槽。

5. 刀尖角度：是指刀刃与刀背(或另一侧刀刃)上距离刀尖顶点10毫米的点与刀尖顶点形成的角度。

6. 刀刃(刃口)：是指刀身上用来切、削、砍的一边，一般情况下刃口厚度小于0.5毫米。

7. 刀尖倒角：是指刀尖部所具有的圆弧度。

管制刀具是刀具中的一部分，是指公安机关为了加强治安管理，有效地维护社会治安秩序，保障公民人身安全，防止不法分子利用，作为危险物品进行违法犯罪活动，由法律规定实行严格控制管理的刀具。管制刀具既是人们日常生活或从事某些生产活动及工作不可缺少的重要工具，也常常被犯罪分子利用作为凶器，进行抢劫、伤害等危害社会治安的违法犯罪活动，严重威胁公民的生命财产安全，因此，国家一直非常重视对管制刀具的管理。公安机关依法对管制刀具实行治安管理，对于保护公民的生命财产安全，教育和挽救青少年，保障公共安全，维护社会治安秩序，构建和谐社会具有重要意义。

二、管制刀具的分类

根据公安部关于《对部分刀具实行管制的暂行规定》(以下简称《暂行规定》)和《管制刀具认定标准》的规定，管制刀具可以分为以下5类：

(一)匕首

即短剑或狭长的短刀，是一种锋利的长形金属刺杀用冷兵器。通常有单刃和双刃两种，一端有握柄，另一端有尖刃，备有血槽，一般没有固定的规格、品种、型号。常见的匕首多为单刃，长约20厘米，携带方便，用于自卫和短兵相接时的刺杀，历来为军人所常备，野外地质勘探人员也常备有，用于防身。认定标准为：带有刀柄、刀格和血槽，刀尖角度小于60度的单刃、双刃或多刃尖刀(见图)。

匕首

(二)三棱刀

三棱刀是一种三面有棱刃的刀具，是机械加工用的一种钢制的挫刮金属物品的手工生产工具，用途比较广泛，有多种规格和型号，有尖端和握柄，异常锋利，常被违法犯罪分子用于行凶杀人。认定标准为：具有三个刀刃的机械加工用刀具(见图)。

三棱刀

（三）弹簧刀（跳刀）

弹簧刀是一种具有弹簧自锁装置的利刃，又叫跳刀。通过按钮弹簧可将刀刃从鞘中推出，由于不使用时，刀刃藏在鞘中，刀身较短，易于隐蔽。弹簧刀可分为单刃和双刃两类，备有血槽，无固定型号和品种，便于携带，异常锋利，违法犯罪分子常用来作为凶器使用。认定标准为：带有自锁装置的弹簧刀（跳刀），刀身展开或弹出后，可被刀柄内的弹簧或卡锁固定自锁的折叠刀具（见图）。

弹簧刀

（四）其他相类似的单刃、双刃、三棱尖刀

指与以上刀具相类似的尖刀。常见的有牛角刀、大水果刀、自制的有尖带刃的刀具等。认定标准为：刀尖角度小于60度，刀身长度超过150毫米的各类单刃、双刃和多刃刀具（见图）。

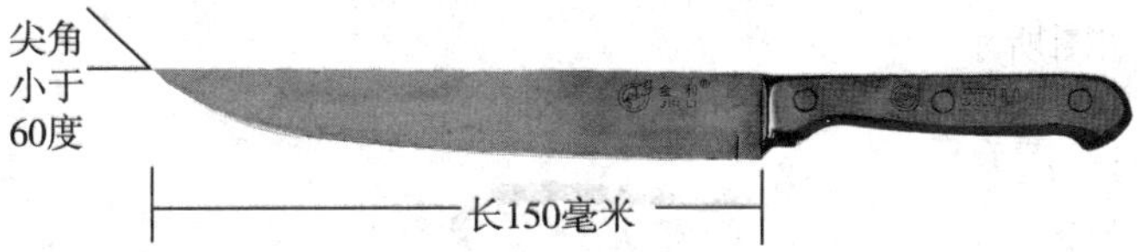

其他相类似的单刃、双刃、三棱尖刀

（五）大角度刀尖的刀具

认定标准为：其他刀尖角度大于60度，刀身长度超过220毫米的各类单刃、双刃和多刃刀具（见图）。

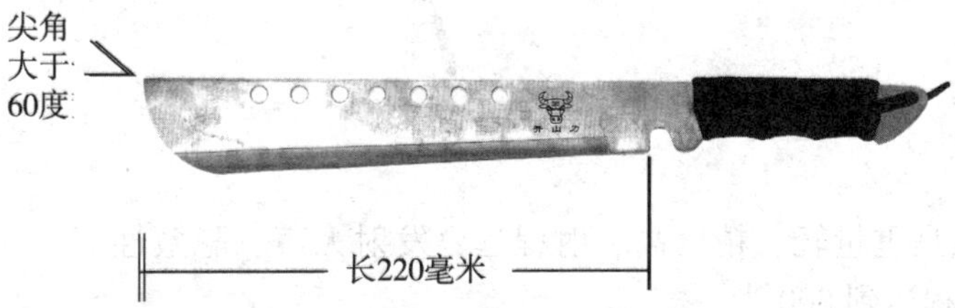

大角度刀尖的刀具

未开刀刃且刀尖倒角半径大于2.5毫米的各类武术、工艺、礼品等刀具不属于管制刀具范畴。

在少数民族自治地区，少数民族由于生活习惯等需要佩戴的刀具，如少数民族使用的藏刀、腰刀、靴刀等，由少数民族自治区制定办法管理。

根据《暂行规定》管制的刀具，在生产、工作、生活用刀具中属于杀伤力较强的刀具，这些刀具一旦流通散到社会上，为违法犯罪分子所利用，对公民的人身安全的威胁也较大。所以，为维护社会治安、保障公共安全，公安机关把上述刀具列入管制的范围，实行治安管理。

三、弩的基础知识

弩是古代利用机械力量射箭的弓，又称弩机。弩在古兵器中属杀伤力较强的远射武器。我国是世界上最早用弩，并在战场上发挥重要作用的国家。据《辞海》介绍：弩机为青铜器，装置于木弩臂的后部。弩机具有机械性，是我们的祖先为猎取食物和攻击、防御敌人最早、最先进的“机械枪”。据有关资料介绍，弩最早出现于我国春秋晚期的楚国地区，盛行于汉、晋。弩在当时是最先进的作战武器，它把拉弓和瞄准分为两个步骤，加大了射矢的准确性。一般弩机四周有“郭”，“郭”中有“牙”，可钩住弓弦，“郭”上有“望”，作为瞄准器，“牙”下连有“悬刀”，作为扳机，发射时，把“悬刀”一扳，“牙”就缩下，“牙”所钩住的弦就弹出，有力地把矢射出。春秋至战国的弩机，都没有郭，只有钩弦用的牙，作瞄准用的望山和扳机用的悬刀。两汉、三国和魏晋时，弩的使用相当普遍，这一时期的弩机，机件部分加大，都有郭，铸造很精致，有的还镶嵌金、银丝，望山上还增加了刻度。秦汉以后，不断地有所改进。除了军中使用，民间也收藏弩机，弩现在依然是少数民族传统体育项目。

现代的弩是一种具有一定杀伤能力的运动器材，不但可以发射二羽弩箭，而且可以自动上弹发射钢珠和发射带有跟线器的猎鱼箭。因它可配机械、激光二套瞄准系统，可全天候使用。常见的一种弩如图所示。

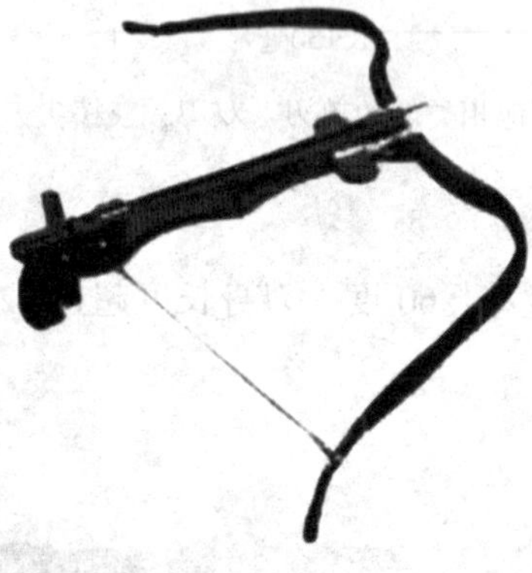

弩

现代弩的特点是重量轻、精度高、射程远、发射无声、隐蔽性好。一般型号的弩射程300米，特殊的射程达到800米。

按不同分类标准对弩进行分类：

1. 按射程分为：大弩(最大射程不低于200米)；中弩(最大射程不低于100米)；小弩(射程在50米左右)。

2. 按使用领域分为：民用弩(用于体育比赛、娱乐、狩猎等)与军用弩。

3. 按使用性质分为：单用弩(通常只能发射箭矢)；两用弩(通常可发射箭矢和钢珠)；三用弩(通常可发射箭矢、钢珠和带跟线器的射鱼箭)。

4. 按外形结构分为：手枪式(外型像手枪，而且在发射箭矢的基础上还可以像手枪一样发射钢珠)、冲锋枪式、步枪式。

四、其他的管制器具

在社会治安管理工作中，相关管理部门还把部分可能会被利用从事违法犯罪活动或具有较大社会治安危害性的物品也进行管制，主要有防狼剂(辣椒水)、电击棒、射钉枪、警棍等。有时根据工作的需要，如在大型活动时，会把发胶、灭蚊喷雾、铁杆小旗等进行列管；铁路、地铁等部门把棉花、2000 毫升以上的白酒、5 个以上的打火机等进行了列管。

第四节　爆炸物品常识

一、爆炸现象

(一)爆炸的概念

爆炸是指物质状态发生急剧的变化，在瞬间放出大量能量的现象。爆炸现象是人们在日常生活中经常可以见到的现象，如汽车轮胎爆炸、瓦斯爆炸、鞭炮爆炸、打雷及炸药爆炸等。爆炸时，爆炸现场周围发生急剧的压力变化，产生瞬间气体膨胀并伴有声响，使周围介质遭到破坏。它是一种非常迅速的物理或化学变化过程，在这一过程中，系统的能量瞬间释放或急剧转化为机械功和光、热等能量形态。

(二)炸药爆炸的特征

炸药爆炸就是化学爆炸，其特征由炸药的特性决定。炸药在外界的作用下，能发生极为迅速的化学反应，释放出大量的热，同时产生大量的气体。在爆炸实践中，我们可以看见炸药爆炸瞬间产生火光，出现烟雾，发出巨响，形成爆炸波损害周围的物质等现象。

炸药爆炸具有三个基本特征，反应的放热性、反应的快速性和生成大量的气体。这些也是任何一个化学反应转为爆炸的必备条件，是衡量一个化学反应是否形成爆炸的标准，三者相互联系、缺一不可。

二、炸药的分类

(一)按组成成分分类

按照炸药的组成，可将炸药分为单质炸药和混合炸药两大类。

1. 单质炸药。单质炸药是一种单组分的爆炸化合物。根据化学结构单质炸药分为硝基类炸药、硝胺类炸药和硝酸酯类炸药。

2. 混合炸药。混合炸药又称为爆炸混合物，是由两种或两种以上能够独立存在的组分组成，其中各组分均匀混合在一起，相互间不发生化学反应。其组成成分通常主要有三种：

(1)氧化剂。它是一种含氧丰富的成分，主要为混合炸药提供氧元素，其本身可以是非爆炸性的氧化剂，也可以是含氧丰富的爆炸化合物。如硝酸钾、硝酸钠等。

(2)可燃物。它是一种不含氧或含氧较少的可燃物质，又称被氧化剂，它从氧化剂中获取氧，容易燃烧，能提高爆温增加气体产物的生成量，调整炸药的性能。可燃物本身可以是非爆炸性的可燃物，也可以是缺氧的爆炸化合物。如硫、磷、木粉、TNT 等。

(3)附加物。也称为添加剂，是为了调整和改善混合炸药的某些性能和使用需要而加入的其他物质，根据其作用不同，可为敏化剂、钝化剂、黏合剂、消焰剂、塑性剂、抗水剂等。附加物本身可以是非爆炸性物质，如食盐、石蜡等，也可以是爆炸性物质，如 S、TNT 等。

混合炸药在炸药工业中占有重要地位，目前民用炸药品种中绝大多数都是混合炸药，其品种和种类繁多，应用最为广泛。混合炸药主要有硝酸盐类炸药，如硝铵炸药、铵油炸药、浆状炸药、黑火药等；氯酸盐类炸药，如复合推进剂；硝化甘油类胶质炸药及硝铵炸药等。

（二）按用途分类

按照炸药的用途，可将炸药分为起爆药、猛炸药、发射药、烟火剂。

1. 起爆药。起爆药主要是用做爆炸过程的引爆剂，用来激发猛炸药进行爆轰。起爆药是一种对外界作用十分敏感的炸药，它不但在比较小的外界能量作用下就能发生爆炸变化，而且变化速度极快，能在很短的时间内达到最大值。因此，起爆药主要用于制造各种起爆器材，是雷管的第一装药，也是火帽激发剂的主要成分。

2. 猛炸药。猛炸药发生爆炸所需的外界激发能量大于起爆药，通常要用起爆器材起爆，才能使其爆炸反应彻底。猛炸药爆炸时，对周围介质有强烈的机械破坏作用，因此又称为破坏药，一般比较钝感。

猛炸药具有相当好的稳定性，并且从激起爆炸至到达稳定爆轰的时间要比起爆药长得多。

猛炸药是实际使用中通常所说的炸药，主要用途是作为各种弹药和爆破器材的主要装药。常用的猛炸药有 TNT、黑索金、泰安等。

3. 发射药。发射药也称火药，它在没有外界提供助燃剂的条件下，能够进行有规律的快速燃烧，产生的高温高压气体可对物体作抛射功。因此，它常装填在炮弹的药筒、迫击炮弹的尾部以及火箭发动机内作为发射药和推进剂。常用的发射药主要有：烟火药或黑火药，无烟火药或熔塑火药。

4. 烟火剂。烟火剂在一定条件下也能进行爆轰，但它的主要化学反应形式是燃烧。烟火剂在燃烧过程中能产生烟、光等多种特殊效果。在军事上，主要用来装填照明弹、信号弹、燃烧弹、烟幕弹等。在民用中，主要用来制造信号弹和各种烟花产品。

三、常用的起爆器材

（一）起爆器材的概念

起爆器材（俗称火工品）是指在受到较小的外界激发能量作用下，能够按照预定的时间和方式发火或爆炸的元件或装置。其作用是产生爆炸冲能或热冲能，将炸药起爆或点燃火药。

（二）起爆器材的分类

起爆器材的种类比较多，通常按照其输出的能量形式分为引燃器材（也称点火器材）和引爆器材（也称起爆器材）。

引燃器材，用于产生热冲量，点燃各种炸药，主要有火帽、底火、导火索和点火具等。

引爆器材用于产生爆炸冲量，引起各种炸药的爆轰，主要有各种雷管、导爆管、导爆索、继爆管等。

（三）点火器材

1. 火帽。火帽是一种能产生火焰形式的热冲量并将它传给火药或火焰雷管的装置。按用途火帽可分为药筒火帽和引信火帽。火帽在摩擦、撞击、针刺或其他外界激发能量的作用下，均能够发火。

以引信火帽为例介绍火帽的构造，引信火帽由火帽壳、击发药(针刺药)和盖片(加强帽)三部分组成。

2. 拉火管。拉火管由拉火帽(内装发火药)、管壳(纸或塑料的)、拉火丝、摩擦药、拉火杆等组成。

拉火管主要用于点燃导火索。被点燃的导火索长在5cm以内时，拉火管有可能直接喷然雷管，要采取适当措施，如用胶布包缠等。在特殊情况下，也可直接引爆雷管以起爆炸药，或直接引燃黑火药药包，但必须远距离拉发，以确保安全。

3. 导火索。导火索主要用于传导火焰、引爆雷管或点燃黑火药药包，也可以作为手榴弹、延期雷管、爆破筒等器材的引爆延期体。它是以具有一定密度的粉状或颗粒状黑火药为药芯，以棉线、纸条、沥青防潮剂等材料所组成的圆形索状点火器材。外观：包线为白色，外层纸为土黄色。外径：5. 2~5. 8mm。

结构组成：由芯线、药芯、内层线、中层线、防潮层、中层纸、外层线和涂料等组成(见图)。

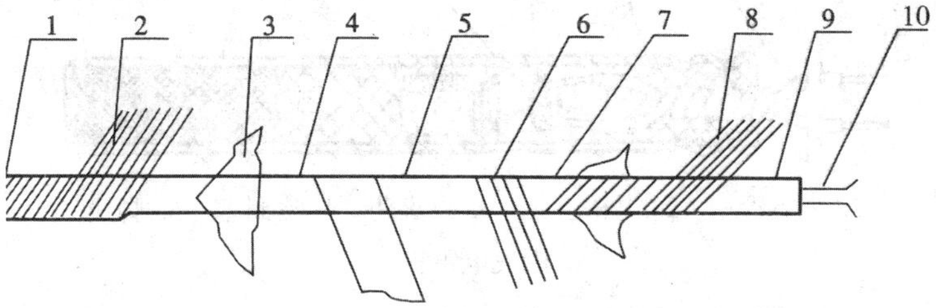

1. 涂料 2. 外层线 3. 外导纸 4. 中层纸 5. 防湿层 6. 中层线 7. 内层纸 8. 内层线 9. 药芯 10. 芯线

工业导火索结构示意图

(四)起爆器材

1. 雷管

(1)火雷管。火雷管全称为工程火焰雷管。1865年瑞典人阿尔弗雷德·诺贝尔发明了雷管，它用导火索的火焰冲能激发，输出爆炸冲能，用以引爆其后的爆炸装药，成为实施矿山和工程爆破时导火索起爆系统中的一个重要元件。结构：火雷管由4个部分组成：管壳(管体)、加强帽(内管)、装药(起爆药和猛炸药)、绸垫(见图)。管壳一般用铜、铁、铝、纸、塑料等材质制成，用于装填药剂，我国民用的工程火雷管多采用纸壳。加强帽，用以密封和固定装药，减少外界因素对装药的影响，并保证雷管在使用前、使用中的各种性能。装药，由起爆药和猛炸药组成。绸垫，用来保护、固定装药和保证导火索的火焰通过。

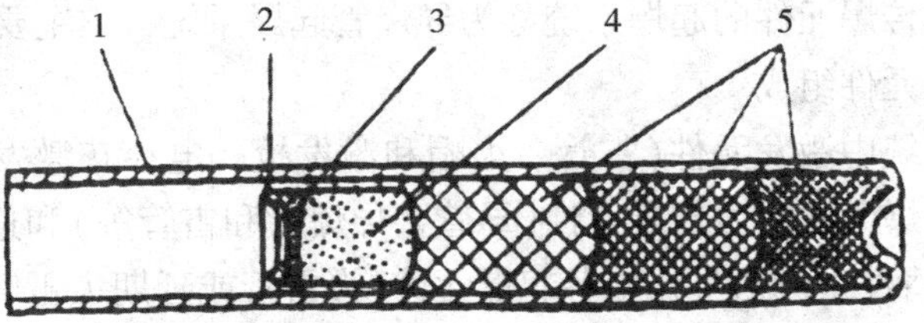

1. 外壳 2. 加强帽 3. 绸垫 4. 起爆药 5. 猛炸药

不同直径的火雷管直径为6~8mm，长35~51mm，开口端长度不短于10~15mm，以便插入和固定导火索。另一端做成聚能穴，当雷管爆炸后，底部产生聚能作用，以提高雷管的起爆能力。

(2)电雷管。电雷管也叫电气雷管或电力雷管(按特性可分为普通和特种两大类)，是通过桥丝的电冲能激发，输出爆炸冲能，用于引爆其后的爆炸装药。电雷管是实施矿山和工程爆破时，电起爆系统中的一个元件。为满足不同时间的要求，目前我国生产的电雷管有瞬发、秒延期和毫秒延期三种。结构：电雷管的结构与火雷管的结构基本相同，是火雷管与电引火元件(电引火头)、延期元件三者的组合。其结构随品种不同而有所差异，但基本结构大体相同，即包括管壳、加强帽、起爆药、电点火元件(脚线、封口塞、桥丝、点火药)、延期元件(延期管、铅延期、导火索、延期药)等部分。其中瞬发电雷管没有延期元件，铅延期体式一般无加强帽，纸壳电雷管在口部有铁质卡箍。特种电雷管还有完成其特种功能的特殊结构或材料，如抗静电电雷管有防静电结构，抗射频电雷管有防射频结构。

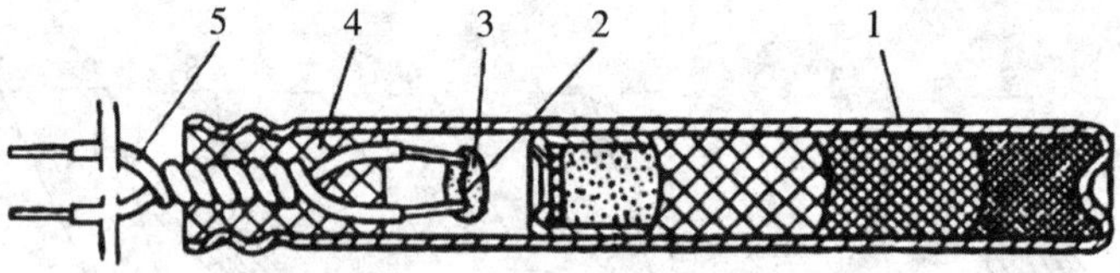

1. 火雷管　2. 电桥丝　3. 点火药　4. 密封塞　5. 脚线

瞬发电雷管

2. 导爆索

导爆索是一种内以猛炸药(如黑索金、泰安等)为药芯，外裹几层包缠物的索状火工品。其作用是传递爆轰波，输出爆炸冲能，在工程爆破中用于引爆爆炸装药。

导爆索用棉线及纸条为包缠物，并涂以沥青和涂料为防潮剂而制成，表面为红色，以便与导火索有明显的区别。外观看，导爆索和导火索形状很相似，但它的用途和性质却完全不同。导爆索的装药成分是黑索金(国外有的用泰安)，需用火雷管或电雷管起爆，其爆速在6500m/s以上。

3. 塑料导爆管

塑料导爆管简称导爆管，它是一根内壁涂有薄层炸药的塑料管状火工品，其作用是应用管道效应，传递低速爆轰波，输出冲击波(火焰)冲能。在工程爆破中，用于引爆导爆管雷管，进而引爆爆炸装药。

4. 导爆管起爆系统

以导爆管为主体传爆元件的起爆系统称为导爆管起爆系统，它主要由激发元件、传爆元件、起爆元件和连接元件组成。

在导爆管起爆系统中激发元件(雷管、火帽和激发枪、电火花激发装置和导爆索等)首先起爆导爆管，产生爆轰波，由传爆元件(导管、导爆管和雷管等)和连接元件(卡口塞、连接块和传爆接头等)将冲击波信号传给各起爆元件(火雷管或延期火雷管)，引爆各个爆炸装药，实现大网路、大规模的可控制爆破。

四、爆炸装置的组成及工作原理

(一)爆炸装置的组成

犯罪分子使用的爆炸装置多为自制，其种类繁多、形态各异。但从结构上来看，通常由包装物、炸药、起爆系统三部分组成。

1. 包装物。包装物是用来包装爆炸装置的，分为外包装物和内包装物。外包装物在爆炸装置的最外层，也常作为伪装物；内包装物在外包装物内部用来包装炸药。包装物的作用主要是使爆炸装置得到伪装，便于携带，或者能够防水、防潮；同时使松散的炸药处于集结状态，便于起爆，增大爆炸杀伤效果。根据材质的不同，包装物可分为软包装物和硬包装物两类。

2. 炸药。在爆炸装置中，炸药是主要作用物，爆炸装置发生爆炸后的破坏作用和杀伤作用的大小，都取决于炸药的种类、质量和数量。

3. 起爆系统。起爆系统是用各种具有控制作用的器材、元件与火工品连接而成，并提供一定能量用于引爆炸药的装置系列，它是爆炸装置的核心部分。一个爆炸装置结构的简单与复杂，制作技术水平的高与低，排爆的难与易，很大程度都取决于起爆系统的组成。起爆系统一般由控制系统、火工品及连接系统组成。

(二)常见爆炸装置

按照爆炸装置的使用方法、构造、引爆方式、发火方式等进行分类，可以分为以下几种：

1. 投掷类爆炸物。投掷类爆炸物是一种手榴弹式的爆炸物，除自制式手榴弹外，还有各种自制的玻璃瓶炸弹、铁皮罐头盒炸弹、硬质塑料壳炸弹、水泥壳炸弹等，主要用于近距离破坏，使用时可用手直接将其投向预定的目标，如投向院内，砸破门、窗投入室内、会场等场所。

2. 延时类爆炸装置。延时类爆炸装置就是需要经过一定的时间自行发生爆炸的爆炸物，其中延期时间明确的称为定时爆炸装置。犯罪分子设定延时爆炸装置，是为了既达到爆炸特定的目标、对象，又有时间脱离现场使自身不会受到伤亡或被抓获，他们将爆炸装置的引火装置用某种方法或技术手段，使之在预定的时间引爆爆炸装置。延时的方法有机械延时、电延时、化学延时和其他一些延时方法。

3. 触发类爆炸装置。触发类爆炸装置设置后，只有在外力的作用下才会引起爆炸，按受力方式可分为压发类爆炸装置、拉发类爆炸装置、松发类爆炸装置、自由触点类爆炸装置和震发式爆炸装置等几类。

4. 遥控类爆炸装置。此类爆炸装置分无线遥控爆炸装置和有线遥控爆炸装置。无线遥控爆炸装置使用时可安装在各种无屏蔽作用的地点或物体上，待爆炸时机成熟时，发射信号将爆炸装置引爆。有线遥控爆炸装置有两类：一类是用电线在远距离通电起爆爆炸装置；另一类是通过有线通信系统，照明线路或其他传输系统，控制爆炸装置起爆。

5. 多组合类爆炸装置。在爆炸犯罪中，案犯为了对付防爆安检人员的检查，并提高爆炸装置的可靠性，将几种发火引爆方式集中设置在同一爆炸装置上而制成多元组合形式的爆炸装置。这类爆炸装置一般结构复杂，所用各种器件较多，只有掌握相当丰富专业知识的人员才能制作。它是由多种发火方式组合而成的爆炸装置，爆炸的可靠性较高，一经设置便很难防范和拆除。只要把两种不同的起爆方式设置在同一爆炸装置上，就制成了各种各样的二元组合爆炸装置，如将延时起爆系统与触发起爆系统相结合，制成多种既能延时起爆又能经触动而起爆的爆炸装置。

6. 其他类爆炸装置。前面介绍了几类比较典型的爆炸装置，另外还有一些未引入前述所列类别，但犯罪分子和恐怖分子也可能使用的爆炸装置，如气压式爆炸装置、温控式爆炸装置、离心式爆炸装置等。

第五节　危险化学品常识

一、危险化学品的概念和分类

危险化学物品，是指具有燃烧、爆炸、毒害、感染、腐蚀等特性，能够危及人身安全和财产安全的化学品。按危险化学品具有的危险性或最主要的危险性，危险化学品可分为爆炸品；压缩气体和液化气体；易燃液体；易燃固体、自燃物品和遇湿易燃物品；氧化剂和有机过氧化物；毒害品和感染性物品；腐蚀品等七类。

《危险货物品名表》(GB—12268)、《危险化学品名录》、《剧毒化学品目录》列入了危险化学品，对于未列入的化学品，如果确实具有危险性，则根据危险化学品的分类标准，进行技术鉴定，最后由安监、公安、环保、卫生、质检等部门确定。由于民用爆炸品、放射性物品、核能物质和城镇燃气不适用《危险化学品安全管理条例》，所以不纳入危险化学品安全管理范围。

使用GB—12268《危险货物品名表》、《危险化学品名录》、《剧毒化学品目录》时，物品名称必须是完整的品名，如氧气[压缩的]、空气[液化的]。因为，氧气、空气虽然可以成为物品，但如果不是压缩的或液化的，则也不能成为危险物品。

二、危险化学品的性能

由于在本章中第四节和第六节分别介绍了爆炸品和毒害品的有关特性，所以在此只讨论压缩气体和液化气体；易燃液体；易燃固体、自燃物品和遇湿易燃物品；氧化剂和有机过氧化物；腐蚀品等危险化学品的特性。

(一)压缩气体和液化气体

压缩气体和液化气体是指储存于耐压容器中的压缩、液化或加压溶解的气体。在钢瓶中处于气体状态的气体称为压缩气体，处于液体状态的气体称为液化气体。

(二)易燃液体

易燃液体是指在常温下极易着火燃烧的液态物质，这类物质大多是有机化合物，其中很多属于石油化工产品，例如汽油、柴油、醚、硝基苯、润滑油等。

凡是闪点在45℃以下的液体称为易燃液体，闪点高于45℃的液体称为可燃液体。

(三)易燃固体、自燃物品和遇湿易燃物品

易燃固体是指燃点低，对热、撞击、摩擦敏感，易被外部火源点燃，燃烧迅速的固体，但不包括已列入爆炸品的物质。易燃固体按燃点的高低、易燃性的大小可分为两类：一级易燃固体和二级易燃固体。

自燃物品是指不需要与明火接触，而是由于本身发生化学反应或受到外界温度、湿度的影响发热、积热，达到自燃点自行燃烧的物品。根据自燃物质的氧化反应速度和危险程度，可以将自燃物品分为一级自燃物品和二级自燃物品。一级自燃物品的化学性质活泼且易分解，在空气中能剧烈氧化，反应速度极快，自燃点低，极易产生自燃，燃烧时火焰温度高而猛烈，不易扑救，如白磷、三乙基铝、硝化纤维素胶片等；二级自燃物品在空气中氧化速度缓慢，在积热不散的条件下能发生自燃，如油布、油纸、籽棉、桐油漆布及其制品、浸泊的细金属屑、蜡布、蜡管、蜡绸等。

遇湿易燃物品是指凡是遇水或潮湿空气能发生剧烈反应，产生可燃气体，放出热量使其温度上升到自燃点，从而引起燃烧或爆炸的物质。遇湿易燃物品按其遇水或受潮后发生化学反应的激烈程度，产生可燃气体和放出热量的多少可分成两级，即一级遇湿易燃物品和二级遇湿易燃物品。一级遇湿易燃物品通水后会发生剧烈的化学反应，容易引起燃烧或爆炸，如碳化钙、磷化钙、活泼的碱金属等；二级遇湿易燃物品遇水后发生的化学反应较为缓慢，一般需有火源引燃才能发生燃烧或爆炸，如镁粉、铝粉等。

(四)氧化剂和有机过氧化物

氧化剂是指在氧化还原反应中，所含元素化合价降低的物质。有机过氧化物是指分子组成中含有过氧基的有机物。氧化剂根据其氧化性强弱分为一级氧化剂和二级氧化剂。

(五)腐蚀品

凡是对人体、动植物体、纤维制品、金属等能造成强烈腐蚀的物品称为腐蚀品。腐蚀品按化学性质分为三类：酸性腐蚀品、碱性腐蚀品和其他腐蚀品。

三、常见的几种危险化学品

(一)高氯酸钾

高氯酸钾也称为过氯酸钾，属于氧化剂，分子量为138.5，熔点为610℃。高氯酸钾为白色流沙状晶体或粉末，有毒，与有机物混合易发生燃烧和爆炸。

高氯酸钾属强氧化剂，主要用于烟花、爆竹、引信、民用信号弹、火箭推进剂、摄影药剂和医药上的发光信号剂，也可以用于制造化学分析试剂等。高氯酸钾与有机物、还原剂、易燃物(如硫、磷)等相混合有引起爆炸的危险。对皮肤组织有强烈的刺激性。

高氯酸钾应储存在阴凉、通风，干燥的库房内，最好专库专储，包装必须密封。高氯酸钾不得与易燃易爆物、油类和有机物等物品共储、混运。高氯酸钾在运输过程中要防雨淋和烈日暴晒；装卸时要轻拿轻放，防止摩擦，严禁撞击。

(二)乙醇、甲醇

1. 乙醇

乙醇俗称酒精，是一种中枢神经系统抑制剂。为无色、透明、易挥发、易燃的液体，能和水及大多数有机溶剂混溶，沸点为78.4℃，是一种重要的化工原料，用于制酒工业、有机合成、消毒以及用做溶剂，制造醋酸高饮料、香精、染料等。

吸入、食入乙醇经皮肤吸收有加速人体的血液循环，麻痹中枢神经，抑制呼吸中枢，扩张毛细血管的作用，在生产中长期接触高浓度乙醇，可引起鼻、眼、结膜刺激症状，以及头晕、疲乏、易激动、震颤、恶心等。皮肤长期接触可引起干燥、脱屑和皮炎。

乙醇应储存于阴凉、通风的仓库内，远离火种、热源。仓库内温度不宜超过30℃，防止阳光直射。储存乙醇应保持容器密封，与氧化剂分开存放。储存间内的照明、通风设施应采用防爆型，开关设在仓库外，配备相应品种和数量的消防器材。桶装堆垛不可过大，罐储时要有防火防爆技术措施，夏季露天储罐要有降温措施，禁止使用易产生火花的机械设备和工具。灌装时应注意流速，且有接地装置，防止静电积聚。

2. 甲醇

甲醇又称为木醇或木酒精，为无色可燃液体，易挥发、易燃烧，有微弱酒精气味，沸点为65℃。甲醇可与水、醇、等溶剂混溶，与苯部分混溶。

甲醇广泛应用于染料、橡胶、树脂和喷漆工业，用于制造甲醛、胶片和人造革等。

甲醇极易引起中毒，主要经呼吸道和胃肠道吸收，皮肤也可部分吸收，特别是对人的眼睛危害较大，接触过量往往能造成双目失明。急性甲醇中毒可引起剧烈头痛、恶心、呕吐、头晕、视角障碍，重症者呼吸困难、眼睛失明、昏迷、抽搐、呼吸麻痹。口服甲醇5~10ml即可严重中毒或死亡。

储存甲醇容器应有易燃液体和毒害品标志，并存于阴凉、通风仓库内，远离火种、热源，仓间温度不宜超过30℃，防止阳光直射。储存甲醇的要保持容器密封，并与氧化剂分开存放。存放甲醇的仓间要配备必要的消防器材。包装时注意轻装轻卸，防止容器破损，夏天高温季节可早晚运输。

(三)液化石油气

液化石油气是从石油的开采、裂解、炼制等生产过程中得到的副产品，是碳氢化合物的混合物，其主要成分包括丙烷、丙烯、丁烷、丁烯和丁二烯，同时还含有少量的甲烷、乙烷、戊烷及硫化氢等成分。

液化石油气的安全防范措施：

在储存、灌装、运输、使用液化石油气的过程中，要禁止使用不合格的容器设备，禁止超量灌装，防止设备泄漏或爆裂；要注意通风，防止气体泄漏后沉积；要禁止乱倒残液，禁止在地下建筑内储存、使用液化石油气，等等。液化石油气钢瓶不准靠近高热源，不准与煤火炉同室使用，设备发生泄漏，要立即禁绝周围的一切火种，液化石油气储配站、供应站要划定禁火区域，禁绝一切火源。发生液化石油气泄漏应迅速撤离人员至上风处，并进行隔离，切断火源。用工业覆盖层或吸附、吸收剂盖住泄漏点附近的下水道等地方，防止气体进入。合理通风，加速扩散，喷雾状水稀释。漏气容器要妥善处理，修复、检验后再用。储存于阴凉、干燥、通风良好的仓库内。仓库内温度不宜超过30℃。远离火种、热源，防止阳光直射。

(四)腐蚀性物品

1. 酸类

硫酸是一种无色、无臭的黏稠状油性液体，为酸性腐蚀品，不容易挥发。硫酸中毒多系误服、自杀所致，犯罪分子也常常利用硫酸的脱水作用进行毁容作案。硫酸应储存于阴凉、干燥、通风良好的仓库内，应与易燃或可燃物、碱类、金属粉末等分开存放。搬运时要轻装轻卸，防止包装及容器损坏。可能接触其烟雾时，佩戴自吸过滤式防毒面具(全面罩)或空气呼吸器。紧急事态抢救或撤离时，应佩戴氧气呼吸器，穿橡胶耐酸碱服。储存有硫酸的现场发生火灾，消防人员必须穿全身耐酸碱消防服，用干粉、二氧化碳、沙土等灭火剂灭火；避免水流冲击物品，以免遇水后放出大量热量发生喷溅而灼伤皮肤。发生硫酸泄漏，应迅速撤离泄漏污染区人员至安全区，并进行隔离，严格限制出入。应急处理人员应戴自给正压式呼吸器，穿防酸碱工作服。不要直接接触泄漏物，尽可能切断泄漏源。防止进入下水道、排洪沟等限制性空间。小量泄漏可用沙土、干燥石灰或苏打粉混合，也可以用大量水冲洗，冲水稀释后放入废水系统。大量泄漏应构筑围堤或挖坑收容，把泄漏物稀释后，用泵转移至槽车或专用收集器内，回收或运至废物处理场所处置。

硝酸是一种无色发烟的液体，酸性腐蚀品，受光照的影响，分解出红棕色二氧化氮，具有强烈的刺激性和腐蚀性。硝酸应储存于阴凉、干燥、通风良好的仓库内，与易燃或可燃物、碱类、金属粉末等分开存放，不可混储、混运。搬运时要轻装轻卸，防止包装及容器损坏，分装和搬运作业要注意个人防护。运输按规定路线行驶，勿在居民区和人口稠密区停留。发生硝酸泄漏，迅速撤离泄漏污染区人员至安全区，并进行隔离，严格限制出入。尽可能切断泄漏源，防止进入下水道、排洪沟等限制性空间。小量泄漏时将地面撒上苏打粉，然后用大量水冲洗，用水稀释后放入废水系统。大量泄漏时构筑围堤或挖坑收容，用喷雾状水冷却稀释蒸气，保护好现场人员，把泄漏物稀释成不燃物，用泵转移至槽车或专用收集器内，回收或运至废物处理场所处置。发生火灾，消防人员必须穿全身耐酸碱消防服，用雾状水、二氧化碳、沙土等灭火剂灭火。

2. 碱类

氢氧化钠(钾)是一种重要的碱，是腐蚀品，俗称烧碱、火碱、苛性钠，呈白色或稍带黄色的固体。易溶于水、乙醇和甘油中。氢氧化钠应储存于干燥清洁的仓库内，与易燃或可燃物及酸类分开存放。分装和搬运作业注意个人防护。搬运时要轻装轻卸，防止包装及容器损坏。固体氢氧化锅应用铁桶包装，片状氢氧化钠用塑料编织袋，塑料袋为内衬。液体氢氧化钠用火车槽车或汽车槽车装运。运输过程中严禁泄漏，可能接触其粉尘时，必须佩戴头罩型电动送风过滤式防尘呼吸器，穿戴橡胶耐酸碱服装。工作场所禁止吸烟、进食和饮水。工作完毕，淋浴更衣。发生氢氧化钠泄漏时，应隔离泄漏污染区，限制出入。小量泄漏时避免扬尘，用洁净的铲子收集于干燥、洁净、有盖的容器中；也可以用大量水冲洗，冲水稀释后放入废水系统。发生火灾时用水、沙土扑救，但须防止物品遇水产生飞溅，造成灼伤。

第六节　剧毒化学品常识

一、毒害品

毒害品又称毒物，指进入人或动物机体后，能与机体组织发生作用，破坏机体正常的生理功能，引起暂时性或持久性的病理状态，甚至死亡的物质。有的毒物剂量小时可作药用，有的非毒物在超量使用时则引起中毒，到底如何判定该物是毒物还是非毒物，由其毒性决定。

二、剧毒化学品

剧毒化学品，是指具有非常剧烈毒性危害的化学品，包括人工合成的化学品及其混合物(含农药)和天然毒素。

(一)剧毒化学品的毒性

根据国家安全生产监督管理总局、公安部、国家环保总局、卫生部、国家质检总局、铁道部、交通部、中国民航总局等十个部局联合颁布的《危险化学品目录》(2015 年版)的规定，剧毒化学品毒性判定界限(大鼠试验)为：

1. LD50≤5mg/kg(经口入)；

2. LD50≤50mg/kg(经皮肤吸收)；

3. LC50≤100ppm(吸入气体)；

4. LC50≤0.5mg/L(吸入蒸气)；

5. LC50≤0.05mg/L(吸入尘、雾)。

其中经皮 LD50 的试验数据，可参考兔试验数据。

(二)剧毒化学品的分类

剧毒化学品的种类繁多，分类方法也不尽相同。常用的分类方法，是按剧毒化学品的组成进行分类，可将其分为无机剧毒化学品和有机剧毒化学品两类。

1. 无机剧毒化学品

(1)氰及其化合物类：如氰化钾、氢氰酸等；

(2)砷及其化合物类：如三氧化二砷、砷化氢等；

(3)硒及其化合物类：如硒酸钠、亚硒酸钠等；

(4)汞、铅、钡、氟、磷及其化合物类：如氯化汞、磷化锌等。

2. 有机剧毒化学品

(1)卤代烃及其他卤代物类：如甲氟膦酸叔己酯、八氟异丁烯、六氯环戊二烯等；

(2)有机金属化合物类：如二硝基邻甲酚钠、四乙基铅等；

(3)有机磷、硫、砷及腈、胺等化合物类：如对硫磷、丁腈、甲胺磷等；

(4)某些芳香烃、稠环及杂环化合物类：如 1-氟-2，4-二硝基苯、1，3-二硝基-4-氯苯等；

(5)天然有机毒品类：如的士宁、马钱子碱等；

(6)其他类：如硫酸二甲酯、水胺硫磷等。

三、常见剧毒化学品

(一)氰化物类

氰化物是含有氰基(—CN)的一类化合物的总称，它是所有毒物中毒性作用最快的一类剧毒化合物，包括无机氰化物和有机氰化物两类。无机氰化物主要有氰化钾、氰化钠、氢氰酸等，有机氰化物又称为腈，常见的毒性较大的是丙烯腈。

氰化钾和氰化钠是常见的氢氰酸的盐类，均为白色易潮解的粉末状结晶，易溶于水，水溶液呈碱性，微溶于乙醇，遇酸能立即分解放出氰化氢气体。氰化钾和氰化钠的致死量为0.15~0.25g。

(二)砷化物类

砷(As)，为暗红色类非金属。砷在自然界中以硫化砷矿物的形式存在。砷单质本身无毒，造成砷中毒的主要是砷的无机化合物。常见的剧毒无机砷化合物主要有三氧化二砷、砷化氢等。

三氧化二砷，俗称砒霜或信石，质硬，纯品为白色粉末，无臭无味，微溶于水，能溶于酸，易溶于碱。当含有硫化物杂质时呈橘红色或柠檬黄色，称红砒、红信石或红矾。三氧化二砷主要用于制造杀虫剂、除草剂和含砷药物，有剧毒，中毒量为0.005~0.05g，致死量为0.1~0.2g。

(三)汞化物类

金属汞是一种银白色液体，易溶于硝酸和热硫酸中，具有易挥发的特性，其蒸汽对人有剧毒。汞的化合物很多，凡是能溶于水和稀酸的汞化合物，毒性都很大，包括氯化亚汞(升汞)、氰化汞、氧化汞等。汞化物类中数升汞为最毒。升汞，无色或白色的粉末，无臭无味，溶于水，其中毒量为0.1~0.2g，致死量为0.3~0.5g。汞能使组织细胞代射出现障碍，最后因血管运动中枢麻痹及呼吸中枢窒息死亡。

(四)农药类

农药是指预防、消灭或控制危害农业、林业的病、虫、草和其他有害生物以及有目的地调节植物、昆虫生长的化学合成剂，或者来源于生物、其他天然物质的一种物质或者几种物质的混合物及其制剂。

我国农药的品种很多，仅常用的就有300多种，在有效控制农林有害生物危害、保护人、畜生命健康方面发挥了重要的作用，但大多农药都有毒性，而且相当一部分属于剧毒化学品，如有机磷农药、有机氯农药、含氟农药中的一些品种。

(五)生物碱类

生物碱是生物体中常见而具有碱性的一类含氮有机化合物。多数存于植物体内，也有存在于动物体中的。如钩吻、颠茄、罂粟等植物，斑蝥、河豚、毒蛇等动物体内都含有生物碱，毒性很强，吸收微量即可出现中毒症状。常见的剧毒生物碱有的士宁和马钱子碱。

(六)灭鼠药类

常见的剧毒灭鼠药有磷化锌、敌鼠等。

毒鼠强。毒鼠强化学名为四亚甲基二砜四胺，简称“四二四”，又名“没鼠名”、“三步倒”、“闻到死”等，属小分子有机氮化合物，1949年首次在德国合成并生产。为剧毒杀鼠药，其毒性相当于氰化钾的100倍，砒霜的300倍，5毫克即可致人死亡。其纯品为白色粉末，无臭无味，性质比较稳定，微溶于水和丙酮，不溶于甲醇和乙醇。

毒鼠强毒性剧烈，化学结构稳定，不易降解，易致二次、三次中毒，易造成环境污染，对人、畜的危害性极大。因此我国自1991年就明令禁止销售和使用毒鼠强，而且多次开展专项整治工作，但由于毒鼠强生产工艺简单，配置方便，非法生产、销售和使用毒鼠强的情况依然严重，利用毒鼠强违法犯罪的案件时有发生。

毒鼠强中毒症状主要有，头痛、乏力、恶心、呕吐、视力模糊、肌束震颤等。随病情发展，出现不同程度的意识障碍及全身性阵发性抽搐，可反复发作，部分毒鼠强中毒患者以癫痫大发作起病。毒鼠强尚可引起明显的精神症状，可造成心肌损害、心律失常、心力衰竭等。部分毒鼠强中毒患者的恢复期出现以狂躁为主的精神症状。目前毒鼠强中毒尚无特效解毒药，一般以安定、巴比妥类药物对症处理。

第七节　烟花爆竹常识

烟花爆竹安全管理的范围包括烟花爆竹制品和用于生产烟花爆竹的民用黑火药、烟火药、引火线等物品。

(一)烟花爆竹

烟花爆竹，是烟花和爆竹的统称，指以烟火药为原料制成的，通过着火源作用燃烧(爆炸)并伴有声、光、色、烟、雾等效果的娱乐产品。烟花，也称焰火，是指燃放时能形成色彩、图案、音响，以视觉效果为主的产品；爆竹，是指燃烧时主体爆炸并能产生爆音、闪光，以听觉效果为主的产品。

根据产品的结构和燃放后的运动可将烟花爆竹分为以下九类：

(1)爆竹类：单个爆竹产品或多个爆竹组合而成的产品。

(2)喷花类：燃放时以喷射火苗、火花为主的产品。

(3)旋转类：燃放时主体自身旋转但不升空的产品。

(4)升空类：燃放时主体定向升空的产品。

(5)吐珠类：燃放时从同一筒体内有规律地发射出多颗彩珠、彩花、声响等效果的产品。

(6)玩具类：产品外壳制成各种形状，燃放时或燃放后能模仿所造形象或动作；或产品外表无造型，但燃放时或燃放后能产生某种形象的产品。

(7)礼花类：弹体从专用发射工具发射到高空后能爆发出各种光色、花型图案成其他效果的产品。

(8)架子烟花类：通过框架固定烟花位置、方向燃放的产品。

(9)组合烟花类：由多个单筒组合而成的烟花产品。

(二)火药

黑火药，用硝酸钾、木炭粉和硫磺粉等混合制成。它是生产烟花爆竹不可缺少的辅助材料，其主要作用是为发射烟花类的效果药提供冲力，故又名发射硝，广泛用于吐珠类、小礼花类、组合烟花类烟花爆竹的生产。

白药，是以黑火药主基，加入了强氧化剂如氯酸钾、高氯酸钾等和银粉或铝粉、镁粉等金属粉末，制成的颜色为灰白色的药剂，此种药剂爆炸后威力更大，声音更响，已经成为当前我国烟花爆竹生产的最主要的药剂。

(三)烟火药

烟火药是利用其燃烧反应产生可见光、红外辐射、高热、高压气体、气溶胶烟幕和声响等效应的弱爆炸性物质。它是生产烟花爆竹的主要材料。通常将烟火药分为发烟剂、发光剂、燃烧剂和花火剂等，它们在烟花爆竹燃放中分别产生声、光、色、烟、雾等效果。烟火药大多数由各种不同的氧化剂、可燃物、黏合剂等经粉碎、筛选、烘干、钝化、混配、造粒、压药等工序制成。

(四)引火线

引火线是指用于烟花爆竹点火、传火、控制时间的烟火药制品。引火线又称药捻，在烟花爆竹产品中起导火作用。它不仅用于烟花爆竹的点燃、引爆，同时在烟花爆竹综合效应装置之间起传火、延期作用。引火线以燃速不同可分为慢速引火线(燃速小于3cm/s)和快速引火线(燃速大于等于3cm/s)。

第八节　放射性同位素及装置常识

一、放射性同位素

(一)放射性同位素的概念

同位素又可分为稳定同位素和放射性同位素(不稳定同位素)两种。稳定同位素原子核的质子数、中子数以及核结构都是稳定不变的；放射性同位素的原子核不稳定，能自发地放出射线而变成另一种核素或另一种状态。原子核放出射线变成另一种核素或另一种状态的现象叫做放射性衰变。放射性同位素是指某种发生放射性衰变的元素中具有相同原子序数但质量不同的核素。

放射性同位素分天然放射性同位素和人工放射性同位素两种。天然放射性同位素是指自然界中本来就存在的放射性同位素，它广泛地分布于土壤、岩石、空气、水和动植物体内。人工放射性同位素是用核反应的方法制造出来的。现在用反应堆和加速器产生的放射性同位素可达1000余种。

(二)常见放射性射线

1. α射线。α射线又称甲种射线，它是由氦核粒子流组成，即α粒子组成。α粒子是氦原子核(42He)，由2个质子和2个中子组成，带2个单位正电荷，速度为光速的1/10。由于它有相对较大的质量和相对较小的速度，所以α射线与其他射线相比，射程较短，穿透能力较弱。天然放射性同位素如铀、钍等放射出来的α粒子在人体组织中只有十几微米的射程，一张普通的纸和皮肤的角质层即可挡住它，因而α射线外照射防护问题很容易解决。但是α粒子电离本领极强，一旦不小心让α粒子进入到人体内，它在人体内大量电离所造成的内照射危害则特别严重。

2. β射线。β射线又称乙种射线，是由β-衰变出带负电荷的电子流或β+衰变出带正电荷的电子流组成，速度接近光速。β射线的穿透能力比α射线强，较大剂量的β外照射能使皮肤"灼伤"，使眼睛角膜引起损伤。因此，β射线对人体可以构成外照射危害，但β射线很容易被有机玻璃、塑料以及薄铝片等材料屏蔽。β射线的电离能力比α射线弱，因此，对人体组织内照射危害不如α射线那样大。

3. γ射线。γ射线又称丙种射线，是波长很短的电磁波，即不带电的光子流。由于其波长为10-9-10-10cm，速度等于光速，静质量为零，所以γ射线比α射线、β射线的穿透能力强。即使在离开γ放射源较远的地方也能使人体受到照射，因此选择原子序数较高的金属材料如铁、铅或混凝土做屏蔽材料为好。由于γ射线不能直接引起电离，而是通过次级作用产生直接电离粒子——电子，而电子电离本领亦不如α射线强，因此γ射线对人体的内照危害比α、β要小些。

4. 中子流。中子流是不带电的中性粒子流。中子的穿透能力和电离能力都很强。在人体中，中子与原子核作用产生的次级带电粒子，通过电离和激发把其能量传给组织器官，引起人体损伤。

5. X射线。X射线也称伦琴射线。X射线与γ射线基本相同，属于电磁辐射，即光子流。由于X射线有较强的穿透能力，人体各组织对X射线的吸收各不相同，所以X射线在医学上广泛用于诊断和治疗疾病。

二、常见的放射性物品

放射性物品有广义和狭义之分。广义的放射性物品泛指能够放射出射线的物品。狭义的放射性物品是指含有放射性核素并且其活度浓度(即比活度，指单位质量核素的活度)和放射性总活度分别超过基本限值的物品。GB11806—2019《放射性物质安全运输规程》给出了放射性物品的放射性核素的基本限值。本章所称的放射性物品是指狭义的放射性物品。

常见的放射性物品主要有以下几类：

1. 放射源。如工农业、医疗、科研、地质等部门使用的钴-60、铯-137和钋铍中子源等。

2. 放射性矿砂及其浓缩物。如独居石、铀矿砂、浓缩铀等。

3. 放射性化工制品。夜光粉、硝酸钍等。

4. 放射性药剂。如用于放射治疗和临床诊疗的铬-51、铟-113、碘-125等。

5. 放射性废物。如核企业、反应堆和放射性实验室产生的放射性的“三废”。

三、射线装置

射线装置，是指X线机、加速器、中子发生器以及含放射源的装置。根据放射源、射线装置对人体健康和环境的潜在危害程度，从高到低将射线装置分为Ⅰ类、Ⅱ类、Ⅲ类。Ⅰ类为高危险射线装置，事故时可以使短时间受照射人员产生严重放射损伤，甚至死亡，或对环境造成严重影响；Ⅱ类为中危险射线装置，事故时可以使受照人员产生较严重放射损伤，大剂量照射甚至导致死亡；Ⅲ类为低危险射线装置，事故时一般不会造成受照人员的放射损伤。常用的射线装置按下表进行分类。

射线装置分类表

装置类别	医用射线装置	非医用射线装置
Ⅰ射线装置	能量大于100兆电子伏的	生产放射性同位素的加速器(不含制备PET用放射性药物的加速器)
	医用加速器	能量大于100兆电子伏的加速器
Ⅱ类射线装置	放射治疗用X射线、电子束加速器	工业探伤加速器
	重离子治疗加速器	安全检查用加速器
	质子治疗装置	辐照装置用加速器
	制备正电子发射计算机断层显像装置(PET)用放射性药物的加速器	其他非医用加速器
	其他医用加速器	中子发生器
	X射线深部治疗机	工业用X射线CT机
	数字减影血管造影装置	X射线探伤机
Ⅲ类射线装置	医用X射线CT机	X射线行李包检查装置
	放射诊断用普通X射线机	X射线衍射仪
	X射线摄影装置	兽医用X射线机
	牙科X射线机	
	乳腺X射线机	
	放射治疗模拟定位机	
	其他高于豁免水平的X射线机	

第六章　安全检查技术

第一节　安全检查与恐怖活动

一、安检因恐怖活动频发而产生

恐怖组织的基本情况介绍在第三章中已经论述，这里就不再重复。安检因炸机和劫机恐怖行为而产生，是机场对登机的旅客实施的安全检查活动。20世纪60年代初，由于频繁发生劫持飞机事件，世界各地的机场陆续开始设置安全检查站对飞机及旅客进行安检。我国最早炸机事件发生在1955年，即国民党特务在周总理率团赴印尼开会乘坐的“克什米尔公主号”①飞机上安放了定时炸弹，幸好周总理临时有事未乘此架飞机，但机上所有工作人员均牺牲。我国最早的劫机事件是1977年6月16日发生的，歹徒张楚云劫持一架从乌鲁木齐飞往哈尔滨的飞机未遂。而发生在2010年3月29日的莫斯科地铁连环爆炸案则造成了41人死亡、74人受伤。在1980年之前，我国一直没有采取安检措施，仅仅依靠单位开的介绍信作为购买机票和登机的证据。直到1980年一些与我国有国际航线通航的国家提出要求之后，我国才签署了《东京条约》，并开始对登机的旅客和行李进行安检。

世界进行安检的国家所使用的安检设备都大同小异，即：对旅客人身用安全门和手持金属探测器进行检查，对旅客携带的行李采用X光机检查。有的国家以前对人身也用X光机检查，后因X射线对人体有伤害，遭到旅客反对才开始使用安全门。但安全门仅能发现数量较少金属物质，如果衣服和携带的物品(如钥匙、打火机、硬币等)金属物较多时安全门并不能准确查出物品性质，仅仅成为礼节性的检查设备。于是各国多采用搜身办法(或称手检)，对旅客进行安全检查。中国政府于20世纪80年代初颁布了对我国机场实施安检的法规，从此，机场开始了对旅客以及携带行李的公开检查，当时主要是针对金属武器，如刀、枪，以及爆炸装置的检查，防止飞机被炸毁以及劫机事件的发生。安检使用的主要设备是X射线检查设备、通过式金属门以及手持金属探测器。X射线设备也非常简陋，主要是单能量、脉冲式、非自动化X射线设备，占有我国部分大型机场，如首都机场使用了美国科学与工程公司(AS&E)生产的点扫描设备。由于机场条件差以及点扫描设备的机械故障率高，性能指标较低等原因，点扫描X射线设备很快被线扫描设备代替。

二、推陈出新的恐怖活动促使安检不断发展

美国“9.11”事件后，各国对旅客和行李、货物的检查更加严格。由于“9.11”事件是恐

---

① 轶名：《1955年：克什米尔公主号事年》，中国共产党新闻网. http://dangshi.people.com.cn. 2011年6月14日.

怖分子混入机场劫持飞机撞向世贸大楼并造成了极其严重伤亡，所以各国对乘坐飞机的旅客实行了更加严格的安全检查。特别是美国除原有的检查方式外，又增加了CTX机器设备对手提行李进行安检，以及对旅客进行脱鞋、解腰带等更加严格的检查方法。我国机场沿袭了世界各国的安检模式，安检部门的检查重点是刀具、固体爆炸物等违禁品。但是2008年新疆“3·7炸机未遂事件”发生后，各大机场都增加了炸药探测和液体探测模式，加强了对液体携带物的检查，也促使个别机场脱鞋安检事例的出现。

随着科学技术的进一步发展，在机场安检设备上，各研发企业将陆续研制出了一些更新和更好的器材。例如，有企业生产出了鞋内安全检测仪，能及时发现鞋内携带过多金属，雷管和炸药的人员。这样既可以防止恐怖分子和其他违法犯罪分子利用鞋子携带爆炸装置进行违法犯罪活动，又可以实现对人全方位的安检。同时又展示出文明安检，提高了安检效率，减少旅客滞留时间。因此，殷切希望在中国机场安检流程中尽快使用以上这些新器材，以提高中国机场安检的新水平，使其在世界范围内处于领先水平。

第二节　安检技术的含义和分类

一、安检技术的含义

安检，也称安全检测，是指机场、车站、地铁、港口码头、大型活动举办场所等地方，由专业人员利用特有的器材对人身、物品、场所和车辆实施的，以预防暴力恐怖活动为目的的专门活动。安检技术是指安检活动中使用到的探测、防护和处置技术。运用安检技术研发出的设备和装备称为安检器材。

安检技术是安全防范技术的重要组成部分，对于反恐和防止社会极端行为非常重要，其具有其他安全防范技术不可替代的作用，和其他安全防范技术是相辅相成的关系。报警、监控、出入口控制等技术手段只能发现危险情况和看见现场图像，而不能检查出现场的危险物品，只有安检器材才能探测出，将危险挡在防范区域之外。近年来，安检技术的应用越来越广泛。除了各种大型活动、大型集会及民航、铁路、地铁等重要场所都要实施安检外，检察院、法院、长途汽车站等场所的安检活动也越来越普及。

二、安检技术的分类

根据用途来划分，安检技术可以分为探测技术、防护技术和处置技术三大类。

（一）探测技术

探测技术是指在安检活动中，能够探知人身、物品、场所和车辆中隐藏的炸药、枪支、匕首、毒品等危险品和违禁品的专门技术。

1. 广泛应用的探测技术

X射线、金属探测、离子迁移谱以及生物探测中犬类探测，是当前探测技术中比较常用的探测方式。

- X射线探测技术

X射线探测技术是利用了X射线和被检物相互作用时发生的光电吸收、康普顿散射、瑞利散射和电子对效应得到被检物的特征信息。目前使用的X射线技术包括X射线透射技术、散射技术、衍射技术、CT技术、X射线和核四极矩谐振分析组合技术。使用的射线能量一般从几十 keV 到几百 keV。如：用于大型集装箱的检查则使用了 X 射线加速器，射线能量可达几兆电子伏特。X 射线探测技术用于探知一定量炸药或爆炸装置，广泛用于安检工作中。使用 X 射线技术的设备一般都能生成并显示被检物的准实时图像。

● 金属探测技术

金属探测技术是利用了电磁感应的原理。金属探测技术广泛用于对人体携带威胁物的探测，典型设备是通过式金属探测门、手持式金属探测器以及探雷器等。

● 离子迁移谱探测技术

离子迁移谱测定技术，即 IMS(Ion Mobility Spectrometry)技术，是通过研究离子的迁移率这一重要物理特征来实现分子高灵敏度检测的技术。具体来说，就是在确定的温度、气压、电场条件下，通过研究离子自身尺寸、质量、电荷量对迁移率的影响和在迁移谱上的表征，实现对微量炸药微粒和蒸汽的探测和认定。该探测技术一般可采取吸气或擦拭的取样方式，应用场所比较广泛。离子迁移谱探测技术的典型设备是各种类型的炸药探测器。

● 生物探测技术

生物探测技术主要是使用特殊训练的警犬，探测行李物品中隐藏的炸药以及毒品。例如 2008 年北京奥运会、2009 年国庆 60 周年庆典、2010 年广州亚运会、2011 年深圳大运会等大型活动安保工作，公安部均从全国选调带犬民警，携搜爆犬组成警犬技术安保团队执行安检任务。但警犬的服役期短，而且训练维护费用高。

2. 试用和探索的探测技术

● 核四极矩谐振分析技术

核四极矩谐振分析(NQR)是一种很有前途的技术，它对含有炸药的化学物质具有独特的探测能力。它能很容易地把炸药中的氮成分与无害物质中的氮成分区分开；它能探测托运行李或手提行李中的某些类型的炸药，而且不论炸药的形状怎样或所在何种位置，准确性都相当高。核四极矩谐振分析技术是用无线电波脉冲去探测目标物质的分子结构，这些被探测的混合物最终由它们独一无二的四极矩谐振频率来鉴别。目前，该技术可检测的炸药种类较少，并且有金属屏蔽时炸药探测会无效。

● 中子活化分析技术

中子活化分析技术是利用不同能量的中子与炸药中 C、N、O、H 元素的核子相互作用，释放出特定的伽玛射线。由于炸药中含有丰富的 C、H、O、N 元素，对上述元素释放出的特定伽玛射线进行探测，确认物质元素的相对含量，从而识别出可疑威胁物。中子穿透力强，目标元素的中子活化伽马射线的能量高，容易探测，适合对大型集装箱的检查。但由于技术复杂，成本高，需要特定防护，物质受辐射后存在变性的问题，上述技术还没有得到广泛使用。

● 激光拉曼光谱探测技术

不同物质在激光激发的情况下，能够散射出不同特征的拉曼光谱，利用这种特征进行炸药探测。每个分子产生的拉曼光谱的谱带数目、谱带强度、位移大小等都直接与分子的振动和转动相关联，所以，拉曼光谱属于分子光谱。这种技术对被测试物的形状、大小、温度、状态要求低，可在固体、液体、气体等物理状态下测量，分析速度快，但无法检测不透明的物体。

● 质谱分析技术

质谱分析技术的原理是待测物质的分子或原子首先被电离，再经过对其进行扫描，得到一张反映其物质质/荷比强度的谱图，来测量物质的原子量或分子量，从而确认是何种化合物，具有唯一性。像指纹可以唯一认定一个人一样，质谱技术通过测量质/荷比，唯一认定具有某种分子结构的化合物。此种设备探测灵敏度高，可达到 pg 级，在反恐和军事上用于检测周围环境是否存在化学武器和生物武器，以及行李物品中隐藏的炸药的探测。但产品成本高，操作复杂，体积较大，不宜现场应用。

- X 射线相干散射技术

X 射线相干散射技术采用广泛用于结晶学领域鉴别物质结构的 X 射线衍射方法。每种物质都有一套独特的晶格常数(布拉格常数)，总有满足布拉格公式对应的一组能量峰，待测物质的能量峰和特定物质的能量峰进行比对，就能鉴别出物质的类型。这种广泛用于结晶学领域鉴别物质的方法适合识别隐藏在行李物品中的炸药、塑性炸药等危险品。被测试物体的晶格结构引起了辐射射束的 X 射线衍射谱，这些就是物质的特殊图谱。

- 太赫兹和毫米波成像探测技术

像无线电波一样，太赫兹波和毫米波都可以穿透衣服、纸张、塑料和其他包装材料，能够得到隐藏物品的太赫兹图像。试验证明太赫兹不仅可以探测隐藏的金属物品，还可以探测炸药、毒品、陶瓷武器等，太赫兹波不同于 X 射线，它是一种来自低能的非电离波，目前主要用来探测人体携带威胁品和违禁品的检查，可远距离成像，而且是最安全的检查技术。太赫兹和毫米波成像分为被动成像和主动成像。被动成像是利用目标本身放射出的自然的、低水平的电磁辐射，由于物体的比热和热传导的不同，即使在同一环境温度下发出的波长强度分布也是不同的。利用目标物辐射的不同而得到被检物的图像。主动成像需要用太赫兹和毫米波光源照射被检物而得到被检物的图像。当太赫兹和物质相互作用时，还能够得到许多物质的特征太赫兹光谱，因此可以用来识别物质。试验证明：太赫兹不仅可以探测隐藏的金属物品，还可以探测识别炸药、毒品、陶瓷武器等。

(二)防护技术

防护技术是指在安检活动中，能一定程度保护安检人员免受爆炸物、有毒物质、射线等伤害的防护装备所用的专门技术。该技术是处置过程中所必需的一种保护技术，主要有人员防护技术和防止引爆技术两类。①

1. 人员防护技术

此类技术的运用能有效防御化学、物理和生物有害物质对人体的伤害，合理有效地实现皮肤微环境与外界进行物质能量交换，切实保障人体的安全。技术的核心在于防护材料和结构的研究，目前已从金属化向非金属化发展，以提高装备的灵活性和舒适性。

- 防爆炸物危害技术

一般爆炸物多为炸药，爆炸时形成一个倒圆锥体向上、向外冲击能量，产生巨大的危害。安检工作中的防爆炸物危害技术旨在爆炸装置爆炸时削弱或减轻爆炸破片、冲击波、光波、火药速燃、超压等的杀伤作用。国内已经掌握了大部分相关技术和部分软质防护材料制造的核心技术，目前已有相关装备面市。

- 防射线危害技术

射线危害是指射线对人体造成的危害。自然界中的一切物体，只要温度在绝对温度零度以上，都以电磁波的形式时刻不停地向外传送热量，这种传送能量的方式称为辐射。辐射可

① 佐建君．爆炸防护及安检技术现状与发展的探讨[J]．中国安防，2010(11)：43-44.

以分为粒子辐射和电磁波辐射，其中粒子辐射包括中子辐射、质子辐射和电子辐射等，电磁波辐射分为X射线、紫外线和微波辐射等。防射线危害技术主要采取屏蔽防护和距离防护原则。屏蔽防护是指使用原子序数较高的物质，常用铅或含铅的物质，作为屏障以吸收不必要的射线(如X线)。距离防护是指利用射线曝射量与距离平方成反比这一原理，通过增加射线源与人体间距离以减少曝射量。国内目前已生产出相关装备，如X射线防护服、中子辐射防护服等。

- 防毒物危害技术

在一些易燃易爆危险品和腐蚀性物质的爆炸案件和事故现场，安检人员易遭受有毒或腐蚀性物质的侵害。如：压缩气体和液化气体，除了氧气和压缩空气外，大多具有一定的毒害性。安检工作中的防毒物危害技术旨在现场搜爆时减轻或者避免有毒或腐蚀性物质的危害作用。该类技术广泛用于航空航天、工矿企业、公安消防和反恐防爆等领域。国内外相关装备较多，技术也相对成熟。

2. 防止引爆技术

防止引爆技术就是实现对现有无线通信技术的有效干扰和屏蔽。该类技术主要是通过频率干扰和电子屏蔽技术手段使得爆炸装置不能起爆来达到防护效果。从我国的实际情况看，现有的无线通信技术主要有：属于第二代蜂窝移动通信技术的GSM和窄带CDMA；定位为固定电话补充的PHS(小灵通)和SCDMA(大灵通)；同属第三代蜂窝移动通信体系的TDD系统、TD-SCDMA和FDD系统、WCDMA/DMA2000；应用于宽带无线接入的WLAN/WiMAX；立足于短距离通信的UWB；应用于无线识别的FRID等。这些技术的应用领域虽然有所重合，但其特定的市场需求，将在较长时期内共存。其中频率干扰技术成熟，基本能实现对现有无线通信方式的有效干扰。目前，国内这方面技术和设备的研发厂家较多，研发的设备种类和型号各不相同，性能差异性比较明显。而对电子屏蔽技术来说，国内研究还不多，成熟的设备较少。

(三)处置技术

处置技术是指在安检活动中，对现场发现的危险物品和违禁品进行有效处置的专门技术。这种技术是能将安检现场的危险状态变为安全状态。在安检活动中，处置技术多数是针对现场发现的爆炸物进行排爆的技术。根据现场发现的爆炸装置所处的场所和结构特点，一般可采用三种处置技术，分别是夹持与移动技术、引爆与失效技术、近距离人工拆卸技术。夹持与移动技术难度较高，相关设备国外多而国内少。引爆与失效技术难度较低，国内外均有大量设备。近距离拆卸技术比较复杂，需要依靠排爆人员的经验和临场判断。

第三节　安检技术的发展

一、我国安检技术的发展和应用

近年来，随着国际恐怖主义的扩散和世界性灾害的发生，防恐、减灾、构建安全的现代社会已成为世界共同的紧要课题，我国安检技术的研发和应用得以快速发展。特别是在亚运会、奥运会、世博会等大型活动需求的拉动下，对违禁品安检的措施已经从机场、车站和会场扩展到了地铁、轨道交通以及各种群体活动场所，维护了社会公共安全，促进了我国安检事业进入跨越式发展阶段。安检从业单位在消化吸收先进技术的基础上，加大了安检技术的自主创新力度。目前，国内基本掌握了国际上已有的传统安检技术，双能 X 射线成像、金属探测、光学成像等，这些主流技术国内已基本达到国际同等水平，能提供成熟可靠的产品；离子迁移谱、激光拉曼、四级矩谐振、X 背散、X 射线 CT 成像等一些主流的安检产品的技术性能指标比国际先进水平略低，一些核心器件还依赖进口；国际上新出现的如毫米波、太赫兹等具有远距离探测功能的技术，国内尚在研究阶段。在安检技术的应用方面，我国的探测、防护和处置三大类技术都取得明显进步。

(一)探测技术方面

拥有自主知识产权的具有国际先进水平的大型客体探测技术广泛应用于社会生活。我国研发生产的用于对集装箱和运输车辆实施安全检查的大型安检设备已经在全球占有相当规模的市场。如：2008 年以来国内开发的基于高能 X 射线和中子融合成像技术以及快速双能量技术等产品，非常适合对航空、海运、陆路运输等混杂货物的检查，在快速通关、增加抽检率、货物识别效率上都有很大提高。在炸药探测技术方面，我国离子迁移谱技术的研发主要集中于对爆炸物和毒品同时检查的双模式技术。如：2009 年推出了具有自主知识产权的台式爆炸物/毒品双模式离子迁移谱产品，可实现对爆炸物和毒品的同时检测，在数秒钟内准确判断爆炸物或毒品种类。基于背散+双能透射成像的 X 射线通道式物体检查装置，在国内已有试验样机试用，基于背散射技术的人体扫描设备也在研发之中。目前，太赫兹技术已成为很多国家的重点科技项目。中国安防协会的专家正在联合苏州纳米所、西安光电研究所、首都师范大学等，对世界尖端安检技术——太赫兹的技术进行攻关。据悉，经过太赫兹波检测的物品，会留下像指纹一样的唯一性特征色系。同时，该技术可远距离(七八米范围内)探测有无炸药、枪支、匕首等危险物品，且毫米波辐射较少。太赫兹安检技术将主要应用于机场、海关、地铁、文化遗产等重要建筑物以及大型活动现场的安检，可以快速、准确地检测出是否有人携带武器、毒品、爆炸物等违禁品，有效保障大众的生命和财产安全。

(二)防护技术方面

排爆服和防辐射防爆服应用研究，广泛吸取了国外大量排爆作业的经验和教训，摸索和总结出一整套排爆服应用的操作要领，研制出了能够防护多种辐射的防护服和防爆服。如：某企业根据市场需要生产出了 X 射线防护服、γ 射线防护服、中子防护服、射频防护服等产品。

(三)处置技术方面

在智能化无线电频率干扰新技术开发方面，通过应用数字处理技术实施无线电频率干扰，防止爆炸装置被遥控引爆的防护技术在国内得到了较大的发展。这种智能化无线电频率干扰设备通过应用软件无线电技术，实现了对干扰目标采用频点精确瞄准干扰。对传统的噪声和扫频干扰方式在技术上进行了颠覆性的突破。这种干扰技术方式的实现，极大地提升了无线频率干扰设备的有效控制能力和干扰效果，实现了智能化控制。

二、国际安检技术的发展趋势

目前，随着国际安全需求不断提高，愈来愈要求快速、精确化、自动化、多目标检查。无论哪种单一安检技术，都有其局限性，难以满足这些综合性需求。因此，集成了两种或两种以上安检技术的融合设备和综合解决方案是未来安检技术应用发展的主要趋势。根据美国国土安全部的研究结果表明，融合了标准 X 射线技术、离子迁移、中子扫描技术以及其他放射性核探测等多种方式的融合技术将成为未来市场的主流选择。这些集成了多种技术的融合设备将能精确地探测大多数的恐怖材料，如：常规武器、炸药、原子武器、武器级核材料、脏弹及其他生化战争武器，有效地利用物质识别技术来降低误报率，实现自动查危，确保不间断检查，并保证维护时间最短化。新一代的融合技术则将领跑未来的安防行业发展。识别技术与安检技术结合，是未来很重要的发展方向。智能视频、OCR、生物识别和 RFID 等提供身份识别和行为识别的技术将更多地被应用在安检领域。

另外，水下安检设备研发工作的加强也会是未来安检技术的重要发展趋势。为了构建立体式的安检防爆体系，除了陆地通常手段的安检设备外，水面及水下的安检也具有同样的必要性。由于水下安检的重要性和特殊性，未来一段时期内，多维声纳成像技术、微光成像技术、水下机器人技术及产品等随着相关技术的成熟和核心部件的成本降低将逐步成熟并推广应用。

第七章　安检器材

我国历史上最早的安检器材应是公元前221年秦始皇建于阿房宫的磁石门(遗址在西安西郊三桥镇阿房宫殿遗址北面，现中国人民武装警察部队技术学院院内)：公元前227年，秦始皇躲过“图穷匕见”的刺杀后，加强安全防范，在修建阿房宫时修建了磁石门。磁石门运用了“磁石召铁”的原理。据《三辅黄图》记载：“阿房宫……以慈石为门，怀刃者止之。”唐代的《元和郡县志》中有更具体的陈述：“秦磁石门，在咸阳东南十五里。东南有阁道，即阿房宫之北门也，累磁石为之。着铁甲入者，磁石吸之不得过。羌胡以为神。”从时间上来说，阿房宫的磁石门是世界上第一个磁性安检设施。

根据用途分，安检器材可分为检查器材、防护器材和处置器材。

第一节　检查器材

利用安检中探测技术研发出的器材称为检查器材。

一、射线探测类

射线探测类检查器材主要利用X射线(伦琴射线)或者Y射线进行可疑物品、危险品和金属等的探测。

(一)X射线仪

X射线，是德国物理学家W.K.伦琴于1895年发现，故又称伦琴射线。由于X射线非凡的穿透能力，因此其在工业金属探测和检查人体内部疾病等方面的特殊作用被世界所公认。X射线成像检测的基本原理是：X射线照射到被探测物上并穿过物体后，因物体吸收和散射而使其强度衰减，由于其所经过部位的厚度、结构或有无缺陷不同而导致其在各处的衰减程度有差异，结果便形成了一幅射线强度分布不同的“影像”，并可被置于物体后的胶片或荧光屏等记录或显示，以供检测。到了20世纪60年代前后，在恐怖活动比较活跃的地区，为了发现恐怖分子隐藏的爆炸物、枪支等危险物品，X射线成像检测又被移植到安检中来。

X射线仪，也称X射线检查仪、X射线检查系统、X光机等，名称叫法很不统一。该设备利用X射线对于各种不同成分和密度的物品进行穿透，再通过信号转换，把物品的内部结构和图像反映在荧光屏幕上，安检人员通过荧光屏直接观察和分析物品内部结构及形状，把伪装在行李、包裹、公文箱、食品罐头、电子器材、儿童玩具及各类邮件中的危险物品检查出来。由于X射线仪能显现包装内物品的结构图像，因此它在安检中占有非常重要的地位，目前仍是安检工作使用的主要器材。世界上许多国家都生产X射线仪，型号各异而性能却相似。其中以德国和英国生产的质量较好，美国有后来居上之势。目前，我国公安部一所生产的X射线检查系统已达到德国的水平而且造价更低。

1. 通道式 X 光机

通道式 X 光机，也叫固定式 X 光机，其由 X-射线发射系统（主要部件为 X-射线发射器）、成像显示系统和皮带传输系统三个部分组成。设备启动后，借助于皮带传输系统的传送带，被检行李进入通道，阻挡光障信号，触发射线源发射出扇形 X 射线束，并穿透传送带上的行李落到双能量探测器上，高效半导体探测器把接收到的 X 射线变为电信号，通过通用串行总线传送到控制计算机作进一步处理，经过复杂的运算和成像处理后得到高质量的图像。通道式 X 光机一般安装在机场、火车站、重要场所入口等，实现对大中行李与包裹的检查。

美国 AUTOCLEAR 5333 型通道式 X 光机外观和组成图

1—X-射线发射系统；2—皮带传输系统；3—皮带传输系统

美国 AUTOCLEAR 5333 型通道式 X 光机广泛用于机场、海关、码头、邮局、学校、政府、法院、监狱、检查站、火车站等部门对小体积包裹的检查。5333 型通道式 X 光机的通道尺寸是 530mm（宽）×330mm（高），高分辨成像，应用多项最新专利技术，体积紧凑，安全性能高，保证 100%检测到夹在邮寄的信件、杂志或包裹中的薄刀片或塑料炸弹。

2. 车载式 X-射线检查系统

车载式 X-射线检查系统，也称移动式 X-射线检查系统，其主要由 X-射线发射系统（主要部件为 X-射线发射器）、成像显示系统、皮带传输系统和车（越野车、商业货车、轿车等）四个部分组成。该设备采用多能量 X 射线检查技术，实现了行李货物的快速不开箱检查。一般同时提供电接入和发电机发电两种供电方式，具有机动灵活、反应快速等特点。该设备科适用于机场、车站、海关、港口及公安等部门的现场流动安检。

世界上能研发车载式 X-射线检查系统的国家不多。美国研发的 ZBV 车载式 X-射线检查系统在世界上较为知名，检测性能较高，但价格较为昂贵。我国同方威视技术股份有限公司研发的 MX9080TB 型车载式 X 射线检查系统是新型的移动式 X 射线安全检查设备，其性能也达到了国际较高水平，并具有价格低的优势，在国内的机场安检、海关缉私、边防安检等领域也有广泛的用途。

美国 ZBV 车载式 X 射线安全检查系统外观和车内的显示系统图

美国 ZBV 车载式 X 射线检查系统的 X 光检测系统被安装在一个小型商业货车之中。该系统采用了一个 22 万 5 千伏 X 射线源与一个扫描线发生器和照相探测仪的配置组合。X 光覆盖高度为 3.6 米、4.5 米远，可以穿透货柜箱的 2mm 厚度的钢板进行扫描。只需将此车沿货车一边开过即可得到照片一样的图像，从而发现毒品、塑胶炸药等违禁品。该设备适用于机场和车站的安检，边防站检查，郊外检测追踪，货柜屏显取证等。

威视 MX9080TB 型车载式 X 射线检查系统外观图

MX9080TB 型车载式 X 射线检查系统采用世界上最新技术，使图像分辨更清晰，操作更人性化、更高效，使用时可靠性和安全性更高。MX9080TB 同时具备物质识别功能，能够根据被检物的有效原子序数，分辨出有机物、无机物和混合物(或轻金属)，并在图像上赋予不同的颜色，有助于操作人员对图像进行识别和判断。该设备也可以对爆炸物和毒品进行辅助探测并报警。

3. 便携式 X 光机检查系统

(1)便携式箱包透视检查仪。

公安部一所研发的 XT11-02 便携式箱包透视检查仪是为安检、机动执勤专门设计的专用设备，可用于对小件行李、箱包、邮包等内藏有可疑物和违禁品的直观透视检查。仪器采用 Φ100 平板型 X 射线像增强器直接观察，观察厚度达到 300mm。采用 Φ0.3 微焦点射线管集约束散射线，使用方便、安全、直观、可靠，可用于缉毒、缉私、反恐、安检等领域。

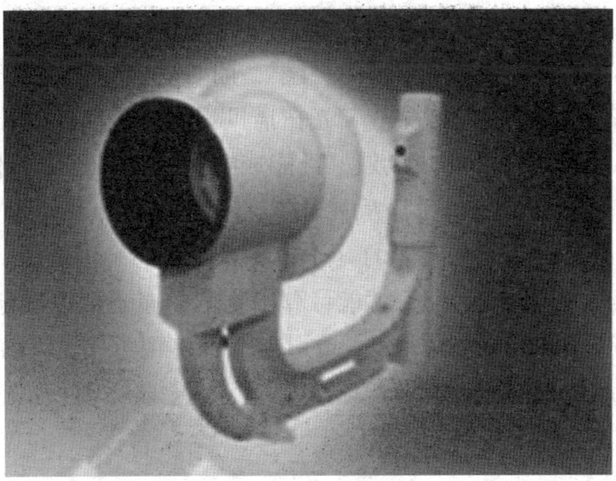

XT11-02 便携式箱包透视检查仪外观图

(2)便携式 X 光机。

便携式 X 光机是新型 X 射线安检系统，它将设备完全收装在设备箱中，具有体积小、重量轻、携带方便和灵活机动的特点。其一般由 X 射线发生器、X 射线探测箱和笔记本电脑三个部分组成，三个部分通过连接线工作。其中 X 射线探测箱可根据被检测物的形状位置任意调整，正放、侧放、翻转、仰放和俯放都可以使用。便携式 X 光机使排爆专家能够准确无误的，从容不迫地拆除或摧毁爆炸物。便携式 X 光机使用非常方便灵活，可以快速检查出藏匿在包裹、车辆、日常和办公用品中的武器、毒品、爆炸物等危险品及其他违禁品。其可广泛适用于防爆安检、刑事技术侦查、机动查私缉毒、工厂小型产品的抽样检查等场所，能有效提高公安干警执行任务时的机动性、隐蔽性和准确性。

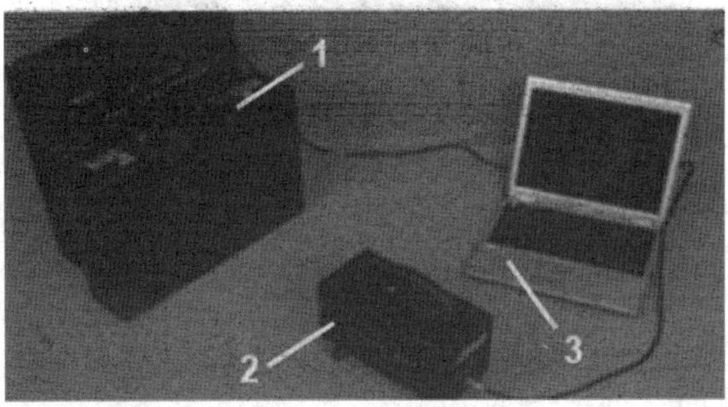

便携式 X 光机外观和组成图

1—X 射线探测箱；2—X 射线发生器；3—笔记本电脑

4. 多视角 X 光扫描机

多视角 X 光扫描机运用了多视角 X 射线检查技术。多视角 X 射线检查技术是结合双能量 X 射线技术，从多个方向对行李进行照射获取同一行李不同方位的多个视图，然后通过特殊的软件处理技术重建行李中可疑目标物的三维轮廓，获得反映其几何形态的数据，以此得到行李中各可疑目标物的原子序数及密度，通过将这两个指标与已知违禁物品的相应指标进行对比来推断目标物是否是违禁物品①。

多视角 X 光扫描机以多个角度检查每件行李，同时还能自动检测行李中的简易爆炸装置(IED)。这种新设备势必会替代单视角 X 光扫描机，因为后者存在明显的技术局限。虽然双能量单视角 X 光系统技术已经比较成熟，且能成功进行材料区分，但是它们却不能自动精确地探测爆炸物。单视角 X 光机无法从视觉上区分软饮料和液体爆炸物，同时苹果、橙子和巧克力等食物也会被误认为高密度的爆炸物。然而，如果用低能 X 射线和高能 X 射线同时扫描物体，然后再进行比较，那么就能计算出物体的原子数以确定其是否具有危险性。另外，杂乱的行李箱中不同的物体常常堆叠在一起，而多视角扫描可以防止由此带来的分类错误。这对确定物体的体积同样大有裨益。众生产商下一步需要做的就是缩小多视角 X 光扫描机的体积，让它更适用于机场安检口。

英国史密斯探测公司(Smiths Detection)和美国 Rapiscan Systems 公司分别推出的 HI-SCAN 6040aTiX 和 MVXi 多视角 X 光扫描机，价格大约是单视角 X 光机的两倍。这两种机器都包括了数个 X 光发射器和传感器，以提供多视角扫描。美国安全运输局(Transportation Security Administration，TSA)和英国交通部(Department for Transport)已在安检随身行李时使用多视角 X 光扫描机代替单视角 X 光机。英国伦敦希斯罗机场 5 号航站楼已配备 35 台 HI-SCAN 6040aTiX 行李扫描机。其中 22 台将纯粹用于乘客安检，另外 13 台将用于员工安检。

英国史密斯探测公司的 HI-SCAN 6040aTiX 多视角 X 光扫描机外观图

HI-SCAN 6040aTiX 多视角 X 光扫描机拥有以下特点：

* 自动探测手持行李中的爆炸物；
* 使用独立的视角分析原子序数(Zeff)和密度；
* 两个高解析度详细的视角；
* 高解析度 XADA 感应器技术。

---

① Richard F. Eilbert. Development and evaluation of simulants for X-ray based explosive detection systems: Proceedings of the Second Explosives Detection Technology Symposium &Aviation Security Technology Conference [C]. 1996.

5. 人体扫描仪

人体扫描仪是安检人员利用特殊仪器扫描人体全身，以检查其是否携带爆炸物和其他违禁品的专用安检设备。人体扫描仪能找出旅客是否携带金属、塑胶、陶制品、化学物质和爆裂物。其可以填补金属探测器检查的漏洞找到非金属违禁品，如塑料和液体炸药等。安检人员指示检查目标通过人体扫描仪，检查目标须举起双臂，扫描仪将呈现一个脸部模糊的金属外观画面。安检人员在一个封闭的房间内查看图像，看完没有问题立即删除扫描图像。人体扫描仪也存在侵害乘客隐私，并有可能影响乘客身体健康的不利因素。人体扫描仪虽然能有效检测非金属武器，但是其也带来侵犯隐私问题。这种安全扫描机可以让人清楚看到性器官等人体细节，同时，人体扫描仪采用X射线透视原理进行扫描检查，辐射也会对人体有害。

人体扫描仪的外观图

人体扫描仪率先在美国机场的安检使用。2005年，美国国土安全部敦促提高机场安检技术，因为有消息称政府秘密特工携带液体炸药和雷管通过机场检查站。于是，人体扫描仪开始在美国一些大机场试用，一般对没有通过金属探测器的检查目标才使用。2010年，美国利用几个月的时间陆续在其国内11个机场增设150台身体扫描仪(美国已有19个机场启用共40台身体扫描仪)，以取代现有结合金属扫描、X光检测、警察搜身的传统安检方式。美国运输管理局决定取消安检流程中的以backscatters为代表的X光身体扫描仪，而采用具有更高效率的毫米波扫描仪，并会在今后几年逐渐在美国各大机场开始施行。之前

backscatters 检测仪器被曝存在泄露用户隐私，有潜在的安全隐患，整体效益等方面的弊病。采用这种毫米波扫描仪除了能够加快安检速度之外，最大的优点就是由于采用了更短的波长，更柔和的波段强度(和手机差不多)，能够最大限度地保证乘客的个人隐私，屏蔽潜在的安全隐患。老的 backscatters 并不会完全地取消，在小型的机场依然会存在，但是这是一个逐步改善的过程，预计在未来几年美国所有的机场都将开始使用对人体无害的安检设备。目前，超过 700 台人体扫描仪用在美国大约 165 个机场，这些设备都配有通用人体轮廓显示的自动目标识别软件。英国、荷兰已开始使用人体扫描仪，但德国、西班牙等国表示在使用人体扫描仪之前必须先解决隐私权和健康安全问题，一些成员国则希望欧盟就此出台统一规则。

我国澳门司法警察局于 2011 年 8 月 31 日率先在澳门国际机场引入第一部 X 光人体扫描机后，使人体藏毒犯罪数字下降，有效打击犯罪。2013 年 12 月 2 日在外港码头启用第二部 X 光人体扫描机，进一步加强口岸缉毒。司法警察局未来会在其他口岸增设人体扫描机，全力打击毒品犯罪，不会让澳门成为毒品中转站。此次在外港码头启用的是新仪器价值约 250 万澳门元，优点是辐射低，透视度强，相当于一个人乘搭一个小时飞机所接受的辐射量。司法警察局会通过情报收集，有强烈迹象显示旅客涉嫌体内藏毒，才会被要求送检。

6. X 射线液体安全检查系统

X 射线液体安全检查系统是专门针对液体炸药的安全检查系统。该系统通过发射 X 射线扫描检测液态物品的安全性，无须开瓶，也无须将液态物品倒入专用仪器中，整个检测过程不超过 20 秒钟。而且对包装容器的材质、颜色和透明度没有特殊要求，塑料、玻璃、陶瓷、金属、纸制等多种材质容器包装的液态物品，都可放入系统中进行检测；对容器内的液态物品，也不产生任何影响和破坏。X 射线液体安全检查仪，弥补了安检员手工检查液态物品的不足，大大提高对液态物品的检查速度与准确性，缩短通过安检的时间。

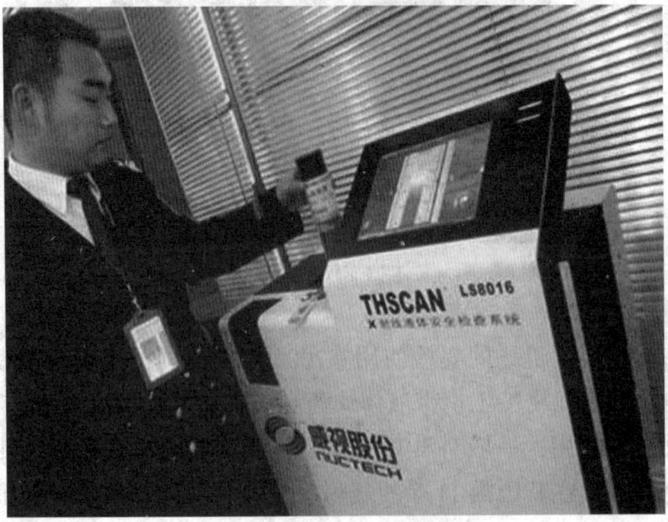

LS8016 X 射线液体安全检查系统外观图

LS8016 X 射线液体安全检查系统是我国清华同方威视自行研制成功的新型液体安检仪

器，外观就像洗衣机。它通过 X 射线，来测量液体的酸碱度，辨别液体的危险性。它能够在不打开包装的情况下 5 秒内迅速检查出爆炸性、易燃和腐蚀性液体。该检查系统适用于机场、海关、车站、港口、政府机关、邮检中心、使馆、会议等场所对随身携带液体的安全检查。目前，国内大中机场检测液体均采用这种系统，旅客携带液态物品，无须开瓶也可以安检。

(二)γ 射线违禁品探测仪

γ 射线违禁品探测仪是一种利用 Y 射线的穿透能力对隐蔽部位夹藏毒品、爆炸物、香烟等违禁品进行有效探测的便携式探测仪器。违禁品探测仪由主机、副机及其加长杆、校正器等几部分组成。

γ 射线违禁品探测仪的探测原理是：仪器利用 γ 射线穿透金属、橡胶、木质、纤维等材料，对香烟、毒品等有机物材料产生反散射，增加了进入探测器的 γ 射线的数量，从而产生较高的读数，比没有反散射高出数倍。违禁品探测仪具有灵敏度高、即时反应、容易操作等特点，是缉毒、缉私、安检、刑侦等部门使用的有效探测仪器和先进的技术装备。

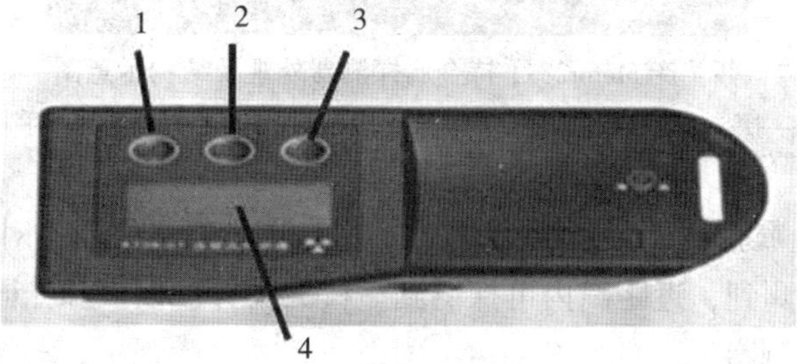

XT08-01 违禁品探测仪主机外观及结构图

1—功能设置\ 参数校正键；2—锁定显示键；3—显示模式选择键；4—LCD 液晶显示。

二、金属探测类

金属探测类器材最早出现的是战场上使用的扫雷器。此后为了对付恐怖分子经常使用的枪支弹药和爆炸装置，而发展成为包括金属探测门(俗称安全门)和手持金属探测器及扫雷器等多种器材的金属探测系统。

金属探测类器材主要是用来探测被检人、物及场所内是否有金属存在的器材。由于大部分凶器和炸弹都或多或少含有金属(如刀、雷管等)，所以当金属探测器探测到被检查物品或者场所内有金属存在时就能发出报警。各国警方都使用金属探测系统进行安全检查，该系统是目前世界各国应用最多、最普遍的安全检查器材。

(一)手持金属探测器

手持金属探测器是一种与安检门相互配合使用的安检器材，由探头和报警器(蜂鸣器或指示灯)组成。手持式金属探测器具有重量轻、体积小、便于携带、灵敏度高、使用方便等优点。

手持金属探测器利用振荡线圈的电磁感应来探测金属物体。其工作原理是：当电流通过线路板中的振荡器后，产生交流电，形成交流磁场通过线圈，当遇到有外界磁场干扰时，线圈发生感应，进行报警。手持金属探测器可以透过非金属物体，比如纸张、木材、塑料、砖石、土壤、甚至水层，探测到被遮盖的金属物体。手持金属探测器的用途非常广泛：一是能快速、准确地检查人身和小件包裹中是否含有违禁的金属物品，如枪支、刀具、爆炸物等；二是用于检测小件物品中是否含有不允许的金属物品；三是用于小面积的场地安检。

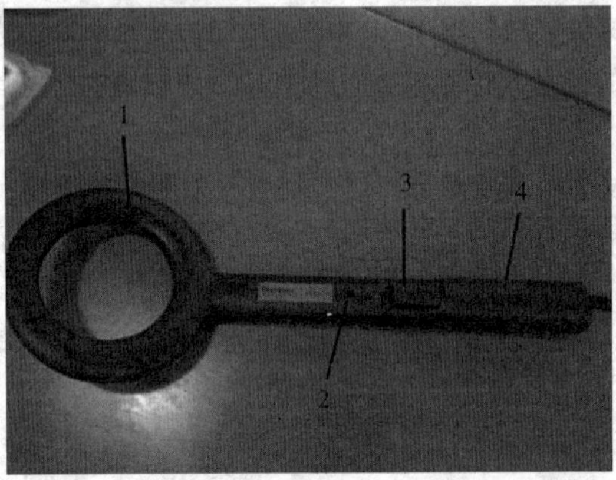

芬兰产 Metor28 手持金属探测器外观及结构示意图

1—探头；2—报警器(蜂鸣器或指示灯)；3—开关；4—手柄

Metor28 手持式金属探测器灵敏度可调，分为宏调和微调两档；对直径 20mm 的钢球在 120mm 的距离处可探测到，近距离内可探测到一枚大头针；以声和光同时报警。

(二)地下金属探测器

地下金属探测器是用于探测和识别隐埋地下金属物的一种器材。它具有探测度广、定位准确、分辨力强、操作简易等特点。除了在军事上应用外，还广泛用于安检、考古、探矿、寻找废旧金属等领域，又称“探铁器”，是废旧回收的好帮手。全球第一台地下金属探测器诞生于 1960 年，步入工业时代最初的地下金属探测器也主要应用于工矿业，是检查矿产纯度、提高效益的得力帮手。随着社会的发展，犯罪案件的上升。1970 年地下金属探测器被引入安检领域。随着国内安防行业的蓬勃发展，在安检领域，地下金属探测器产品的研发、生产和推广，近几年已获得较大进步。地下金属探测器的主要应用是：公安刑事部门快速搜查；检测原料、燃料和食品中的金属异物；检查邮件和行包中的金属物品；探查地下的管道和电缆；废旧金属回收；考古和探矿，发现隐埋在地下的金银宝物和金属文物。

地下金属探测器运用电磁感应的原理来工作。其工作原理是：利用有交流电通过的线圈，产生迅速变化的磁场，这个磁场能在金属物体内部能感生涡电流，涡电流又会产生磁场，倒过来影响原来的磁场，引发探测器发出鸣声。地下金属探测器采用声音报警及仪表显示，探测深度跟被探金属的面积、形状、重量都有很大的关系，一般来说，面积越大，数量越多，相应的探测深度也越大；反之，面积越小，数量越少，相应的深度就越小。

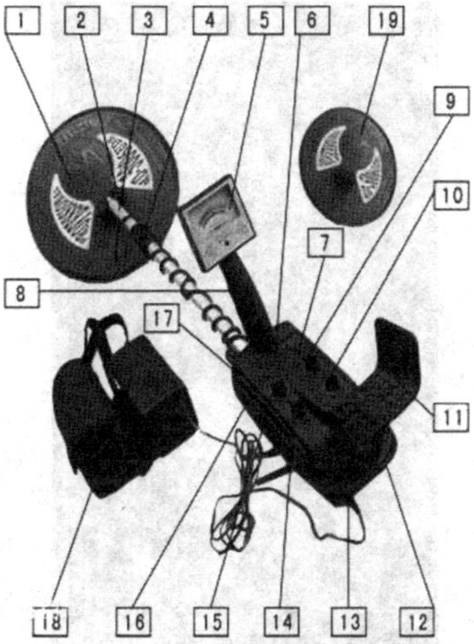

地下金属探测器的外观及分解示意图

1—探测大盘；2—探测盘紧固螺杆与螺母；3—探测杆活动部分；4—探测杆活动部分锁紧装置；5—指示表头；6—电源指示灯；7—电源“通-断”开关；8—调零按钮；9—探测灵敏度调节旋钮；10—识别功能调节旋钮；11—整机托架；12 耳机插孔；13—外接电源输入插孔；14—地平衡功能调节钮；15—临界声调节钮；16—“地平衡-识别”工作方式转换开关；17—探测盘输出电缆整机输入插孔；18—外接1号干电池盒；19—探测小盘

美国便携式高灵敏度地下金属探测器适用于探测各种土质下的磁性/非磁性金属爆炸物。无须手动校准，独有的“自动地形平衡系统”保证在各种复杂地形上排除地面信号干扰，准确探测目标。可静态/动态探测，不受运动速度影响。灵敏度高，探测深度大，能够满足最苛刻的排雷和金属武器的探测需求。该设备已被列为联合国维和部队专用产品之一。

(三)金属探测门

金属探测门，又称通道式金属探测器，简称安检门，属于一种固定安装的检测设备，能探测各种金属。金属探测门出现的原因主要有两个：一是因为X光机伤害人身，有害健康，而被国际上禁用在人身检查方面，而用安全门较为礼貌；二是用手持金属探测器检查人身或采用搜身办法效率低，又显得不文明。

金属探测门一般有六个相互重叠的网状探测区域(现在出现了八区域的探测门)，采用最先进的数字脉冲技术，相互式发射和接收装置，能精确定位被探测物品，直观显示目标物的区域位置。其工作原理是：晶振产生正弦振荡，通过分频器分频为正弦波，经由三极管与线圈进行功率放大后输入门板(7区)大线圈进行电磁波发射，再由门内区位线圈分别进行接收。接收后，将接收到的信号与基准信号进行了比较，如果有变化，系统将改变采集卡输出电平，CPU在极短时间内对区位采集卡数据进行扫描，判断金属所在区位并以声、光等报警信号的形式输出显示。金属探测门能将原有的球形有边缘的、不太稳定的磁场重新组合排列成一个新的较稳定磁场，这意味着相对其他材质来说，金属探测门具有更强的稳定性。

当被检查人员从金属探测门通过时，人身体上所携带的金属超过根据重量、数量或形状预先设定好的参数值时，金属探测门立刻报警，并显示报警区域，可让安检人员及时发现该人所带的违禁金属物品。

JT-FD 金属探测门及其六个探测区域外观图

采用弱磁场技术对心脏起搏器佩戴者、孕妇、软盘、录像带等无实际损害。VFD 技术显示通过人数、报警次数，避免了以往的 LCD、LED 显示看不清楚的弱点。各探测区域具备 100 级灵敏程序，可根据实际使用状况设定具体参数。排除皮带扣、钥匙、首饰。硬币等物品引起的误报，最高灵敏度可探测到一枚回形针大小的金属。

(四)信件金属探测仪

众所周知，不管哪一种炸弹，其起爆装置里面总会含有雷管、电池和引线之类的金属物品。信件金属探测仪就是根据这一特点设计的。信件金属探测仪在检测通道内建立探测电磁场，当有金属物通过时，电磁场参数发生变化，检测电路检出变化量，通过电路处理和单片机控制，判断是否报警。信件金属探测仪是专门检测信件、邮包内是否有金属的器材。它能无损地检测成捆信函和小件包裹，快速、准确地判断出被检物品是否含有潜在可疑物，并及时作出报警。

信件金属探测仪使用对人体无害的微弱低频电磁场，长期工作对人身无任何伤害。对邮件、包裹中的胶卷及磁性物质(磁带、信用卡、磁盘等)无任何不良影响。因此，信件金属探测仪主要用于邮局和重要部门的收发机构，快速准确地检查信函和小件包裹中的可疑函件，使邮件安全投递和拆解。其也可用于其他部门检测小于通道尺寸的物品，判断其中是否含有不允许的金属物。信件金属探测仪也是打击通过信函实施暴力犯罪的有效手段。针对目前恐怖活动日益猖獗的形势，采用该设备可加强重要部门收发机构的安检措施，对预防恐怖活动、维护社会安定有广泛的社会效益。

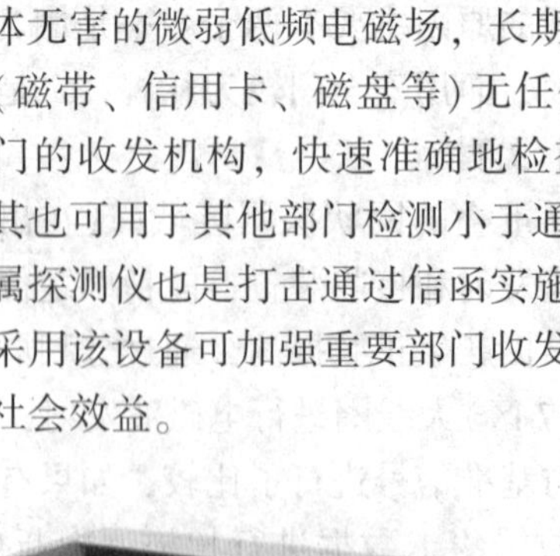

FISCAN MD70 型信件金属探测仪外观图

FISCAN MD70 型信件金属探测仪是公安部一所研发的最新产品，是为邮局、单位收发机构设计，用于检查信函和小件包裹的一种安检产品。其探测灵敏度 0~7 共 8 档，最高灵敏度检测 0.1mm 厚的铝箔测试卡。当测试卡以自由速度下滑通过检测槽时，能引起探测仪报警。FISCAN MD70 信件金属探测仪可用于邮局和重要部门的收发机构检查信函、小件包裹中的可疑函件，也可用于其他部门检测小于通道尺寸的物品，判断其中是否含有不允许的金属物。

三、炸药探测类

目前生产的炸药探测器种类很多，它们的共同特点是对炸药中含有苯、酚类成分的反应灵敏，而对硝铵类炸药和黑索金炸药效果较差。世界上生产炸药探测器的国家，都根据本国的炸药种类和恐怖分子经常使用的炸药生产炸药探测器。炸药探测的方法很多，有蒸汽压法、散射扫描法、核四极矩共振法等，有些已经有产品投入使用，有些还正处于产品的研发阶段。在痕量炸药探测领域，多款基于离子迁移谱技术的痕量炸药探测仪更趋成熟，部分产品既具有痕量采样和气体采样功能，又具有对炸药和毒品同时进行探测的双重功能。此外，基于荧光聚合物传感技术的国产痕量炸药探测仪已有产品推向市场，并在上海世博会上得到了实战应用。

(一)离子迁移谱原理炸药探测器

1. 台式痕量爆炸物毒品检测仪

台式痕量爆炸物毒品检测仪是利用光电离高分辨离子迁移谱技术，快速检测出爆炸物和毒品的专用设备。其工作原理：通过真空吸附或擦拭的方法，将极微量(痕量)的成分采集到探测器的入口中，经加热气化后，与特殊化学试剂结合，经微量放射源的作用，产生化学-电离反应。电离后的样品带电分子进入电离门，通过电离门后面的电场，使其加速漂移至样品收集器的极靶上，并记录下离子在电场中的飞行时间。因为不同物质的分子其电离带电特性不同以及分子质量不同，所以到达极靶的时间也不同，根据对各离子飞行时间的记录，判断该物质的成分。台式痕量爆炸物毒品检测仪的应用非常广泛，除了用于各种大型活动、民航、地铁等重要场所外，在政府机关、公检法系统、信访等单位也越来越普及。

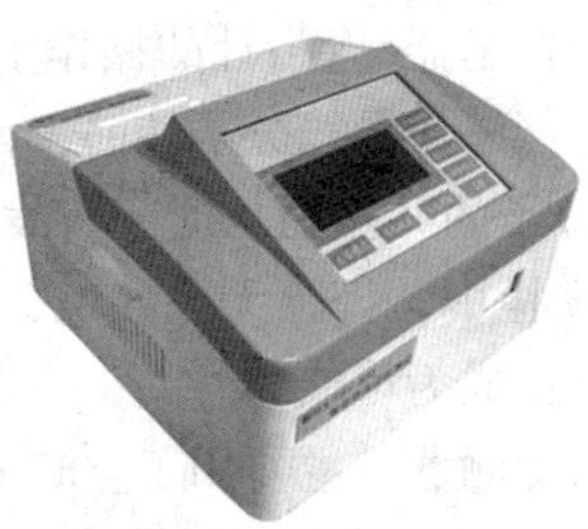

TSV-800 台式痕量爆炸物毒品检测仪外观图

TSV-800 台式痕量爆炸物探测仪不含放射源，可检各种军用、民用和土制炸药，以及毒品等。其用试纸擦拭取样，痕量颗粒，声、光、电报警模式可选，7 秒的检测分析速度。

2. 便携式炸药探测仪

便携式炸药探测仪是利用离子迁移谱技术，能快速检测出各种军用、民用和土制炸药的专用设备。仪器可对可疑物体的表面或可疑分子的手、衣服表面进行检查探测，以确定是否含有炸药残留挥发气体。其可探测的炸药种类有：黑火药、自制炸药、硝铵、梯恩梯、黑索今、太安、硝化甘油、特屈儿、奥克托今、C4 等，并可根据需要随时添加新样本。便携式炸药探测仪采用吸气和试纸(配有专用取样笔)采样，广泛应用于机场、港口、车站、边检站、大型活动等重要场所。

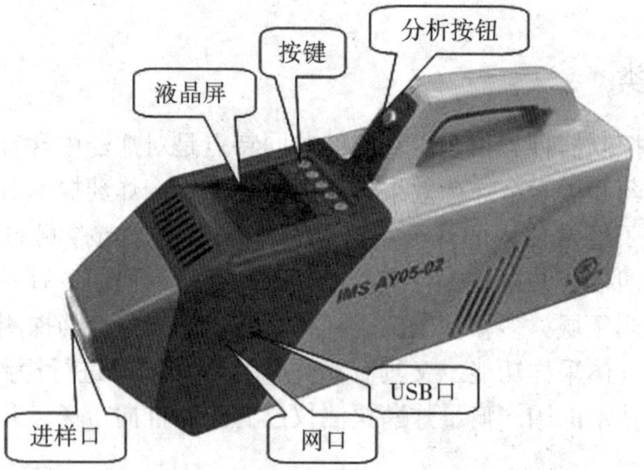

公安部三所研制的 SOSENSE AY05-02 便携式炸药探测仪外观和结构示意图

(二)分子共振原理炸药探测器

分子共振原理炸药探测器主要是利用磁性分子共振原理进行炸药的探测。目前，分子共振原理炸药探测器中较为典型的是摩尔远距离炸药探测器，如：MOLE GT200-E 远距离炸弹探测器，是由英国研发出来的。我国的远距离炸药探测技术目前仍处于研究阶段，相关的设备或仪器几乎是空白，这也是今后相关专业人员亟待解决的问题。

摩尔远距离炸药探测器由感应器主机、E(或 D)型振荡器、感应器连接线、挎包等组成。可探测军火/弹药、塑胶炸药、黑火药、雷管、乳胶炸药、橡胶炸药、水下胶体炸药、烟花爆竹等。该仪器还可以探测大麻、海洛因、迷药、鸦片、咖啡因等毒品。

摩尔远距离炸药探测器的基本工作原理是分子共振、人体静电和超低频传导技术等。其包括一个感应器，一根导线和一个振荡器(含指针的操作手柄)。当这些器材和人体相连时，便能发挥作用。静电经过导线时，能够使导线分子转向，因为那时导线实际上变成了一个磁体。“磁化”的导线进入两个相同分子的共振磁场时，将发生转向，指示两个分子物体之间的“线路”，即指向目标方向。在安检中，排除无关区域、锁定危险区域是非常关键的。该系统使远距离、大目标区域进行扫描成为可能。

摩尔远距离炸药探测器是区域探测器，主要用于空旷地段的场地安检而锁定目标。其探测距离较远，空旷地带可达 300~500 米，穿透建筑物的有效距离为 50~100 米。如果增加操作人员的静电，可提高测试的准确率。人体静电在操作人员疲倦或有压力时会降低，使探测准确率降低。为增加人体静电，可以用脚底多摩擦地面几下或用手摩擦头发即可使静电突然增加，从而使操作人员能够正常工作。

不过，近年来，该设备的科学性和准确性等方面也在业内引起较大的争议，并有退出市场的趋势。

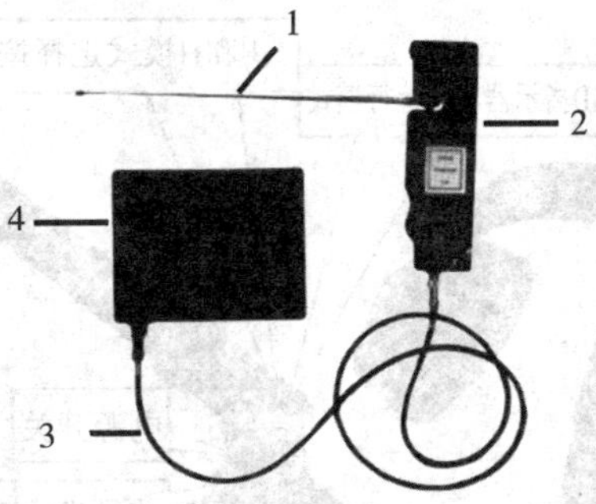

英国 MOLE GT200-E 远距离炸弹探测器外观和结构示意图
1—感应天线；2—感应器主机；3—感应器连接线；4—E 型震荡器

四、电子听音器

电子听音器是专为军警排爆专家探测可疑物中的爆炸装置设计的，所以也称为定时炸弹探测器。电子听音器的工作原理是将钟表、定时器等的声音低频放大、滤波，变为人耳朵能够听到的频率，实现探测的目的。

排爆人员利用电子听音器，可以探测到爆炸装置中的机械计时器，其灵敏性强，可信度高。电子听音器可以分为接触式和非接触式两种类型。它的一大优点就是不会接受到通过空气传播的声音的干扰，常用于嘈杂的环境中作业。

(一)接触式电子听音器

接触式电子听音器是利用固体间传感振动波的原理研制成的探测器。它由接触式传感器(探头)、滤波增强系统、耳机等组成。使用时必须将探头直接接触被检物体(固体)表面。如果该固体内有钟表等定时装置，就能被探测出来。接触式电子听音器性能较为稳定，操作方便，在 20 世纪 90 年代以前被广泛用于安检领域。如德国的 MEL70、MEL80 等。

(二)非接触式电子听音器

非接触式电子听音器是利用空气传播声音的原理研制成的，它不需要与被检物直接接触，只需将探头对准就可以探测。非接触式电子听音器一般由非接触式传感器(探头)、滤波增强系统、耳机组成。进行搜索检查时只需将非接触探头靠近被检查的物体即可。一般非接触探头能够透过固态电介材料，如车窗、薄墙、办公家具和木质、塑料及纸板包装材料进行搜索。其可探测隐藏在各种包装物中和各种遮盖物下的钟控定时引爆装置。适用于机场、车站、海关、港口以及重要的公安全保卫部门的安检工作。

由于非接触式电子听音器能够大大节省安检的时间和强度，其已经逐渐取代接触式电子听音器在安检领域被广泛使用。

俄罗斯 ANKER-4E 电子听音器包括：电子机械探测装置(H)、电子时钟探测装置(E)、气传导接触式耳机，低噪声扩音器、过滤器和微型处理机等组成部分。电子机械探测装置(H)、电子时钟探测装置(E)分别置于主机内部。该设备根据探测物体的信号强度不同分别设计了电子机械式装置(H 档)及电子式时钟装置(E 档)，使用者可通过耳机来监听其探测结果。最大探测距离(依据不同信号的强度)：机械式时钟装置为 20～100cm；电子机械式装置(H 档)为 15～40cm；电子式时钟装置(E 档)为 1～5cm；电子遥控器(H 档或 E 档)为 3～10cm。

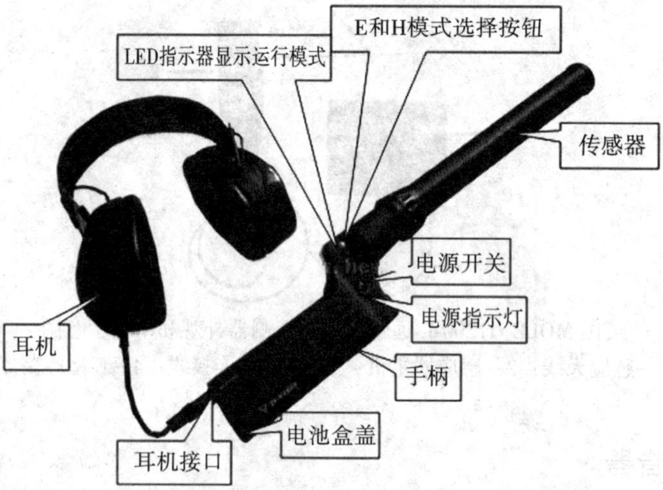

俄罗斯 ANKER-4E 电子听音器外观及结构示意图

五、非线性节点探测器

非线性节点探测器就是在探测区域内发出高频波，激发各种定时、遥控器、窃听器的非线性节点上自激回波，用探测器上的接收器捕获到各种振荡回波，以达到探测的目的。

非线性节点探测器的工作原理是：通过设备的发射端向目标区域或目标物体发出 S 波段的高频基波（2.45-3.6GHz），由接收端捕获来自目标物体所产生的二次谐波（7~7.5GHz）和三次谐波（10~10.6GHz），运用人工智能领域中的模糊识别算法和自学习算法对谐波信号进行分析和处理后，给出基波发射前后的谐波变化规律，从而能够有效地识别出带有非线性结的电子设备。非线性节点探测器在前车臣总统被预埋在混凝土中的炸弹炸亡之后，日益得到了安全部门的认可，广泛用于主席台，领导住地等的安检活动中。其可应用于军事侦察、反恐防暴、监狱违禁品搜查、刑侦技侦、搜救搜查、追踪搜索、考试高科技作弊预防、保密会议排查、隐私保护等领域。在对场所进行安检的时候，只要对着目标物进行近距离的探测（像工兵扫雷一样）。如果被探测物体内有窃听、摄像头，探测器会立即发出报警声，提醒安防人员进行排查。在很多时候，非线性节点探测器发挥着 X 光机、金属探测器等传统安检设备无法取代的作用。它最突出的作用在于它能探测隐藏在墙体内的物体。而这一点是 X 射线和金属探测器无法做到的。当然，非线性节点探测器也不是万能的。在安检时，由于对电器内部天生的敏感，非线性节点探测器会对探测物体内部的晶体二极管产生误报。比如，用其探测墙体时，会对建筑物装修时遗留在墙体内的晶体二极管进行误报，造成安防工作失误。

目前，世界上能生产非线性节点探测器的国家有：英国、美国、俄罗斯和中国。国内非线性节点探测器品牌有：卡姆亨特、麦格弗尔、安仕达等。其中采用 S 波段的品牌有 CALMHUNT（卡姆亨特）、MAGNIFIER（麦格弗尔）和 LORNET（劳奈特），其中卡姆亨特和麦格弗尔侧重于准确性和探测距离，劳奈特偏重便携。国外非线性节点探测器品牌有：NTS、PPE、爱马啼等。

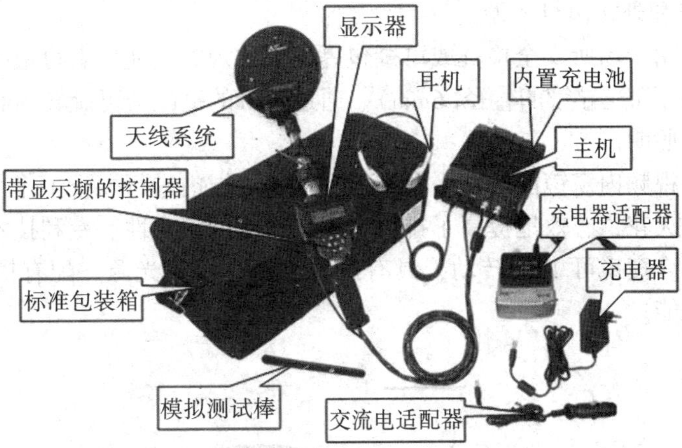

俄罗斯 NR-900EMS 非线性节点探测器外观及结构示意图

俄罗斯 NR-900EMS 非线性节点探测器用来搜寻隐藏的窃听设备、起爆装置及其他含有半导体元件的类似设备。其可能为：无线电话筒、传声放大器、有线话筒、红外或超声数据及控制通道装置、录音录像机、起爆装置等，且不管检查对象是开机、待机、还是关机都可以准确定位。NR-900EMS 非线性节点探测器可同时接收二次、三次谐波信号，可轻易发现危险物中的半导体元件和金属。其广泛用于公安、特警、武警、监狱以及主席台、领导住地等的安检活动。

利用非线性节点探测器检查沙发内可能暗藏的电子起爆或窃听装置

六、其他检查器材

(一)窥镜系列

窥镜通常由探头、镜管、光源、监视系统组成。利用的是镜面反光光学原理。使用时模仿医学上胃镜的操作方法，将探头(较小，能 360°旋转)探入被测物内，在自带光源的照射下，通过监视系统(一般是目镜或者介入小型监视器)就可将被测物体的内部情况看清楚。根据镜管的曲直程度，窥镜可以分为软管窥镜和直管窥镜。

软管窥镜可用于场所安全检查或可疑包裹内部的观察。使用者可根据需要选择窥镜的长度(500~2000mm)和光导管的直径(2.9~6mm)。标准配置长度 1500mm，直径 6mm，四路可调节观察角度120°和外接卤灯光源。

直管观察镜可用于场所安全检查或可疑包裹内部的观察。使用者可根据需要选择窥镜的长度(500~2000mm)和光导管的直径(6mm)。通过附带的适配器可旋转360度观察，黑暗处可使用外接的光源照明。

美国排爆专用视频内窥镜能够在人员不能到达的区域内进行探查工作。独特的绝缘探头设计能防静电、无火花，有效地提高了排爆、搜查作业的安全性。专利技术转矩过载保护系统，防止光缆断裂。窥镜可130°转动，具有红外、白光探测光源。配有摄录像设备和图像处理、光学放大功能。

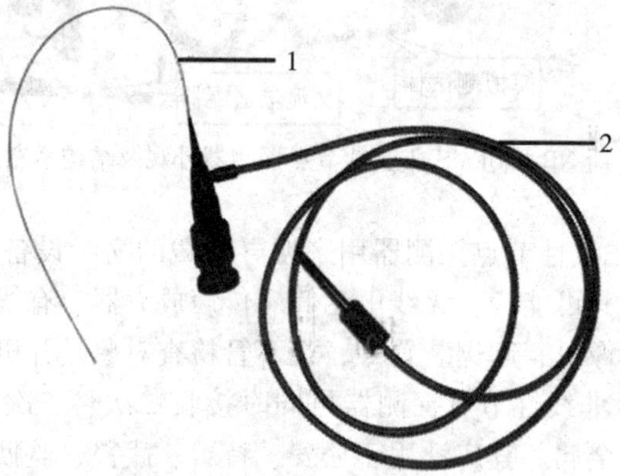

针式软管内窥镜外观和结构示意图
1—光导管；2—窥镜

(二)检查镜系列

检查镜是专为安检人员设计的，用于检查建筑物的高处、低矮边角处等不方便检查地方和部位的安检器材。这些镜子的共同特点都是适用、自带光源。常用的检查镜系列包括：组合检查镜、伸缩臂检查镜、车底检查镜等，以满足不同场合的检查需求。

1. 组合检查镜

组合检查镜包括各种型号的检查镜，可配合伸缩手柄和各种定长手柄使用，组合方便。

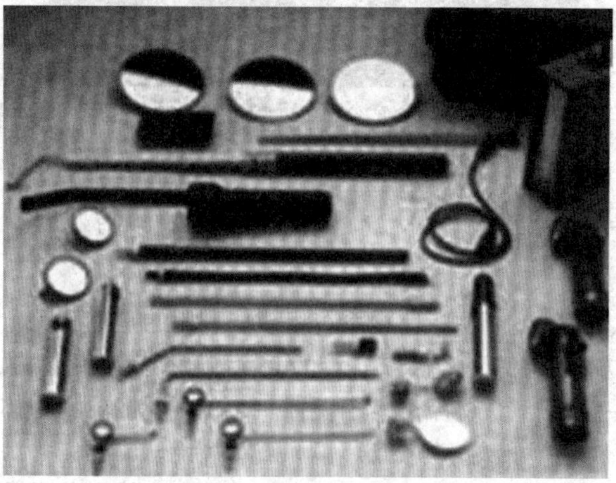

组合检查镜外观图

2. 伸缩臂检查镜

伸缩臂检查镜由伸缩杆、镜子和 LED 强光手电组成。伸缩杆通常采用铝合金材料制成，镜子镶嵌在纯铝材料中。

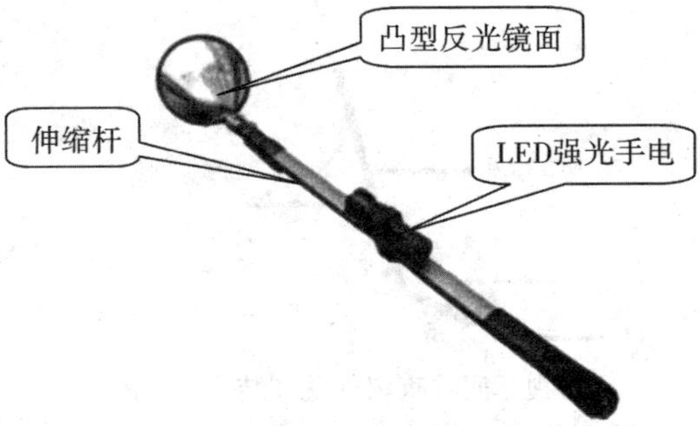

伸缩臂检查镜外观和结构示意图

3. 车底检查镜

车底检查镜是针对车辆底部以及桌椅底部、管道内部、树丛间等人体不便到达的位置进行安检的实用性很强的设备。其由伸缩柄、安装脚轮的观察镜、电池、照明灯、腰挎包和连线组成。其配置的照明灯可增强观察效果，具有重量轻、操作简便、便于携带等特点，是安检中不可缺少的设备。

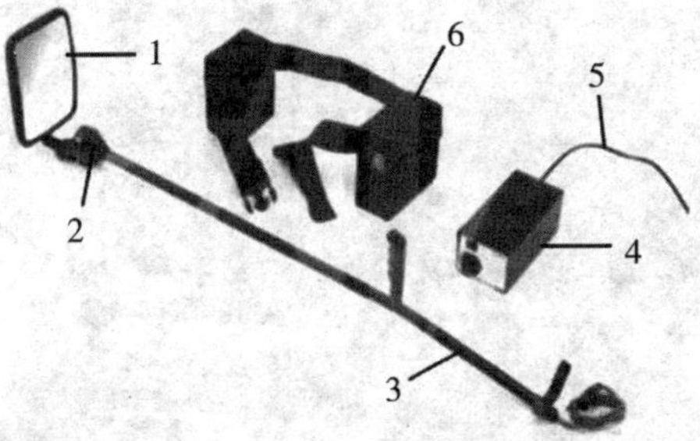

车底检查镜外观和结构示意图

1—安装脚轮的观察镜；2—照明灯；3—伸缩柄；4—电池；5—连线；6—腰挎包

4. 可视车底检查仪

可视车底检查仪是车底检查镜的升级版。其就是把车底检查镜的镜子，替换成了一个摄像头，并配备液晶显示屏。可视车底检查仪采用三节伸缩式拉杆，使安检人员在人眼无法看到的地方和人身无法进去的地方，都能清晰地看到视频图像。自带红外补光，即使是在夜晚，也能正常工作。可视车底检查仪适用于机场、码头、海关、监狱、军事禁区、酒店等安检区域对汽车底盘进行检查。

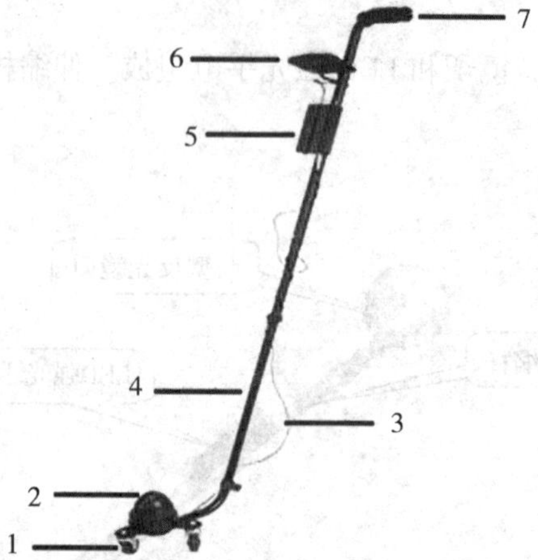

可视车底检查仪外观和结构示意图

1—万向轮；2—CCD 摄像头；3—信号线；4—连杆；5—电池；6—显示器；7—手柄

(三)炸药喷显剂

不同的炸药遇到一些特殊试剂有不同的颜色反应。依据这一原理研发的专门用于定性检查，确定被检查目标(人或物)是否沾有炸药的——炸药喷显剂。它主要由还原试纸组成。使用时，对被检目标上可能沾有炸药的部分用还原试纸涂抹，然后用药水喷显，通过观察试纸颜色的变化，来确定被检目标是否沾有炸药和炸药的种类。

目前，我国安检部门使用的炸药喷显剂主要是北京市公安局刑科所和英国生产的产品。

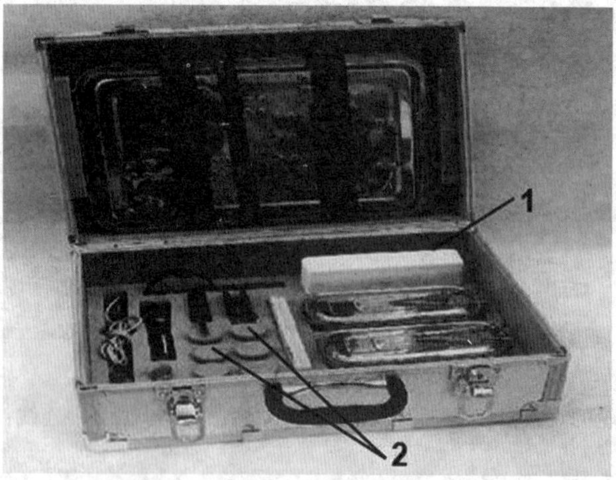

爆炸现场勘察箱中的炸药喷显剂

1—炸药专用采样纸；2—炸药喷显剂

第二节 防护器材

防护器材是排爆人员在爆炸现场对人和物进行防护的专用器材。

一、排爆服

排爆服是能够防护爆炸后产生的超压、碎片、冲击波，对排爆专家进行全方位保护的特殊服饰。一旦发现可疑爆炸物，就必须去排除、移走、销毁、以免造成更多的人员伤亡和财产损失。排爆人员在爆炸现场实施排爆作业时必须穿着排爆服，其应具备防爆炸破片、防冲击波、防光波、防火焰速燃、防超压等对人体造成伤害的功能。一般包括：头盔、面罩、活领上衣、裤子、护脖板、护胸板和护腹股板等。排爆服多用高性能的防弹纤维，如“凯夫拉”(Kevlar)纤维、“特沃纶”(Twaron)纤维、高强聚丙烯纤维、压缩陶瓷材料等制成。排爆服对破片的防护能力较强，但主要的问题是对强冲击波防护效果不佳。曾有人将 Kevlar 纤维用于冲击波防护，结果不仅起不到防护作用，反而加重肺冲击损伤。因此需要在 Kevlar 纤维与人体之间设置一层缓冲层，用以削弱冲击波对人体的作用。一般排爆服比较笨重，有的重达 40kg。目前，各国使用性能最好的排爆服是：英国研发的 MK 系列排爆服；加拿大研发的 EOD 系列排爆服。

英国 MK5 排爆服由凯夫拉纤维制成，纤维外面是诺梅克氏 111 型防水，防火材料。组成：带有护领的上装；下装；冷风机及充电器；带有防护面罩的头盔；通信系统；颈部防护板；护胸板；服装袋；护裆板。选件：水冷系统。MK5 排爆服能防护弹片、高压、冲击、和高温等多项破坏。北约和世界许多其他国家广泛使用此排爆服。排爆服的重量：带插板约 30kg；不带插板：约 15kg；头盔：约 4. 7kg。

英国 MK5 排爆服外观图

加拿大 EOD9 排爆服采用全新防护材料和模块化防护组合，提供更高的防护能力。头盔采用了最新军用头盔材料，更加坚固，有面罩、通风系统、智能通讯系统和腕部控制器等配件；上衣整体夹克式设计，增加了腹股沟防护组件，保证全面的防护但不失灵活性，前部和腹部都有护板，采用最新复合材料防护板，质量轻，防护能力高；裤子采用的是先进的模块式硬防护，按照人体结构形状，分成大腿和小腿 4 个模块，连接部分进行重叠防护，下蹲时，小腿模块上端竖起，能够形成对膝关节的保护，防护能力更高。排爆服配有脊椎防护器、静电消除装置和手部防护手套等附件。

加拿大 EOD9 排爆服外观图

排爆头盔靠颈部支撑是国外排爆服的最大弱点。国外排爆服都配套一个封闭的头盔，数公斤重的头盔的重量靠颈椎来支撑，戴上头盔 20 分钟后，就会造成排爆专家头晕、恶心，头盔一戴上人的智商就会降低 50%。头盔封闭呼吸困难，头盔设置了风机向头盔内供空气，风机的噪声让人紧张，降低排爆人员的智商。胸插板是独立插在胸前口袋中以粘扣固定，胸插板面积小，缺点是结合不牢固。头盔与胸插板间无硬性防护，护颈软片不能阻挡受冲击时头盔不动头部急速后仰。

国产排爆服通过固定在胸腹防弹插板上的弧形透明防弹板来提供头部、面部及颈部的高等级防护，不用佩戴防弹头盔。弧形透明防弹玻璃和胸腹插板的重量通过肩部承担，与排爆服结合成一个坚固的整体，穿戴时颈部不受力，可长时间穿戴。一旦遇到爆炸物爆炸，其冲击波会推动排爆服包括胸腹防弹插板和固定在其上的弧形透明防弹玻璃组成的活动人体盾牌将人整体推到，人后仰时，额头会因为惯性向前碰到防弹面罩上，而不会后仰，不会造成颈椎、头部、面部伤害，弥补了其他国家排爆服颈部负担重、排爆时极易造成颈部伤害的缺陷。弧形透明防弹玻璃可分导 85%以上的冲击波和声波。如：北京君安泰防护科技有限公司生产的 PBF-4/2 型排爆服，用刚性防弹面罩和大面积胸腹插板组成的移动盾牌对头部、颈部、胸部、腹部高等级防护，产品已获国家专利权，并通过公安部警械服产品质量监督检验中心的检测。

二、搜爆服

搜爆服是搜爆人员在涉爆现场用于搜索爆炸物品和排除低当量爆炸物品时所穿着的防护装备。搜爆服一般由凯夫拉纤维材料制成，外面可以涂上诺梅克斯 111 等阻燃剂。与排爆服相比重量更轻、活动更灵便、穿着更舒适，提供全身保护，适合于搜索爆炸物品，特别是大范围内的搜爆行动。

英国 SE153 搜爆服是 MK5 排爆服的系列产品。组成：臂部有可调节的袖子，与上衣分开，活动自如；上衣提供提供前、后、侧、肩及颈部防护；有防护插板，胸前留有可以插入加强防护板的口袋并加插板；长裤为腿提供最大的防护，且保证腿部活动自如；头盔及面罩与搜爆服的高领相连接。

英国 SE153 搜爆服外观图

三、防化服

防化服是在有易燃易爆危险品和腐蚀性物质的现场，为保护安检人员免遭侵害而穿着的防护服装。防化服采用经阻燃增处理的丝绸布，双面涂覆阻燃防化面胶，制成遇火只炭化，不产生熔滴，能保持良好强度的胶布作为主材，经贴合-缝制-贴条工艺制成服装主体和手套，并配以阻燃、防化、耐电压、抗刺穿靴构成成套服装。

RHF-I 阻燃防化服

RHF-I 阻燃防化服是消防员、抢险人员、特种工作业人员进入危险性化学药品和腐蚀物质的场所进行灭火、抢险、操作时穿着的防护服装。

四、辐射防护服

辐射防护服是指由特殊材料制成的，用于阻止环境中的辐射对人体造成伤害的衣服。辐射对人体的危害较大，其中电磁波辐射和中子辐射比较难防护。辐射防护服的材料有金属纤维及其混纺交织织物、真空镀层织物、金属涂层织物、硫化铜织物、化学镀金属织物等。辐射防护服包括帽、衣、裤、围裙、套裙、鞋罩等，有防止或者减轻紫外线、X 射线、微波等辐射的作用。目前，世界上已生产出的辐射防护服有四种：紫外线防护服、微波防护服、X 射线防护服、中子辐射防护服。

(一) 紫外线防护服

紫外线(ultraviolet light)，又称紫外辐射，是波长为 100~400nm 的电磁辐射。它分为长波紫外(UVA)、中波紫外线(UVB)、短波紫外线(UVC)。波长范围在 100~400nm 的太阳光紫外线辐射，紫外线 A 段波长范围为 315~400nm，这部分生物作用较弱，主要是色素沉着作用；紫外线 B 段波长范围为 280~315nm，此部分对人体影响较大，主要作用是抗佝偻症和红斑作用，是引起皮肤癌、白内障、免疫系统能力下降的主要原因之一；紫外线 C 段波长范围为 100~280nm，几乎被臭氧层吸收而不能到达地面，只有在人工环境中会制造出来，如激光设备以及电磁设备。太阳光谱中的紫外线不仅使纺织品褪色和脆化，也可使人体皮肤晒伤老化，产生黑色素和色斑，更严重的还会诱发癌变，危害人类健康。紫外线辐射对人体的危害越来越引起世界各国的重视，澳大利亚等国家明确要求学生服装等具备防晒功能，我国也制定了纺织品抗紫外线标准。

当前紫外线防护服所用的防紫外线面料包括棉、麻、丝、毛、涤棉和锦纶等织物，这些织物对 180~400nm 波段的紫外线(特别是 UVA 和 UVB)有良好的吸收转化、反射和散射作用。防紫外线防护服的防护原理是：防紫外线面料吸收高能量的紫外线，通过分子能级的跳跃使之向低能量转化，变成低能量的热能或波长较短的电磁波，从而降低日晒强度，消除紫外线对人体和织物的危害。紫外线防护装备有：紫外线防护连体服、紫外线防护连体衣、紫外线防护大褂、紫外线防护视窗头罩、紫外线防护面屏、紫外线防护眼镜、紫外线防护手套、紫外线防护靴套等。

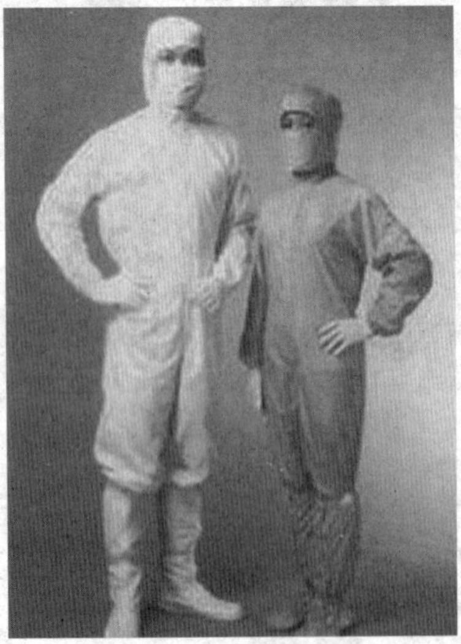

紫外线防护连体衣外观图

(二) 微波防护服

微波防护服是防御微波辐射对人体引起伤害的防护服，包括帽、衣、裤。微波技术被广泛应用于国民生产和日常生活中，诸如航空航天、通信、机械加工、木材加工、食品、医疗等行业，微波辐射会对人体造成不同程度的伤害，因此各种微波高温作业场所配穿微波防护服是一种有效的防护手段。

微波防护服主要是依据金属反射屏蔽微波的原理进行防护。微波防护服利用织物的金属化对微波的反射和吸收，来达到衰减或消除作用于人体的电磁能量，从而防止大功率雷达和类似场所的电磁辐射对人体产生的有害生理作用。微波服选用涤棉纱为基布，采用化学沉积和复合镀的工艺在织物纤维表面“镀”上一高导电金属层，通过织物金属化所形成的良好导电性能，使织物具有良好的抗微波辐射功能，同时保留了织物的柔软性与透气性，并保持布料的基本特性。微波防护服能有效屏蔽雷达、电视和广播的发射塔、手机基站及各类微波波段电子设备产生的微波类电磁辐射。微波防护服为三层结构式，以金属化织物为屏蔽层，外加涤棉为面料，内缝尼丝纺为里垫，而且相互之间用纽扣来脱卸，面料布可单独洗涤。夹层微波防护服应采用可御式结构。穿着时，左右门襟应有一定的重叠，领口的设计应考虑对甲状腺部位的防护。

微波防护服外观图

（三）X 射线防护服

X 射线是波长介于紫外线和 γ 射线间的电磁辐射。X 射线是一种波长很短的电磁辐射，其波长约为$(20\sim0.06)\times10^{-8}$厘米之间。由德国物理学家 W. K. 伦琴于 1895 年发现，故又称伦琴射线。伦琴射线具有很高的穿透本领，能透过许多对可见光不透明的物质，如墨纸、木料等。X 射线照射到生物机体时，可使生物细胞受到抑制、破坏甚至坏死，致使机体发生不同程度的生理、病理和生化等方面的改变。

X 射线防护服一般由铅橡胶、铅塑料和其他复合材料制成，防护服表面和内衬应有不含铅的橡胶、塑料或易于清洗和消毒的织物覆盖层，避免使用者直接与含铅防护材料接触。X 射线防护装备有：X 射线防护衣（连体衣、分体衣，以及无袖、半袖、长袖等类型）、X 射线防护帽、X 射线防护眼镜、X 射线防护面罩、X 射线防护手套、X 射线防护围裙等。

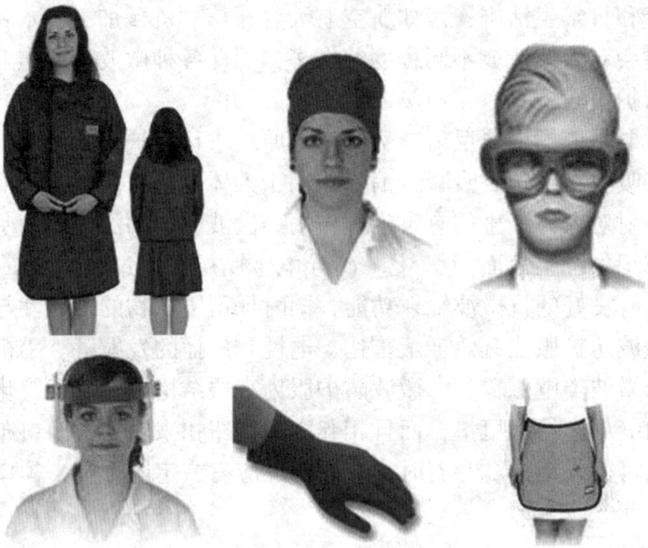

X 射线防护装备外观图

(四)中子辐射防护服

中子辐射防护服一般采用面料和复合中子辐射屏蔽材料(简称屏蔽材料)制成，柔韧性好，穿着舒适。辐射屏蔽材料是一种对中子流具有突出抗辐射性能的特种复合织物。这种织物在高能的中子辐射下，仍能保持较好的机械性能和电气性能，同时还能保持良好的耐高温和阻燃性能。中子辐射防护服给穿着者提供其正面、背面和侧面的全面防护，包括脑部、眼部、面部、颈部、胸部、腹部和裆部的防护。由国内辐射防护器材各大龙头企业合作所研发的中子防护布料，单层中子防护材料对热中子的屏蔽效率高达 64%。中子防护服主要用于涉及中子测量的石油测井、地质勘探、煤炭工业、道路建设等领域的人员，以及运用中子刀操作的医护人员和患者的防护。此外，仪器校准、军用导弹维护、核反应堆厂房、核原料提炼场、坦克与装甲车乘员、国防舰船修造人员和防化兵指战员也应穿着中子防护服。

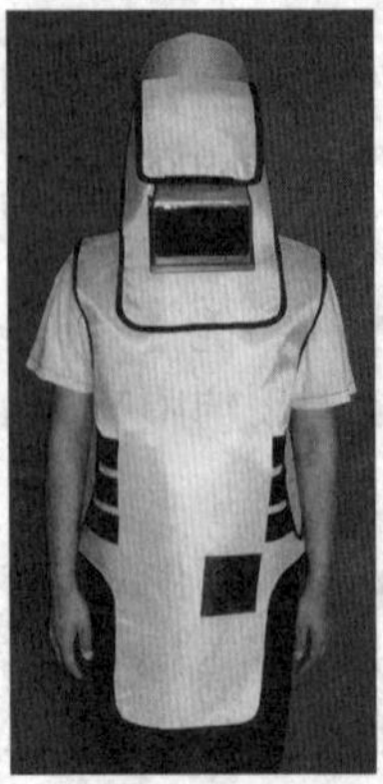

“潜望式”中子防护服外观图

国产“潜望式”中子防护服的辐射屏蔽材料是以防中子辐射纤维织物为基材，加上 2 种减缓剂和 4 种吸收剂组成的致密涂层。其防中子辐射性能优异，对热中子防护屏蔽率高达 80%以上，屏蔽效率远远高于日本生产的中子防护服。

五、防爆毯和防爆围栏

防爆毯是由多层非金属软质纤维材料制成，能够有效减小爆炸物爆炸时所产生的冲击波和破片对周围人和物造成伤害的临时防护装置。防爆毯使用防破片性能优越的芳纶或超高强度聚乙烯纤维制作，并采用特殊的缝制工艺以保证对爆炸产生的破片的充分吸收。硬质材料由于可能会产生破片或飞溅物，因此禁止用于防爆毯中。由于爆炸时会有气体产生的强烈冲击波，因此防爆毯中央开有泄爆口，以降低防爆毯爆炸时的升空高度。防爆围栏是用于爆炸物的隔离、保护的专用抗爆装备，一般也由多层非金属软质纤维材料制成，用于临时隔离爆炸物。

防爆毯和防爆围栏可以单独使用，也可以配合使用。在公共场所，专业人员和非专业人员都可以进行操作。在涉爆现场中，先期处置人员先用防爆围栏罩住爆炸物(尽量将可疑爆炸物置在其中心位置)，然后用防爆毯覆盖在防爆围栏上(防爆毯也尽量铺向其中心)，静待专业排爆人员到现场进行排爆处置。特别要注意的是：单独使用防爆毯覆盖爆炸物时，必须要将防爆毯架起来，保证其与爆炸物之间有一定空间的同时完全覆盖爆炸物，否则防爆毯里面充满了各种纤维，若将其直接铺在爆炸物上，万一发生爆炸，这些纤维同样会成为爆炸物的帮凶，祸及无辜。

防爆毯和防爆围栏主要用于爆炸物的隔离、临时储存及处置爆炸物品，是公安、武警、民航、铁路、港口、海关等安检部门必备的装备。防爆毯在炸药的作用下会飞到高空，因此其不适合在人多或有封顶的场所使用。

防爆围栏外观图

防爆毯外观图

六、频率干扰仪

频率干扰仪是一种利用无线电干扰来屏蔽无线电通讯仪器，抑制无线遥控爆炸物起爆的专用防爆设备。频率干扰仪通常在发现爆炸物的现场使用，屏蔽局部范围内的通讯信号(玩具遥控器、汽车遥控器、传呼机、手机等)，防止遥控爆炸装置爆炸。频率干扰仪分为便携式频率干扰仪和车载式频率干扰仪两种。

便携式频率干扰仪外观图

车载式频率干扰仪外观图

第三节　处 置 器 材

处置器材是排爆专业人员在现场处置爆炸装置时使用的专门器材。

一、排爆专用工具箱

为了排爆现场作业的方便，各国排爆专业人员纷纷配置了进行手动排爆的专用工具箱。

排爆专用工具箱中的排爆工具要能防爆，所以排爆工具也叫防爆工具。防爆工具国际统称“安全工具”和“无火花工具”，国内统称“防爆工具”。在国内生产、销售、流通的防爆工具以材质区分可分为两大类：铝铜合金(俗称铝青铜)防爆工具，具体材质是以高纯度电解铜为基体加入适量铝、镍、锰、铁等金属，组成铜基合金；铍铜合金(俗称铍青铜)防爆工具，具体材质是以高纯度电解铜为基体加入适量铍、镍等金属，组成铜基合金。这两种材质的导热、导电性能都非常好。铝青铜经热处理后其硬度和耐磨性，与铍青铜相差无几都能达到HRC30°以上，只是铝青铜的磁性略高于铍青铜，但都属于微磁范围，铝青铜、铍青铜均可应用于强磁场环境。防爆工具以制造工艺区分也可分为两大类：铸造工艺，属传统制造工艺，是20世纪80年代国际通用制造防爆工具工艺技术，在国内大多数防爆工具生产企业一直沿用至今，优点是工艺简单、制造成本低，缺点是产品密度、硬度、抗拉强度、扭力较低，气孔、沙眼较多导致产品使用寿命较短；锻造工艺，国际最新制造工艺，是利用大型压力机或冲床，配合高耐热成形模具一次性锻压制成，优点是能使产品密度、硬度、抗拉强度、扭力大大提高，基本杜绝气孔、沙眼，使产品机械性能使用寿命比传统铸造工艺长 1 倍左右，缺点是产品设备、模具投资较大，致使成本较高。

排爆专用工具箱中的工具种类很多，通常可以按照其用途进行分类。其工具一般可以分为三种类型：一是无磁工具组，用铍铜合金制成，由于没有磁性，可防止工具与物品接触产生静电和磁感应，从而引爆感度较高的炸药；二是绳钩工具组，用于远距离移动的一种辅助工具；三是汽车破窗和开门工具组，可远距离破窗或开启各种类型车门，最大限度减少排爆员进入车内时可能遇到的危险。

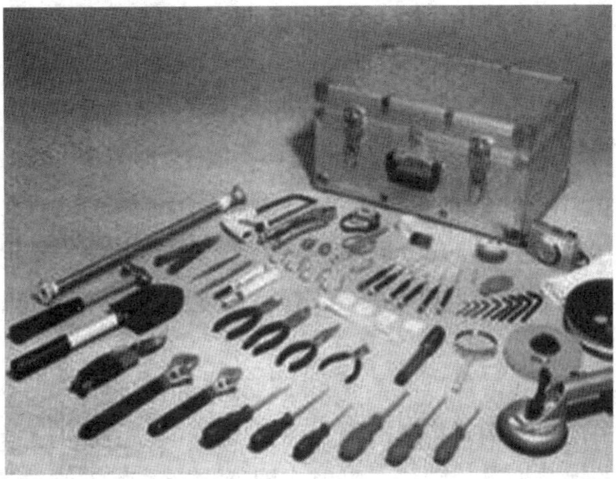

国产排爆专用工具箱外观图

国产的排爆专用工具箱是由公安部一所研发的。该排爆工具箱内配有绳、钩、套环、吸盘、涨杆等 36 种排爆中常用的工具。另外，8 件套的无磁工具组，全部由铜铍合金制造，可避免由于磁性吸引而导致爆炸。

二、电动排爆机械手

电动排爆机械手是指在排爆作业时，排爆人员用于抓取和移动爆炸物，并带有近距离可视功能的电控排爆设备。其实现了排爆人员远距离安全转移爆炸物的功能。电动排爆机械手由机械手、机械臂、电池盒、控制、三角支架等装置组成。通常其机械臂由碳纤维空心臂杆拼接而成，机械手固定在机械臂的一端，机械臂的另一端采用电池配重。机械臂上装有背带，可将其挎在肩上。控制装置设置有开合和旋转控制，能使机械手进行开合和旋转，并结合 LED 显示器实现机械手的精确操作。配备可伸缩三脚支架，使抓举物品移动更加稳定，更小程度地减少了排爆过程中的爆炸危险。排爆杆采用有缆电动控制机械手的夹持，可以任意角度抓取和夹持二三十公斤左右的重物，延伸长度可达 4~5 米。通常由于配备了远红外摄像系统和蓄电池，在夜间没有任何光线的地域，电动排爆机械手同样可以进行排爆工作，最长使用时间可达到 5 个小时以上，充满一次电足可以进行 30~40 次排爆作业。电动排爆机械手广泛应用于安检排爆和特警反恐行业，也用于其他危险行业，比如化工行业用于移除人不可直接接触的危险化工用品。

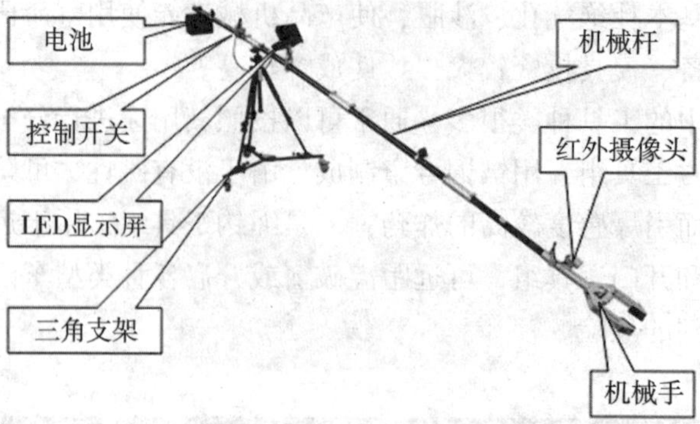

电动排爆机械手外观和结构示意图

三、液氮冷冻系统

液氮冷冻系统是利用压缩空气将超低温的液氮注入爆炸装置，使其迅速冷却无法起爆的处置器材。液氮温度在零下196摄氏度。用液氮深度冷冻的方法，可使某些爆炸装置在一段时间内失效，以便在其失效状态下进行安全处置。实验表明：液氮能使电池失效约90秒，使机械走动装置停走约3秒。

液氮冷冻系统包括浸泡式液氮冷冻系统和喷射式液氮冷冻系统两种。浸泡式液氮冷冻系统由液氮罐和保温桶组成，使用时将液氮倒入保温桶内，然后将可疑爆炸物放入保温桶内浸泡，并将装有可疑物的保温桶迅速转移。喷射式液氮冷冻系统主要由带喷嘴的液氮罐组成，使用时，直接将液氮罐喷嘴对准可疑物喷射，直到可疑物冷冻为止。

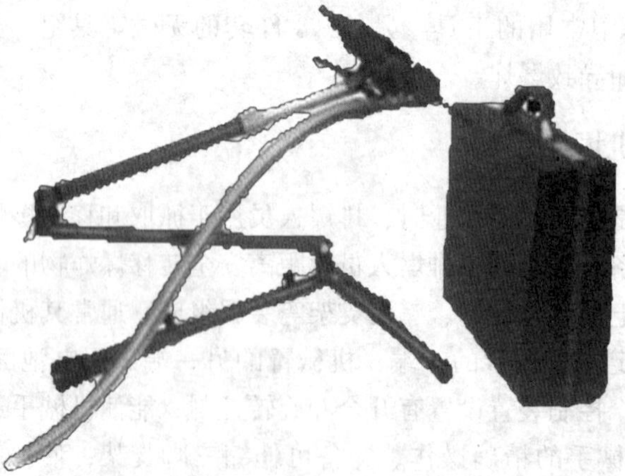

喷射式液氮冷冻系统外观图

四、爆炸物销毁器

爆炸物销毁器，也叫水炮枪，由枪身、支架、点发火装置等部分组成，配有多种弹种。其用高压水或其他物质高速喷射以达到销毁爆炸物的目的，用于破坏各种简易包装的、不宜由人直接拆除的危险品和爆炸品。爆炸物销毁器的使用过程是：将枪管前端装上水，用塑料盖密封，后端装上枪弹，然后架好水枪使之对准爆炸物，启动点发火装置远距离点火，当后端的弹药被点燃后，产生高压，推动前端的液体形成高压液体流射线爆炸物。爆炸物的外包装及内部组件在高压水流下解体，而不会发生爆炸现象。爆炸物销毁器可以单独使用，也可以安装在排爆机器人上使用。该设备装备有激光红点瞄准装置，当执行排爆任务时，只需将激光红点瞄准可疑爆炸物，并调整枪口与可疑爆炸物之间的距离到规定范围内，将周围人员撤离到安全距离以外，操作起爆器击发爆炸物销毁器。爆炸物销毁器广泛应用于排爆和特警反恐领域。

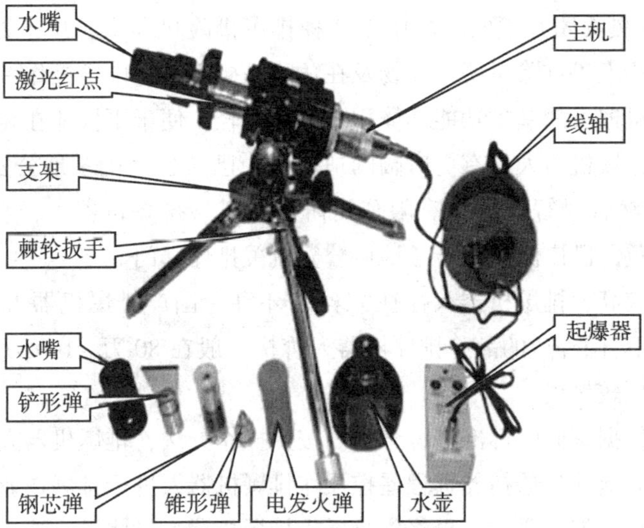

爆炸物销毁器外观和结构示意图

五、排爆机器人

排爆机器人是排爆人员用于检查、处置或销毁爆炸可疑物的专用器材。不同品牌和型号的排爆机器人，其组成和内部结构均有所差异。一般地，遥控类型的排爆机器人由工作平台、机械臂(关节型可折叠臂)和遥控器三部分组成。排爆机器人的用途非常广泛：用于代替排爆人员搬运、转移爆炸可疑物品及其他有害危险品；代替排爆人员使用爆炸物销毁器销毁炸弹；代替现场安检人员实地勘察，实时传输现场图像；可配备散弹枪对犯罪分子进行攻击；可配备探测器材检查危险场所及危险物品等。

在西方国家中，恐怖活动始终是个令当局头疼的问题。英国由于民族矛盾，饱受爆炸物的威胁，因而早在20世纪60年代就研制成功排爆机器人。英国研制的履带式“手推车”及“超级手推车”排爆机器人，已向50多个国家的军警机构售出了800台以上。英国又将手推车机器人加以优化，研制出“土拨鼠”及“野牛”两种遥控电动排爆机器人，英国皇家工程兵在波黑及科索沃都用它们探测及处理爆炸物。土拨鼠重35公斤，在桅杆上装有两台摄像机。野牛重210公斤，可携带100公斤负载。两者均采用无线电控制系统，遥控距离约1公里。1993年初，在美国发生了韦科庄园教案，为了弄清教徒们的活动，联邦调查局使用了两种机器人。一种是 Remotec 公司的 AndrosVA 型和 Andros MarkVIA 型机器人，另一种是 RST 公司研制的 STV 机器人。美国 Remotec 公司的 Andros 系列机器人受到各国军警部门的欢迎，白宫及国会大厦的警察局都购买了这种机器人。在南非总统选举之前，警方购买了四台 AndrosVIA 型机器人，它们在选举过程中总共执行了 100 多次任务。Andros 机器人可用于小型随机爆炸物的处理，它是美国空军客机及客车上使用的唯一的机器人。海湾战争后，美国海军也曾用这种机器人在沙特阿拉伯和科威特的空军基地清理地雷及未爆炸的弹药。美国空军还派出 5 台 Andros 机器人前往科索沃，用于爆炸物及子炮弹的清理。空军每个现役排爆小队及航空救援中心都装备有一台 Andros VI。

中国也能制造排爆机器人，而且其性能已能满足排爆处置工作的基本要求。如：Raptor-eod 机器人是北京博创集团开发的一款中型特种排爆排险机器人，用于处置各种突发涉爆、涉险事件，代替以往人工排除可疑爆炸物及在危险品搬运过程中给操作者带来的危险。该机器人具备大型排爆机器人的基本功能，体积小、重量轻，便于更快地在突发事件中部署与执行任务。相对大型排爆机器人具有更广阔的适应性，已装备全国多地公安武警部队。又如：uBot-EOD A10 为上海合时智能科技有限公司研发的小型排爆机器人，它尺寸小、重量轻、装载方便、单兵背负，已广泛应用于各地市公安机关排爆部门。

由于科技含量较高，排爆机器人往往“身价”不菲。国产排爆机器人相对便宜，价格控制在 30 万~60 万元；国外产的品牌排爆机器人价格一般在 80 万~100 万元，有些甚至达到一百多万元，价格比较昂贵。

排爆机器人可依据不同的标准进行分类。按照操作方法，排爆机器人分为两类：远程操控型机器人，排爆人员通过遥控器远程遥控操作排爆机器人进行排爆作业；自动型排爆机器人，排爆人员先把程序编入磁盘，再将磁盘插入排爆机器人身体里，让机器人能分辨出什么是危险物品，以便排除险情。按照行进方式，排爆物机器人分为轮式排爆机器人和履带式排爆机器人。

轮式排爆机器人外观图

履带式排爆机器人外观图

六、防爆罐

防爆罐是用于临时存放和运输爆炸物及其他可疑爆炸物的罐装专用设备，它能够抑制爆炸物爆炸所产生的冲击波和破片对周围环境造成的杀伤效应。防爆罐的防爆能力由其所能抵御的标准 TNT 当量决定。当相应当量的 TNT 炸药放在防爆罐内引爆后，防爆罐必须满足以下四个条件：一是罐体不能倾倒；二是罐内附着物不得出现燃烧、浓烟、粉尘等现象；三是罐体允许变形，但外表面不得出现裂缝、穿孔等现象；四是所有附件均不得脱落。

按照不同的分类标准可以对防爆罐进行分类。按照防爆罐能否移动，其可以分为固定式防爆罐和车载式防爆罐两种。固定式防爆罐无移动功能，车载式防爆罐可以将可疑爆炸物运输到安全地方再进行引爆。按照防爆罐是否开口，可以分为开口型防爆罐和闭口型防爆罐两种。下面具体介绍开口型防爆罐和闭口型防爆罐及各自的性能。

(一)开口型防爆罐

开口型防爆罐通常是由内罐、外罐和吸能缓冲层组成，主要由罐体上方的开口进行泄爆。开口型防爆罐四周可以有泄爆孔，也可以不设置泄爆孔。开口型防爆罐可防护炸药的当量大，由于其对上方威胁较大，因此适合用于空旷的场地。

国产 FBG-3 防爆罐外观图

国产 FBG-3 防爆罐为开口型防爆罐，其外罐为特制钢板。外罐直径 550mm，内罐直径 450mm，三层结构，高 750mm，总重 100kg。外包进口不锈钢装饰板，可抗 NT0. 8kg，室内可抗 TNT0. 6kg。适用于机场、火车站、海关、法院、重要场所及大型活动的安检。室内使用要求空间高度 6 米以上。

(二)闭口型防爆罐

闭口型防爆罐是没有上方开口的防爆器材，一般重量较大。闭口型防爆罐并非完全封闭，在闭口型防爆罐上应具有安全泄压装置(即罐体周围有很多直径较小的泄爆孔，泄爆孔的孔径一般为 $\phi=5\sim10$mm)。闭口型防爆罐一般由多孔钢板+多孔吸能缓冲层+多孔钢板组成，能防护的炸药当量相对较小。闭口型防爆罐由于是几乎封闭的，不会有飞溅物等伤害物产生，因此适合用于地铁、各种场馆等人口密集且上方有封顶的地方。

目前闭口型防爆罐存在两个问题：一是爆炸后罐体容易倾倒，因此闭口型防爆罐的泄爆孔必须均匀分布，且使用时必须摆放平整，炸药需要放在其内部的中心位置，以保证闭口型防爆罐在爆炸后不倾倒；二是闭口型防爆罐的顶盖容易脱落，使得其变成开口，破片等飞溅物容易从上方泄漏，因此闭口型防爆罐的顶盖需要有加固措施。

NABCO42/GT 防爆罐

NABCO42/GT 防爆罐为闭口型、车载式防爆罐，其尺寸为 1. 07m×1. 25m×0. 55m(入口尺寸)，总重量达 1600kg，抗爆 4. 5kg C4 炸药。

第八章　大型活动安检的组织与实施

第一节　大型活动的概念和特征

一、大型活动的概念

随着世博会、奥运会和各种体育赛事在中国的举办，大型活动越来越受到政府部门的重视，其重要性和作用也日益显现出来，业界的研究成果也越来越丰富，但是对于大型活动的概念却始终没有一个统一的结论。大型活动在概念上有很多别称，如：大型群体性活动、大型公众活动、大型社会活动、大型公共活动、大型集会活动、大型聚会活动等。常见的大型活动有：国庆节和庆典，重大市民活动，独特的文化演出，重要的体育赛事，规模化的社团活动等。

(一)大型活动的概念

1. 基本概念

关于大型活动的概念，不少学者对其都有相关的定义和描述。近年来，各种对大型活动表述较多，如大型群众性活动、大型社会活动、大型公众活动、大型公共活动等；但是，大型活动应有特定的内涵和范畴，需要有相关法律法规对其作出明确的界定。

(1)国外大型活动管理专家约翰尼·艾伦认为，大型活动往往指经过精心计划而举办的某个特定的仪式、演讲、表演或庆典，大型活动标志着某个特殊场合或要达到的特定的社会、文化或社团的目标或目的。①

(2)美国的《大型活动出行管理手册》中定义为，大型活动是指有预定时间和地点的公共活动，服务于某一特定而明确的目的，如体育比赛、文艺演出、人才招聘会或其他专业会议等，活动期间会产生大量的交通出行，并可能降低活动场所周围道路的运行状况。②

(3)我国大型活动安全保卫专家华敬锋认为，大型活动是指由单位(社团)主办或政府组织，在特定时间内、面向社会、临时占用或者租借公共场所举办的、由不特定多数人参加的公共活动。③

(4)在公安院校教材《治安秩序管理》中定义为，大型活动是指由政府组织或者社会团体、单位举办的规模较大、参与人数较多、具有一定社会影响的有益的社会活动，包括各种

---

① 杜学主编：《大型活动的组织与管理》，旅游教育出版社 2003 年版，第 4 页。

② Steven P. Latoski，Walter M. Dunn. Managing Travel for Planned Special Events[M]. FHWA-OP-04-010, 2003.

③ 华敬锋编著：《大型活动安全保卫工作的理论与实务》，中国人民公安大学出版社 2006 年版，第 1 页。

庆典、大型会议、文艺演出、体育比赛、展览展销、招聘会、游园会、灯会、庙会等。①

(5)我国一些地方性法规对大型活动的表述也不尽相同。2005 年 9 月北京市人大常委会通过并颁布的《北京市大型社会活动安全管理条例》，对大型活动表述为大型社会活动；而 2010 年 7 月修订的《北京市大型群众性活动安全管理条例》中规定，大型群众性活动是指主办者租用、借用或者以其他形式临时占用场所、场地，面向社会公众举办的文艺演出、体育比赛、展览展销、招聘会、庙会、灯会、游园会等群体性活动。

(6)国务院行政法规《大型群众性活动安全管理条例》对于大型活动的参与人数、活动范围作出了明确的界定，专指大型群众性活动。大型群众性活动是指法人或者其他组织面向社会公众举办的每场次预计参加人数达到 1000 人以上的活动，包括：体育比赛活动；演唱会、音乐会等文艺演出活动；展览、展销等活动；游园、灯会、庙会、花会、焰火晚会等活动；人才招聘会、现场开奖的彩票销售等活动。而影剧院、音乐厅、公园、娱乐场所等在其日常业务范围内举办的活动不作为大型群众性活动的范畴，因其已经过相关部门的依法经营许可，其安全问题可以纳入日常公共安全进行管理。

归纳以上观点，笔者认为，大型活动是指由法人或者其他组织，在特定时间内、面向社会公众、租借或者临时占用公共场所举办的、由不特定多数人参加的社会活动。

2. 大型活动的基本属性。

尽管对大型活动的概念表述不一，但其基本内涵是一致的，都有其内在基本属性。

(1)活动有明确的组织机构。大型活动一般都有主办者、承办者、协办者及场地管理者等组织机构，这些组织机构是指除个人以外的、具有合法性的机关、企业、事业单位、社团或者其他组织。这里的其他组织，是指依法成立的不具有法人资格的组织，如村民委员会、居民委员会等基层群众自治组织。而群众自发的活动，不属于大型活动的范畴。

(2)活动参与者为不特定的多数人。大型活动是面向公众开放，参与人员是不特定的人群。对于机关、企事业单位内部举办的联欢会、运动会等活动，由单位内部负责安全管理。大型活动一般每场次预计参与人数达到 1000 人以上；对于 1000 人以下的活动，主要是纳入日常公共安全管理范畴。

(3)活动地点在公共场所。大型活动举办的场地，多是临时占用、租用、借用公共道路、广场、公园、体育场(馆)等公共场所。为了满足活动的需求，承办者经常在活动场地新增临时搭建物和设施设备，有时还可能改变固有场地的使用性质。这些临时搭建物和设施设备，如果没有通过相应资质部门的安全检查，在活动举办过程中就会出现一些不安全状态。

(4)活动受公众关注度高。凡是大型活动必是受到公众普遍关心、媒体舆论广泛关注的，而且大部分活动都有在更大范围内吸引公众注意的要求，因为这正是活动举办者的本意。大型活动吸引公众的关注点，体现在活动进行过程中有很强的现场性。活动的筹备期往往是很长的，可能是举办时间的十余倍或者数十倍(如奥运会、世界杯足球赛等)，在筹备过程中不断会有新闻媒体进行宣传报道，因此公众是非常急切地盼望这一时刻的到来(如世界杯足球赛的观赛球迷等)。而活动给予举办者的机会只有一次，正因为如此，集中在单位时间上的来自公众和舆论的压力通常会被急剧地放大。

(5)活动属性为非日常性。大型活动是一种特定时间内、非日常性的人类社会实践活

① 王精忠等主编：《治安秩序管理》，中国人民公安大学出版社 2007 年版，第 104 页。

动，它与日常活动有很大的区别，无论在性质、发生概率、组织机构等方面都不相同①。约翰尼·艾伦认为，大型活动是一次性的、不会重复发生至少不是经常发生的②。大型活动的这一属性使其与日常进行的活动或例行事务相区别开来，对公众而言是提供了正常选择范围以外或非日常经历的一种体验。单位内部的例会虽然可能会有较多的人员参加，但因为是例行事务中的一种，不具有非日常性的属性，因而也就不能称其为大型活动。

(二)大型活动的分类

按照不同的划分标准，大型活动有不同的分类。

1. 按照活动的组织者或主办单位的不同划分，大型活动可以分为两类。

(1)政府行为类活动，主要指政府牵头、有关部门承办、非营利性质的政治或社会方面的活动，包括党委政府组织的政治性或公益性活动；

(2)民间行为类活动，包括公民、法人和其他社会组织申请举办的各类大型活动。

2. 按照活动的性质不同划分，大型活动可以分为以下五类。

(1)政治性活动，主要是指政府主办、有关部门承办、非营利性质的政治或社会方面的活动，如由党委政府组织的会议，重大仪式，特别重大、具有政治色彩的文艺演出和体育比赛等活动；

(2)民俗性活动，是指在重大民俗性传统节日期间，群众自发聚集进行庆祝或纪念的活动；

(3)公益性活动，包括各种公益性的演出、仪式、推广推介等活动；

(4)商业性活动，主要是指承办者以营利为目的组织的各种大型商业活动，包括各种以营利为目的的演出、展览展销和比赛等；

(5)涉外活动，主要是指在一项活动当中，参加的境外人员达到一定比例，具有一定国际影响的活动，这是近年来出现，相对比较特殊的一类活动。

3. 按照活动内容不同划分，大型活动可以分为以下六类。

(1)大型会议，主要是指国际性、地区性、全国性或者其他类型的重大会议，如亚太经合组织(APEC)会议、世界妇女大会、世界大城市首脑会议、中非合作论坛峰会、全国人民代表大会、全国政治协商会议以及各省、自治区、直辖市人大会议、政协会议等；

(2)大型庆典、庆祝活动，主要是指国庆庆祝大会、历史纪念活动等；

(3)大型体育比赛，主要是指国际性、地区性、全国性综合或者单项体育赛事以及民间竞赛等群众性体育活动，如奥运会、亚运会、全运会、工人运动会、农民运动会等；

(4)大型文艺演出；

(5)大型展览、展销、招聘活动，主要是指国际性、地区性、全国性大型商品展销会、展览会、交易会、人才招聘洽谈会等商贸活动；

(6)游园会、灯会、庙会、花会、焰火晚会等活动。

近几年来，全国每年举办各类大型群众性活动1.4万多场，近3亿人次参加。在这类活动中，安全事故、治安和刑事案件时有发生，有的甚至酿成群体性事件，给人民群众的生命、财产安全以及社会治安秩序和公共安全带来较为严重的危害。大型活动是矛盾诸方面关注的焦点。随着改革开放的进一步发展，我国与国外交往逐步增多，国际国内斗争形势的深

① 丁辉等编著：《大型群众性活动安全风险管理》，化学工业出版社2012年版，第2页。

② 杜学主编：《大型活动的组织与管理》，旅游教育出版社2003年版，第4页。

化，国内社会治安秩序的复杂化，特别是世界恐怖活动浪潮的波及，有组织犯罪活动的猖獗等，都会给大型活动带来威胁。尽管各类活动的方式和内容不同，但是安全保卫工作的目的和要求都是一样的。尤其是大型政治性的活动，它是一个国家、地区的政府、政党为了实现自己的政治目的而必然举行的一些由政府主办的重要活动。比如：建国、建市、建州周年大庆；重要节日庆典活动；专项的政治性纪念联欢活动；每年的省、市“两会”等重要会议；重大的外事活动等。因此，这类活动的安全保卫工作既重要又复杂。总结各地大型活动安全保卫工作的成功经验不难发现，安检工作是大型活动安全保卫工作的重中之重，也是安全保卫工作的最后一道防线。因此，安检工作的成功与否直接关系到大型活动是否能够顺利进行。

二、大型活动的特征

（一）参与人数众多，规模大

大型活动普遍具有一定的规模，参与人数众多，并且参与人员在一定时间内高度密集，容易造成活动场地的饱和状态，超出活动场地、交通系统或者组织者管理能力的负荷。

从大型活动的组织者来看，既有党政部门组织的，也有工农商学不同职业组织的；既有共青团、妇联等社团组织的，也有民间组织的，甚至还有很多宗教活动。组织工作中，活动的主办者、承办者、协办者、赞助商相互交织；政府行为、商业行为、民间行为相互交织，参加者成分复杂。从大型活动的参与者来看，参加大型活动的人员中既有运动员、裁判员、演职员，也有工作人员、服务员，还不乏境外人员；既有党政领导，也有普通民众，甚至有不少违法犯罪人员混迹其间。由于大型活动涉及政治、经济、社会、科技、国防、体育、文化等各个领域，其广域性是任何单项工作都不能比拟的。大型活动的内容和目的复杂，普遍具有一定的规模，参与人数众多，并且参与人员在一定时间节点内高度密集，极易造成活动场地的饱和状态，一旦发生矛盾、摩擦和意外情况，极易出现现场及周边秩序混乱，引发拥挤和踩踏风险，加之可能存在管理不善或指挥失当的因素，群死群伤事故的发生就在所难免。如：广州市每年春秋两届交易会，其参展商和工作人员就高达 30 万人次，而采购商在 16 万人左右，每天进馆人数有 10 多万，高峰时近 20 万。

（二）受社会关注程度高，易成为破坏目标

随着国内地区之间和国际国家之间交往的日益频繁，全国性大型活动和国际性大型活动不断增多，大型活动受到社会关注的程度越来越高。像亚运会、奥运会、世博会等大型活动举办场地，甚至是国际政要、国内外各大媒体高度关注和云集的地方。长期以来，国际上敌对势力和敌对分子对我国的渗透破坏活动一直没有停止过，国内极端分子和恐怖分子也蠢蠢欲动，企图制造影响引起国内外的高度关注。同时，人民内部矛盾将长期存在，不排除个别人采取过激行为向政府施压的可能。因此。大型活动的规模和效应使之极易成为这些人员制造影响的重要目标。随着国家开放度的增加，经济日益发展，群众物质文化水平的提高，特别是一些地方政府将举办各类大型活动作为招商引资、吸引游客、展示地方特色文化以及推销商品的重要平台，近年来，大规模、高档次、多层面的大型活动越来越多。大型活动一般由政府或者单位主办，也有由国际组织主办的，主要内容涉及政治、经济、文化、体育等社会发展的重要方面，参与者众多，规模较大，因而具有一定的社会影响度。

大型活动一般具有重大的社会影响，甚至是国际影响。当前，由于国际恐怖分子、民族分裂分子的活动猖獗，敌对分子、刑事犯罪分子、邪教组织的敌视和破坏，以及社会中存在

的一些消极因素，都有可能借大型活动举办之际，实施爆炸、暗杀等暴力恐怖活动和煽动闹事等其他破坏活动。这些恐怖活动和破坏活动，严重危害公共安全和广大人民群众的生命财产安全。如奥林匹克运动是当今世界上规模和影响力最大的社会文化运动，虽然和平、友谊、进步历来是奥林匹克运动的主要宗旨，但是恐怖组织总是千方百计地借助奥运会的巨大影响，放大他们的恐怖行径，以取得最大的新闻效应和公众心理震撼效果。1972 年慕尼黑奥运会惨案、1996 年亚特兰大奥运公园爆炸案以及 2005 年 7 月 7 日伦敦赢得 2012 奥运会举办权的第二天发生的地铁恐怖袭击事件等就是警示。

(三)安全防范工作难度增大

随着社会主义市场经济体制的建立，大型活动日趋商业化和市场化。组织者在举办大型活动时，考虑更多的是市场推广、成本与收益，尽量压缩安全保卫投入，从而影响安全保卫力量、设施和防范措施的落实。一些政府下属单位和部门在举行活动时，经常冠以党委政府牵头主办的名义，借此把安全保卫责任全部推给了公安机关。而需要落实各项安全保卫措施时，又以各种理由推诿，迟迟不予落实，给公安机关的安全保卫工作带来被动。同时，随着社会文明程度和民主化进程的进一步提高，各项大型活动中各级领导与群众接触越来越密切，距离越来越近，群众对安全保卫的要求也越来越高，公安机关安全保卫的难度和压力不断加大。

三、大型活动安检的必要性

(一)防范违法犯罪和恐怖活动发生

大型活动安检工作在社会中扮演着越来越重要的角色，使用也是越来越普遍。大型活动往往高官富商云集，人员来往频繁，财富也相对集中，正是不法分子和恐怖分子下手的重要目标。通过安检人员实施场地搜爆检查活动，以及设置安检门和其他安检器材对进场人员、物品和车辆进行安检，可防止枪支弹药、管制刀具、易燃易爆物品以及其他违禁物品进入活动场所构成危害。它是避免枪击、伤人、爆炸、恐怖袭击等行为发生，保障社会安全必不可少的重要举措。一旦安检工作出现疏漏，很可能造成难以挽回的巨大损失。可以说，做好安检工作，是大型活动预防和制止各种暴力犯罪和爆炸恐怖袭击的重要安全防线。

(二)营造良好社会经济发展环境

近些年来，随着全国性和国际化大型活动的出现，国家重要领导人员往往要参与进来，这时国内外媒体都将高度关注，其国际影响是巨大的。一旦在这样的大型活动中发生重大爆炸事件，举办城市和地区不仅在经济上受到损害，而且还会造成巨大的社会负面影响，有时在政治上、外交上也将处于十分被动的境地。因此，做好大型活动安检工作，对于举办城市和地区营造良好的经济社会发展环境，树立国际新形象，具有十分重要的意义。

四、安检的法律法规

在我国现行的法律里，安检工作主要依据的法律条文是《中华人民共和国刑法》和《中华人民共和国治安管理处罚法》中的有关条款及地方政府或行业的有关规定。

(一)《中华人民共和国刑法》中的有关条款

第 116 条　破坏火车、汽车、电车、船只、航空器，足以使火车、汽车、电车、船只、航空器发生倾覆、毁坏危险，尚未造成严重后果的，处 3 年以上 10 年以下有期徒刑。

第 117 条　破坏轨道、桥梁、隧道、公路、机场、航道、灯塔、标志或者进行其他破坏活动，足以使火车、汽车、电车、船只、航空器发生倾覆、毁坏危险，尚未造成严重后果的，处10年以下有期徒刑；情节严重的，处10年以上有期徒刑、无期徒刑或者死刑。

第130条　非法携带枪支、弹药、管制刀具或者爆炸性、易燃性、放射性、毒害性、腐蚀性物品，进入公共场所或者公共交通工具，危及公共安全，情节严重的，处3年以下有期徒刑、拘役或者管制。

(二)《中华人民共和国治安管理处罚法》中的有关条款

第2条 扰乱公共秩序，妨害公共安全，侵犯人身权利、财产权利，妨害社会管理，具有社会危害性，依照《中华人民共和国刑法》的规定构成犯罪的，依法追究刑事责任；尚不够刑事处罚的，由公安机关依照本法给予治安管理处罚。

第25条　有下列行为之一的，处5日以上10日以下拘留，可以并处500元以下罚款；情节较轻的，处5日以下拘留或者500元以下罚款：

(一)散布谣言，谎报险情、疫情、警情或者以其他方法故意扰乱公共秩序的；

(二)投放虚假的爆炸性、毒害性、放射性、腐蚀性物质或者传染病病原体等危险物质扰乱公共秩序的；

(三)扬言实施放火、爆炸、投放危险物质扰乱公共秩序的。

第30条　违反国家规定，制造、买卖、储存、运输、邮寄、携带、使用、提供、处置爆炸性、毒害性、放射性、腐蚀性物质或者传染病病原体等危险物质的，处10日以上15日以下拘留；情节较轻的，处5日以上10日以下拘留。

第31条　爆炸性、毒害性、放射性、腐蚀性物质或者传染病病原体等危险物质被盗、被抢或者丢失，未按规定报告的，处5日以下拘留；故意隐瞒不报的，处5日以上10日以下拘留。

第32条　非法携带枪支、弹药或者弩、匕首等国家规定的管制器具的，处5日以下拘留，可以并处500元以下罚款；情节较轻的，处警告或者200元以下罚款。

非法携带枪支、弹药或者弩、匕首等国家规定的管制器具进入公共场所或者公共交通工具的，处5日以上10日以下拘留，可以并处500元以下罚款。

第二节　大型活动安全管理的责任

安全责任重于泰山。明确大型活动的安全责任，是保证活动的安全管理工作落实到位，保障活动安全顺利进行的前提和基础。区分大型活动的安全责任，就是要具体明确活动的承办者、场所管理者、活动参与人员及公安机关等各自应当履行的安全职责。①

一、大型活动承办者的安全责任

大型活动承办者是指直接组织、协调承办大型活动的法人或者其他组织。主办者委托、委派法人或者其他组织承办大型活动的，受委托、委派方为承办者。承办者对大型活动的安全管理负责，其主要负责人为安全责任人。这里的“主要负责人”，一般是指举办单位的“一把手”，如公司董事长、社会团体的团长、基金会的理事长、村民委员会主任等。在法定代

① 公安部治安管理局，国务院法制办编：《〈大型群众性活动安全管理条例〉释义及使用指南》，中国人民公安大学出版社2008年版，第49页。

表人不是由单位“一把手”担任的情况下，单位的法定代表人也可以作为大型活动的安全责任人。如有的社会团体是由秘书长担任法定代表人的，那么秘书长也可以担任安全责任人。安全工作是大型活动的重要组成部分，承办者既然是活动的组织实施者，同样也应当是安全工作的重要保障者，承办者既然可以享受举办大型活动所带来的利益，也应当承担可能出现的风险，做到利益和风险共担，实现权利与义务统一。

大型活动涉及面广，其安全因素也是多方面的。为确保活动安全有序地进行，承办者必须全面履行工作职责并进行详细的分工，确保大型活动各个方面、各个环节都能在安全的前提下有序地进行。根据《大型群众性活动安全管理条例》第 7 条规定，大型活动承办者具体责任的安全事项包括：

（一）落实大型活动安全工作方案和安全责任制度，明确安全措施、安全工作人员岗位职责，开展大型活动安全宣传教育

1. 承办者要落实大型活动的安全工作方案。

安全工作方案是大型活动安全举行的制度保障，能否确保活动安全，关键还要保障方案中规定措施的落实。大型活动安全工作方案包括以下九个方面内容：(1)活动的时间、地点、内容及组织方式；(2)安全工作人员的数量、任务分配和识别标志；(3)活动场所消防安全措施；(4)活动场所可容纳的人员数量以及活动预计参加人数；(5)治安缓冲区域的设定及其标识；(6)入场人员的票证查验和安全检查措施；(7)车辆停放、疏导措施；(8)现场秩序维护、人员疏导措施；(9)应急救援预案。大型活动承办者应当依照《大型群众性活动安全管理条例》的要求，将安全工作方案落到实处，切实承担起自身的安全责任。

2. 承办者的主要负责人应当承担起大型活动的安全责任，建立并落实安全责任制度，明确安全措施、岗位责任。

要做好大型活动安全工作，不仅要有先进的安全装备和设施等“硬件”条件，还必须建立健全大型活动承办者的安全责任制等“软件”建设，这是大型活动安全工作的基本保证。大型活动的安全责任制，必须统领安全工作的各个部门、各个层次和各个环节，要有详细的岗位职责，并有明确的安全措施和直接责任人，做到职责明确、措施得力、责任到人。同时，要有贯彻始终的监督检查机制，按照安全制度的要求设立专门的检查机构和专门人员，以确保安全管理制度得到真正执行。

3. 承办者应当积极开展大型活动的安全宣传和教育工作。

宣传教育工作是保障大型活动安全顺利实施的重要条件。承办者要认识到宣传教育工作的重要性和必要性，将此项工作纳入重要议事日程，充分利用各种宣传媒体，发动机关、团体、企事业单位和居委会、物业小区等单位，深入做好大型活动安全的宣传教育工作，做到家喻户晓、人人皆知，增强社会公众的安全意识。

（二）保障临时搭建的设施、建筑物的安全，消除安全隐患

承办者应当实施大型活动现场的安全检查工作，对活动现场、临时搭建的建筑、设施开展安全检查，发现安全隐患及时消除。检查的重点包括：场内临时搭建设施（包括悬挂物、舞台、展台、展架等）；可能影响活动顺利进行的保障设施（包括水、电、通信、广播设备等重点要害部位）；可能发生人员聚集的部位（包括现场售票处、场地内通道、安全出口、疏散通道、现场桥梁、涵洞、陡坡、窄路、转弯等重点地区地段）；其他可能对大型活动安全形成隐患的设施或场所。

检查的内容包括：是否严格按照经审核的活动场地平面图进行布展施工；活动现场临时

搭建舞台设有悬挂物的，是否有安全生产监督、消防等主管部门和验收合格文件；临时搭建舞台的高度与观众席之间都要有足够的安全通道；搭建带有演播室效果舞台的，舞台后必须留有一定宽度的安全通道；布展施工、舞台搭建所用材料是否符合消防安全规定；场内悬挂物是否超出建筑物的承重技术标准；搭建的临时性设施及演出使用的升降设备是否符合国家有关安全规定，是否经权威部门检验合格①；水、电等重点要害部门和安全设施设备是否运行良好并设专人值守；对有特殊用电需求的，是否具有相应的供电保障措施；电缆路经通路的，是否使用绝缘材料有效覆盖、搭设过桥；现场临时用电必须经有资质的机构检验合格后方可使用；活动现场通道是否畅通；安全出口、疏散通道和楼梯口是否设置符合标准的灯光疏散指示标志。

除此之外，实施消防安全检查是重要的一环。消防部门应在大型活动举办前，对现场路线、会场重点部位、休息厅以及进出通道、电梯、电器设备、消防措施等进行检查。对重大活动，还要对现场进行防爆检查，消除隐患后实施封闭。

（三）按照负责许可的公安机关的要求，配备必要的安全检查设备，对参加大型活动的人员进行安全检查，对拒不接受安全检查的，承办者有权拒绝其进入

承办者负责组织实施活动现场的安全检查工作，对活动场所和进入活动现场的人员、车辆、物品开展安全检查，发现安全隐患及时消除。为了保证承办者顺利开展安全检查，落实安全责任制，对拒不接受安全检查的人员、车辆、物品等，承办者有权拒绝其进入。

加强大型活动现场的安全检查，尤其是人身安全检查及危险物品检查，是承办者履行安全职责的重要环节。人身检查泛指针对进出大型活动现场的人员及其随身携带的物品进行的检查。这种检查方式是以个体为基本单位进行的检查，其目的是保证能够及时发现和处置出入人员所携带的危险品与违禁品，保证出入人员不致携带此类物品进入现场，从而保障活动安全。在安全检查中，安检人员通过感官检查与电子仪器检查有机结合的手段，快速地对检查对象作出较为准确的判断。

（四）按照核准的活动场所容纳人员数量、划定的区域发放或者出售门票

承办者按预定方案发放或者出售门票，并严格实施安检措施，防止无票人员入场，把好“入门关”，是从源头上保证大型活动安全的重要措施。在大型活动安全工作方案中必须明确场所可容纳的人员数量、活动预计参与人数、治安缓冲区域的设定及其标识等内容，这些要素经公安机关安全许可后，即具有强制效力，承办者必须遵守，不得擅自更改，发放或者出售门票也以此为依据，从而确保大型活动安全有序进行。

承办者需要明确的是，“划定的区域”不仅指划定观众区域与治安缓冲区域，大型活动场所的分区也是一个重要方面，需要在综合考量各种因素的基础上科学划分。一是要考虑活动场所自身的场地条件与特征，包括场所面积、建筑结构、看台分布、灯光配置、安全出口与通道等要素。二是要考虑活动本身的内容和特点，包括活动规模、活动范围、组织程序、工作人员数量等要素。三是要考虑活动现场的功能分区，预留主席台、工作区域、演职人员区域、缓冲区域等必备区域。

（五）落实医疗救护、灭火、应急疏散等应急救援措施并组织演练

承办者在制定并落实安全工作方案时，必须把医疗部门考虑进去，并明确任务和救助措施，确保一旦发生人员伤亡事故时能及时妥善处置。医疗救护措施技术性、时效性强，要求

① 展台等临建设施搭建安全标准（试行）[S]. 中国展览馆协会，2010-11-16.

高，必须做到安排更加周密、工作更加细致，确保万无一失。

此外，由于大型活动现场的复杂性，也会出现其他一些紧急情况，如火灾、爆炸等突发事件。因此，活动承办者还要建立和落实与活动安全相关的灭火、应急疏散等预案，并组织演练，全面保证大型活动的顺利进行。

(六)对妨碍大型活动安全的行为及时予以制止，发现违法犯罪行为及时向公安机关报告

承办者在活动举行过程中，要建立大型活动的情报信息机制，负责收集与大型活动相关的安全隐患信息。要制定严格的现场安全检查制度并付诸实施，使安检工作一丝不苟地贯穿活动全过程，对重要区域、重要部位及重要人物实施重点防控，并设立场所内外的安保巡逻制度，定时和不定时进行巡防，对强行进入场内、向场内投掷杂物等妨碍大型活动安全的行为及时予以制止，发现盗窃、抢夺、打架斗殴等违法犯罪行为及时向公安机关报告。

(七)配备与大型活动安全工作需要相适应的专业保安人员以及其他安全工作人员

配备与大型活动的安全工作需要相适应的专业保安人员及其他安全工作人员，包括专门从事大型活动安保工作的保安队伍、安保专家队伍和志愿者队伍，对提升大型活动场所保安工作的专业化水平、促进保安专业的发展十分必要。

1. 专业保安人员作为具体实施安保管理措施的工作人员，是大型活动安全管理体系的重要组成部分。根据大型活动的性质和安保工作需要配备一定数量的保安人员，室内举行的活动一般不少于每场参加人数的1%，室外举行的活动一般不少于每场参加人数的2%。① 专业保安人员要清楚地了解大型活动场所的安全管理要求，并严格执行，对违规违法行为及时报告处理，对紧急情况及时处置。

2. 其他安全工作人员，包括安保专家队伍、青年志愿者队伍以及场所电力、通信保障等方面的人员，这也是国际上大型活动安全管理的通行做法。

安保专家队伍，是指一批为大型活动提供安检防爆、交通、消防、处置突发事件等方面的专家，其专业能力是一般保安人员所不具备的，承办者应根据大型活动的具体情况专门聘请。

招募青年志愿者尤其是大学生志愿者为大型活动提供志愿服务，是大型活动安全工作必不可少的一部分。近年来，我国在大型活动中组织开展志愿者安全服务，是大型活动安全管理社会化的有益尝试。大型活动安全志愿者服务，不仅赋予了公民参与社会活动的机会，有效地降低公共资源的使用和浪费，而且体现了政府整合社会资源的能力和实力，提升安全管理的层次和品位，得到公民认同和社会赞誉。例如，2008 年北京奥运会志愿者总数达 170 万人，其中 10 万赛会志愿者，20 万拉拉队志愿者，40 万城市志愿者，100 万社会志愿者；2010 年上海世博会志愿者总数超过 200 万，包括园区志愿者(园区信息咨询、参观者秩序引导协助、接待协助、残障人士援助等八类)约 7. 7 万人，城市服务站点志愿者约 13 万，城市文明志愿者(包括平安志愿者、交通文明志愿者、世博宣传志愿者等八类)约 197 万人；2010 年广州亚运会、亚残运会招募志愿者约 59 万人，其中亚运会赛会志愿者 6 万人，亚残运会赛会志愿者 2. 5 万人，城市志愿者 50 万人等②。志愿者辛勤的劳动是大型活动顺利举办的重要保证，他们在 2008 年北京奥运会、2010 年上海世博会、2010 年广州亚运会、2011 年西安园博会及 2011 年深圳大运会上的良好表现，已经获得了国内乃至国际的赞誉和认可。

---

① 章春明主编. 大型活动治安管理实训教程[M]. 中国人民公安大学出版社，2011：278.

② 许青. 大型活动环境下志愿者管理探析[J]. 山西青年管理干部学院学报，2012，(01).

（八）为大型活动的安全工作提供必要的保障

为大型活动的安全工作提供必要的保障，包括场地、物资、经费等方面的保障，其中安全工作的经费保障是大型活动最基础的物质支撑。承办者在大型活动举办前要广泛征求各方意见，深入讨论研究，听取有关专家意见，学习、考察类似活动的成功经验，为大型活动安全工作提供必要的物质保障。把活动中对安全物资的需求一并纳入活动组织筹备资金当中，其中要特别考虑公安机关的安保经费，包括装备投入、执勤补助等。当然，对于大型活动所需的价格昂贵的安保器材，如安检门、X 光机、手持金属探测器等安防设备，承办者可向租赁公司租借，避免设备闲置、资源浪费。

二、大型活动的场所管理者的安全责任

大型活动场所管理者是指实际所有、占有、使用、管理该场所，并以租赁、借用等形式提供给承办者举办活动的法人、组织或者个人。属于政府公共设施的，承担相应行政管理职能的政府有关部门为场所管理者。传统民俗活动，场所日常实际管理者、经营者、占用者或者承担相应行政管理职能的政府有关部门为承办者。大型活动的活动场所是大型活动的中心区和人员聚集地，是安保工作的核心。整个大型活动安保工作的责任，绝大部分集中在对大型活动场所的安全责任上。从某种程度上讲，大型活动能否成功的关键主要是考察活动现场的安全能否得到保障。

根据《大型群众性活动安全管理条例》第 8 条规定，大型活动场所管理者具体责任的安全事项包括：

（一）保障活动场所、设施符合国家安全标准和安全规定

保障活动场所、设施符合国家安全标准和安全规定，是对大型活动场所管理者履行安全义务的总要求。

为了预防大型活动中出现各种不安全的情况，大型活动的场所管理者必须确保场所、设施符合国家安全标准和消防安全的规定，定期检查消防设施状况，并及时维护、更新，这对于大型活动的安全举办至关重要。

大型活动场所管理者应向承办者提供活动场所安全的各个方面材料，包括活动场所人员核定容量、供电系统等涉及场所使用安全的资料、证明。一是场所管理者向承办者提供的人员容量，应当包括各个分区的详细容量，依据建筑场所的建筑标准核定，提供详实的资料和证明，核定的人数不能超过固定座位总数的 80%；在临时广场等无固定座位的场所举办活动的，应按照活动场地面积，以每人不少于 1 平方米核定参加人数。二是场所管理者应提供场所供电系统的有关安全资料，包括场所电路图、用电设施、设备等相关器材的使用说明书以及电力部门安全检查报告等，这是保障大型活动安全的重要材料。三是场所管理者还应当把关系到活动场所安全的消防设施器材、安全检查设备设施的安全资料提供给承办者。

（二）保障疏散通道、安全出口、消防车通道、应急广播、应急照明、疏散指示标志符合法律、法规、技术标准的规定

据火灾实例分析，大型活动场所发生群死群伤恶性火灾事故的主要原因就是火灾初期安全疏散通道堵塞、安全出口封闭，人员疏散不畅。因此，合理的公共建筑安全疏散设计，有效的安全出口、消防车通道、应急广播、应急照明、疏散指示标志等其他硬件设施的完善、

有效，也是保证大型活动安全的重要环节。

（三）保障监控设备和消防设施、器材配置齐全、完好有效

大型活动的场所管理者应当按需配备监控设备和消防设施、器材，并进行安全检查，确保完好有效。只有这样，才能应对火灾事故以及突发事件、群体性事件的发生，使大型活动安全有序地进行。

（四）提供必要的停车场地，并维护安全秩序

场所管理者必须设置与大型活动相适应的机动车和非机动车停车场，并要求做好停车场的安全维护工作。一是设置机动车和非机动车停车场必须符合便于疏散和交通安全的要求，机动车和非机动车停车场功能应当就近分开设置，这样才能提高安全保障的程度。二是切实做好车辆停放期间的安全维护工作。特别是机动车辆由于价值较高，燃料又易燃易爆，在发生火灾、盗窃、破坏后造成的损失和影响较大。因此，在机动车停放期间要进行必要的值岗管理和巡查，确保其停放期间的安全。三是配合公安交管部门维护交通安全秩序。公安交管部门要加强交通组织管理，通过组织实施交通分流、交通管制等措施，确保机动车辆的有序通行和停放。一般情况下，在大型活动开幕式、闭幕式以及重要活动入出场时段，是大型活动交通事故的多发期，从安全的角度考虑，场所管理者应在活动中积极配合公安交管部门维护交通安全秩序。

三、活动参与人员的安全责任

大型活动参与人员主要是指进入活动现场的观众、媒体记者及其他人员。大型活动能否安全有序地举办，参加活动人员在其中扮演了十分重要的角色。如果参加大型活动的人员只有观看或者参与活动的权利，而不履行参与活动应当遵守安全的义务，片面地把安全责任全部归结到承办者和场所管理者身上，将不符合权利与义务平衡和对等的法律原则，难免有失公平。确保大型活动的安全举办，不仅是政府的职责、承办者和场所管理者的职责，也是每一个参加活动的公民应当承担的安全责任。

根据《大型群众性活动安全管理条例》第 9 条规定，参加大型活动的人员应当遵守的安全规定包括：

（一）遵守法律、法规和社会公德，不得妨碍社会治安、影响社会秩序

遵守法律、法规，也就是我们通常所说的有法必依，它是指公民和组织进行一切活动都必须符合国家法律、法规的要求，在法律、法规允许的范围内进行，必须依照国家法律、法规的规定行使权利、履行义务。社会公德是全体公民在社会交往和公共生活中必须共同遵循的行为准则，是社会普遍公认的最基本的行为规范。社会公德的主要内容包括文明礼貌、助人为乐、爱护公物、保护环境等。我国宪法把遵守社会公德作为公民的义务，以法律的形式确定下来，每一个公民都应该养成自觉遵守社会公德的良好习惯。

遵纪守法是公民参与社会公共生活的一个基本要求，同时也是保证社会健康有序发展的基础。对于大型活动参与人员来说，是否能够遵守大型活动的安全管理规定，自觉维护大型活动场所的秩序，从一个侧面体现了一个国家公民的法治观念和道德风貌。

（二）遵守大型活动场所治安、消防等管理制度，接受安全检查，不得携带爆炸性、易燃性、放射性、毒害性、腐蚀性等危险物质或者非法携带枪支、弹药、管制器具

大型活动场所管理制度是指用来指导和约束个人或组织的社会行为，用来调节人与人之间在参加大型活动中所形成的各种社会关系的规则。大型活动场所管理制度包括活动场所治安、消防管理制度以及出现突发事件时，要服从公安机关和活动承办者疏导和管理的具体制度，它是从大型活动安全举办的角度考虑制定的，任何一名参加活动的人员都应当自觉遵守。大型活动场所是公共场所，参加活动的人员不得携带爆炸、易燃性、放射性、毒害性、腐蚀性等危险物质或者非法携带枪支、弹药、管制器具等。而安全检查制度，就是为了给参加大型活动的人员提供一个安全的活动现场环境，参加大型活动的人员应该自觉配合。当然，实施安全检查的工作人员，应当按照规范进行检查，不得实施侵犯或者限制受检查人合法权益的行为。

(三)服从安全管理，不得展示侮辱性标语、条幅等物品，不得围攻裁判员、运动员或者其他工作人员，不得投掷杂物

在大型活动举办过程中，为了活跃气氛，表达自己对参赛运动员、演出人员的支持，对赛事活动的喜爱等，文化、体育等大型活动的参加人员通常会在大型活动现场悬挂标语和条幅等物品，有时赛事的组织者也会悬挂标语和条幅。但是，在行使自己的权利和自由、表达自己意愿的时候，不得损害他人的合法权利和自由，在活动现场不应当展示侮辱性标语、条幅等物品，这既是对他人人格的尊重，也是活动场所文明的重要内容。

此外，在大型活动进行的过程中，有的参加者可能基于各种动机向场内投掷饮水瓶等杂物，如表达对裁判员、运动员、演出人员的不满情绪等，但不论是出于何种动机，这种行为会威胁到他人的人身安全，妨碍体育比赛等大型活动的秩序，干扰大型活动的正常进行。因此，对于向场内投掷杂物等扰乱公共场所秩序的行为，现场执勤的安保人员应当及时予以制止，公安机关也应当及时调查予以处罚。

四、公安机关安全监管的职责

公安机关在维护大型活动安全举行过程中担负着重要的职责，涉及安全许可、监督检查、突发事件处置等各个方面，公安机关必须依法行使权力，认真履行职责。同时，大型活动承办者、场所管理者等主体也必须自觉配合公安机关履行职责。

根据《大型群众性活动安全管理条例》第10条规定，公安机关应当履行的职责包括：

(一)审核承办者提交的大型活动申请材料，实施安全许可

实施安全许可是公安机关防范大型活动安全风险，检查承办者安全措施准备情况，实施事前监督的重要手段。《大型群众性活动安全管理条例》明确了公安机关对大型活动实行安全许可制度，并规定了安全许可的条件。

承办者应当在活动举办日的20日前提出安全许可申请，并提交下列材料：承办者合法成立的证明以及安全责任人的身份证明；大型活动方案及其说明，2个或者2个以上承办者共同承办大型活动的，还应当提交联合承办的协议；大型活动安全工作方案；活动场所管理者同意提供活动场所的证明。依照法律、行政法规的规定，有关主管部门对大型活动的承办者有资质、资格要求的，还应当提交有关资质、资格证明。

公安机关收到大型活动安全许可的申请材料，应当依法作出受理或者不予受理的决定。对受理的大型活动安全许可申请，应当自受理之日起7日内进行审查，对活动场所进行查验，对符合安全条件的，作出许可的决定；对不符合安全条件的，作出不予许可的决定，并书面说明理由。

(二)制定大型活动安全监督方案和突发事件处置预案

制定大型活动安全监督方案和突发事件处置预案是公安机关履行职责的重要措施。大型活动参加人员多、活动规模大、社会影响面广，一旦发生安全事故后果不堪设想。因此，事先制定科学严密的安全监督方案和突发事件处置预案对预防和化解大型活动安全风险至关重要。

制定安全监督方案的目的，是为了督促各项安全措施的落实，确保大型活动能够安全顺利举办。安全监督方案的内容，应当包括组织领导、指导思想、工作目标、任务分工、主要措施和工作要求等。在大型活动举办期间，公安机关根据安全工作的需要，应当逐项督促落实安全监督方案的要求，加强监督，注重实效，严格责任追究制度，对存在的事故隐患和安全问题要认真检查，责令承办者立即整改，消除隐患。

制定突发事件处置预案，是为了保证一旦发生突发情况和问题时，公安机关能够从容应对，有效处置，把可能造成的影响和损失降到最低程度。制定突发事件处置预案要立足于风险评估，并预设一切可能发生的问题，做到有备无患。特别是针对大型活动可能发生的爆炸、枪击等恐怖袭击事件和火灾、拥挤踩踏等治安灾害事故以及球迷闹事等群体性事件等，从组织指挥、任务分工、现场调查、警务保障和医疗救援等方面，逐一、有针对性地制定处置预案，开展模拟实战演练，加强处置力量之间的协作，使其不断完善，适应安保工作的需要。

(三)指导对安全工作人员的教育培训

聘用安全工作人员，维护大型活动安全是承办者的安全义务之一；而对安全工作人员的教育培训，则应由安全工作人员的派出单位(如专业保安服务公司)和承办者共同负责。公安机关主要负责对教育培训的内容、程序以及关键技术环节进行指导。

对于安全工作人员的教育培训要规范化，建立统一的安全工作人员勤务培训标准和考核规范，保证每个安全人员都能胜任岗位。教育培训的主要内容，包括对活动安全重要性的认识、对安全工作方案特别是岗位、职责的熟悉、掌握和消防、秩序疏导等相关技能的掌握等。教育培训中，要分专业针对性地进行，如从交通疏导、反恐防暴、应急救援等方面训练；在理论培训的基础上，加强实战演练。

(四)在大型活动举办前，对活动场所组织安全检查，发现安全隐患及时责令改正

为保证大型活动安全有序地进行，在作出安全许可决定后至大型活动举办前，公安机关组织对活动现场实施安全检查是必要的安全管理措施，也是公安机关落实安全许可监督职责的重要内容。安全检查可以将事故隐患及时消除在萌芽状态。安全检查的内容、方法、手段必须与大型活动的内容紧密地结合起来，有的放矢，突出重点，并根据当时当地的治安特点及时调整，达到杜绝隐患、安全无忧的效果。

公安机关要协调安全生产、公安消防、质量技术监督、交通、供电等单位会同承办者、活动场所管理者，对活动场所进行联合安全检查。安全检查的重点包括：场内临时搭建设施(包括悬挂物、舞台、展台、展架等)；可能影响活动顺利进行的保障设施(包括水、电、通信、广播设备等重点要害部位)；可能发生人员聚集的部位(包括现场售票处、场地内通道、安全出口、疏散通道，现场桥梁、涵洞、陡坡、窄路、转弯等重点地区、地段)；其他可能对大型活动安全形成隐患的设施或场所。

对检查中发现的安全隐患，公安机关应当书面责令相关单位限期整改；并通过复查，跟踪检查整改情况，确保彻底消除隐患。

(五) 在大型活动举办过程中，对安全工作的落实情况实施监督检查，发现安全隐患及时责令改正

实施安全监督检查既是公安机关的职责，更是保证承办单位把安全工作落到实处的重要措施。安全监督检查应当依据公安机关的安全监督方案进行，监督检查的重点是承办者落实大型活动安全工作方案的情况，发现安全隐患应当责令承办者立即改正，以确保大型活动的安全。

(六) 依法查处大型活动中的违法犯罪行为，处置危害公共安全的突发事件

大型活动参与人数众多，社会影响大，极少数不法分子往往会利用这一机会，实施违法犯罪行为，危害大型活动的安全和稳定。因此，公安机关要及时依法查处大型活动中发生的违法犯罪行为，有效处置危害公共安全的各种突发事件。

第三节　大型活动安检的工作方式和等级

一、大型活动安检的工作方式

根据举办大型活动公共安全的需要，大型活动的安检工作可以单独或者同时采用普检、巡检和抽检三种方式来进行。

(一) 普检

普检是指安检人员运用安检设备对大型活动场所以及进入活动场所的人员、物品和车辆实施的全面检查活动。

(二) 巡检

巡检是指安检人员运用便携式安检设备和直观检查法对大型活动场所区域及其重点部位进行的巡视检查活动。

(三) 抽检

抽检是指安检人员运用便携式安检设备和直观检查法对已经进入大型活动场所的可疑人员、物品或车辆进行的抽查活动。

一般来说，对参加人数在5000人以上的大型活动活动，应实施现场封闭管理，对进入活动现场的人员、车辆、物品实施普检，辅以巡检。而对参加人数在1000人以上、5000人以下的大型活动，可采取普检、巡检或抽检方式均可。

二、大型活动安检的等级

根据大型活动的规模、社会影响程度、性质、社会关注度等风险因素，应明确划分大型群众性活动安检的等级。大型活动安检的等级可分为一级安检和二级安检两个等级。

(一) 一级安检

参加人数在5000人以上的文艺演出、体育比赛、展览展销、人才招聘活动等大型活动，应采用一级安检措施。现场可实施封闭管理，配备安全检查系统，对进入活动现场的人员、车辆、物品实施安检。

(二) 二级安检

参加人数在1000人以上、5000人以下的文艺演出、体育比赛、展览展销、人才招聘活动，或者占用公共道路举办的线路型活动，以及参加人数众多的庙会、灯会、游园会等活动，应实施二级安检措施，对进入活动现场的人员、车辆、物品实施安检。

第四节　大型活动安检的组织

一、认真勘察现场

认真对即将举办活动的现场进行实地勘察，是做好大型活动安检工作的前提和关键。安检指挥员必须了解活动现场的情况，才能制定出切实可行的安检计划。具体应做好以下三个方面的工作：一是确定需要重点检查的中心现场，比如：贵宾休息室、主席台、贵宾座席区等，对需要的警力、设备和检查路线都要做到心中有数；二是确定安检通道、免检通道和出口；三是确定现场环境能否正常使用安检设备以及安检设备所需电源是否符合要求。

二、制定切实可行的安检工作方案和排爆应急处置预案

大型活动安全保卫部门要在广泛采集信息和借鉴以往经验的基础上，加强与活动举办单位的协商交流，认真听取举办单位的合理化建议，进一步优化安检工作总体方案和各活动场馆的安检排爆工作处置预案。

(一)安检工作方案的制定

安检工作方案是对将要实施的安检工作的整体部署和安排。在对现场进行实地勘察的基础上，根据整个活动安全保卫方案的总体要求，按照工作需要，可制定切实可行的安检工作方案。安检工作方案应体现总体协调、分级负责、部署周密、确保重点、方便群众等原则。安检工作方案的目标有：结合安全保卫区域的环境特点，确保中外政要和嘉宾人身安全；重点要害部位能正常运转；紧急情况下能迅速、有效疏散人群；最大限度减少危害事件的发生等。安检工作方案中的现场处置要达到指挥协调高效、警力调动便捷、配合协调有力、处置果断迅速的要求，将爆炸恐怖袭击的危害减至最小。安检工作方案要明确以下内容：一是明确安检工作目标，以“防爆炸、防枪击、防破坏、反恐怖活动”为重点，采取有力措施，做到“确保安全，万无一失”；二是明确组织领导和责任分工；三是明确安检工作要求，明确警力部署和器材配备，定岗定位，责任到人；四是明确禁带物品和限带物品；五是明确检、扣政策；六是明确免检人员和免检通道；七是明确着装要求、上岗时间、撤岗要求。

(二)排爆应急处置预案的制定

在做好大型活动安检工作的同时，必须要做好社会面以及活动现场有可能发生爆炸案(事)件的处置准备工作，要提前做好处置预案。排爆应急处置预案应明确组织领导、警力调配、器材配置以及对不同情况预想的处置原则和处置程序，做到未雨绸缪，不打无准备之战。处置预案的内容应设想周到和切实可行，做到各种可能出现的特殊情况都进行充分考虑，并有应对措施的提出。

第五节　大型活动安检的实施

在大型活动的安全保卫工作中，安检是整个安全保卫工作中非常重要的一环，也是安全保卫工作的最后一道防线。大型活动的特点决定了既要保证首长、贵宾的安全，又要确保参加活动群众的安全。因此，必须通过认真细致的检查，实现确保安全、万无一失的安全保卫

工作目标。

一般来说，大型活动现场的安检要做到“三个干净”，即整个活动现场是干净的；进入现场的人是干净的；进入现场的物是干净的。大型活动的安检工作必须要实施场地安检、人身安检和物品安检三个环节。

一、场地安检

(一)场地安检的目的

在大型活动举办之前，安检人员运用安检器材对某些特定场所提前进行检查，避免现场被预先放置爆炸物等危险物品。这是一个非常重要的环节，也是大型活动、重要警卫任务、重要会议等安全保卫工作中必不可少的安检程序。有些大型活动参加人员身份不复杂便于掌控，可以只进行场地安检，对人员只需严格查验证件即可。有些大型活动需要同时开展场地、人身和物品安检时，要首先进行场地安检，在确保活动场地安全前提下，再进行人员检查和物品检查。否则，一旦现场被提前放入枪支弹药、易燃易爆物品、爆炸物等危险物品，活动现场的所有安全保卫手段都是无效的。

(二)场地安检的方法

根据检查手段和使用器材的不同，场地安检一般可分为直观检查法、仪器检查法和动物检查法。三种检查法各有优缺点，在安检过程中常常同时使用，它们之间是相辅相成的关系。

1. 直观检查法

直观检查法也叫感观检查法，是指安检人员凭借个人的生物感观(眼、耳、鼻、手等器官的感知)和经验来搜寻检查目标的方法。安检人员可以通过眼看、手模、耳听、鼻嗅、手掂(称重)来感知被检物是否存在异常情况。眼看就是通过眼睛观察被检现场以及现场物品，发现异常情况；手摸就是用手感知被检物与正常情况下的不同；耳听就是通过耳朵听取被检现场或物品是否有异常响动，比如定时器等；鼻嗅就是通过嗅觉感知被检现场或物品的异常味道；手掂就是通过用手掂量被检物品重量是否与正常情况相同。随着科学技术的发展，犯罪分子所使用的爆炸装置也日趋科技化和智能化，伪装、隐蔽、藏匿也更加巧妙而难以发现，仅仅依靠直观检查法已经远远不能适应现代安检工作的需要，必须要借助仪器检查法和动物检查法来共同完成安检工作。

2. 仪器检查法

仪器检查法是指安检人员运用安检器材来搜寻可疑爆炸物的方法。根据安检器材中检查器材的用途不同，仪器检查法大致可分为以下六种：一是金属探测法，如利用手持金属探测器、地雷探测器、水陆两用探测器等进行检查的方法；二是炸药探测法，如利用量子笔、炸药探测器等进行检查的方法；三是遥控炸弹信号探测法，如利用节点探测器进行检查的方法；四是定时炸弹信号探测法，如利用电子听音器进行检查的方法；五是X光透视法，如利用便携式X光透视仪、手持式X光透视仪等进行检查的方法；六是软管、直管窥视镜、检查镜和照明设备检查法。一般在大型活动的安检现场，几种器材需要同时使用，交叉互补检查。

3. 动物检查法

动物检查法是运用动物灵敏嗅觉来搜寻炸药的检查方法，是国际上许多国家惯用的安检方法之一。人类经过研究发现，许多动物都具有超强的灵敏嗅觉，比如猪、鼠、犬、猫等。

在一些国家，人们利用老鼠个儿小、嗅觉灵、动作快等特点，训练它来承担搜爆工作。首先，人们将老鼠关在笼子里，放到飞机场或港口，让它们接触各种热闹场面，习惯于在噪声中见到熙熙攘攘的人群而不害怕。然后，在实验室里让它们辨认各种爆炸物的味道，从普通炸弹到塑料炸弹、邮件炸弹，还有各种毒品等。经过几个月训练，老鼠就能分辨出各种特殊味道。另外，其貌不扬的猪也具有这一特殊功能，其嗅觉之灵敏甚至比警犬更胜一筹。经过训练的猪，对炸药、毒品特别敏感。只要一声令下，它就会像箭似的窜出去，边跑边嗅。当猪发现目标时，就摇头摆尾，喷着响鼻，不住地用蹄子在地上刨，安检人员只需顺藤摸瓜就能查到可疑物品。但是，国际上使用最多的安检动物还是警犬。警犬具有发达的高级神经活动机能，有灵活的嗅觉、听觉和视觉等感觉器官，有很强的凶猛性、灵活性和奔跑能力等警用素质。目前，各国警方都通过训练警犬搜索炸药和毒品，被广泛运用到海关缉私、机场安检、警卫任务、大型活动、涉爆现场的搜爆工作中。同时，警犬还弥补了仪器检查的误报局限性，从而大大提高了安检的准确率。可以说，动物检查法是目前不可或缺的一项重要安检手段。

(三)场地安检的实施

举行重要的大型活动时，需要在一些大型公共场所进行。这些大型公共场所有室内的也有室外的，比如：体育场(馆)、会堂、礼堂、会议室、广场等。为保证使用场所的安全，在使用前要进行场地安检。各个场所进行场地安检时其重点检查部位是不同的。检查中除了全面检查以外，还要对重点部位详细检查，做到安全防范万无一失。

按照任务级别的不同，场地安检一般提前2~3小时进行，重要活动提前12~24小时增加一次检查。对场地及其相关设施安检的警力部署，应结合现场实际情况进行编组。组内应有掌握排爆技能的技术骨干，根据场地实际情况每组配备节点探测器、探雷器、电子听音器、检查镜、探针、电筒等器材。在搜爆警犬的配合下进行，最低配备警力为8人。其中指挥员1名，记录员1名，安检员4名，警犬训导员2名。

1. 堂、馆等室内场所的检查

对礼堂、会议室、体育馆、影剧院等堂、馆进行检查时，以人工搜索为主，并辅以探测仪器和警犬。

- 主席台

应对主席台的台上、台下、乐池、幕布、地下室进行细致检查；要检查所有的桌椅下面及背面是否藏有可疑物；检查摆设的花盆、装饰物及茶具、烟具和其他遮蔽部分。属于临时搭建的主席台，主要依靠施工单位和使用单位派人监督，防止被人放置爆炸装置。

- 首长休息室和卫生间

要特别注意凸起的地面和地毯；门窗是最容易摆放爆炸物品的地方，检查要特别小心；要对室内的沙发、茶几等家具以及种陈设、饰物，特别是灭火器、暖水瓶等容易被改装成爆炸装置的物品进行检查；详细检查各种容易隐藏爆炸装置的地方，如通风口、储水箱、下水道、天花板顶内等。

- 工作间

仔细检查诸如供电、译音、录音、通信、转播等系统所占用的房间以及化妆室等。除进行人工搜索外，还需进行设备的使用性检查，如对灯光、电子、显示、扩音等系统外观检查后都要试用检验。

- 座席

主要对有破损和重新修补缝合的部位检查，同时对座椅下面也应注意。

- 供水、供暖、供气、空调等系统

主要靠平时监护维修或结合防火进行检查。现场安检主要是外观检查，当然外观检查后还要试用。

此外，对体育场实施检查除按照上述堂、馆检查方式外，对场地要进行全面扫雷。有大型活动表演时，应注意对大型道具的检查。

2. 会议室和酒店标间的检查

先观察门上有无可疑连线，确定安全后进入室内。要注意观察地面有无异常凸起。会场内检查一般分工进行：1 号检查员使用节点探测器、检查镜、梯子对墙壁及附属物、顶棚进行检查；2 号检查员使用工具对室内主门、电器、电源插座、卫生间内所有设施进行检查；3 号检查员使用手持金属探测器对室内桌椅、家具及其配套设施、装饰物品等进行检查；4 号检查员使用软管窥镜对会场内暖气罩、通风口、地漏、窗外进行检查，同时协助 1 号检查员；5 号检查员使用炸药探测器对室内重点部位进行检查，检查完毕后加贴封条。

3. 广场、庭院等室外场所的检查

花坛、草地、假山、树林、灌木丛、通道等，均属于检查的范围。实施检查时应根据工作范围确定参加检查的人数，分片分组，按所辖责任地段，有组织地搜索。其中重点部位是：垃圾桶、果皮箱等可以移动而且看来又有可利用价值的物品；翻动过的地面、修补过的墙壁以及临时堆积的物品；树上、电线杆上悬挂的物品；灯杆地座、下水道等公共设施。

4. 建筑物的检查

建筑物的建筑结构不同，犯罪分子实施破坏的目的不同，爆炸装置安放的位置就有所不同。对建筑物的安检要重点检查两个部分：

- 建筑物的承重部位和结合部位

犯罪分子容易选择建筑物的底层作为爆炸重点，炸毁地下室的立柱和承重墙，切断二楼以上的梁柱结合部。要达到这个目的，一般需要较大的爆炸装置。因此，安检时要重点检查地下室和楼房底层以及结合部位。

- 建筑物的附属设备及隐蔽处

一般地，电源部位、水暖管道、楼梯以及不易发现的隐蔽部位容易被人设置爆炸物，对这类地方应重点检查。

5. 通讯枢纽的检查

通讯枢纽包括电台、电视台、电报局、电话局等单位和设施，是传播信息的中心。通讯枢纽安检的重点部位是：电台、电视台的电源部分；无线电发射装置、机械室、发射塔的底部；电报局、电话局的继电室、交换机室、电源室以及线路的引入线、地下线和配线装置等。犯罪分子以爆炸方式破坏其中任何一部分都会造成整个通信联络的中断。

6. 桥梁、涵洞和隧道的检查

桥梁、涵洞、隧道是连接交通运输线的重要咽喉通道，一旦这些地方遭到破坏，就会造成道路的中断。

- 桥梁

犯罪分子在爆炸桥梁时，一般有局部破坏和彻底破坏两类。局部破坏只是炸毁小部分桥脚或上部结构。彻底破坏时，炸毁桥梁的下部结构，从而使整座桥梁断塌。对于不同结构材质的桥，犯罪分子会对不同的重点部位进行爆破。石桥或混凝土拱桥，只要炸毁桥脚，上部结构就会拥塌，整个桥面就会全部被破坏；钢筋混凝土桥或钢桥由于比较坚固，使用炸药量较多，在桥脚、桥墩处安放炸药，也可炸毁桥面、桥梁等。对桥梁进行安检时，安检人员应仔细检查桥脚、桥墩、桥台、桥墩与桥面的结合部等要害部位。

● 涵洞

涵洞拱顶部位为检查的重点。顶部被炸会使路基塌陷，还会堵塞流水涵洞的通道，导致积水增多冲毁路基。同时，要防止利用漂浮物携带爆炸装置炸毁涵洞。

● 隧道

隧道两端入口的顶部，较长隧道中间的拱顶部以及铁轨下是检查的重点部位。炸毁这些部位都可以达到堵塞隧道的破坏目的。隧道拱顶设置爆炸物可炸毁隧道。铁轨和路基处设置爆炸物可颠覆通过的火车，同时堵塞通道。所以，安检人员在进行隧道安检时，上述部位应重点检查。

7. 地下管线的检查

地下管线分为不能通行的和能通行的两类。不能通行的地下管线有各类竖井和自来水井。对于不能通行的地下管线检查的重点是：开盖的铁算子上是否有连线或其他异常现象；井底的土和井壁上有无新挖的痕迹；表盘或闸盘上有无异物。能通行的地下管线有电力管道井和热力管道井。对于能通行的地下管线除了要重点检查以上三个方面以外，还要检查管道是否有破损或绑有异物。

(四)场地安检的注意事项

场地安检是各类安检任务中非常重要的环节，在安检过程中必须要注意以下几点：一是场地检查前必须清场，无关人员一律不得在场；二是要避免安检手段泄露；三是进入重要活动现场的人员必须要经过严格的验票、验证以及安全检查，避免犯罪分子混杂其中；四是场地检查完毕必须有专人看守，无关人员、未进行安全检查的非免检人员一律不得入内；五是在安检过程中器材检查、动物检查和直观检查应交替互补检查，避免漏检。

二、人身和随身物品安检

(一)人身和随身物品安检的目的

人身安检与随身物品安检是指安检人员运用安全门、手持金属探测器、通道式X光机对进入重要活动现场、重要建筑物的人员以及随身物品进行安全检查。其目的是避免受检人身上或随身物品中携带枪支弹药、管制刀具、腐蚀性液体、爆炸物等易燃易爆危险物品，从而确保活动现场或重要建筑物的安全。该手段现已被大量运用于公安安全保卫、交通安全、法院庭审、重要建筑物安全等领域。

(二)警力部署和器材配备

总结近几年大型活动安检的成功经验，经过严格测算，通过安检门的人流速度以500人/小时较为科学，最多不能超过800人/小时。因此，在人身安检与随身物品安检中，安检警力部署和器材配备按照每个入口检查速度500人/小时的标准，配备X光机、安检门及手持金属探测器等装备。每个安检口(以1机1门为标准)配备警力7人，其中指挥员1名、执机员1名、引导员1名、前传员1名、后传员1名、手检员2名。

(三)岗位及工作职责

按照工作需要和岗位分工，每个安检口(以1机1门为标准)可分为6个工作岗位，即：指挥员、引导员、前传员、执机员、后传员和手检员。其工作职责是：

1. 指挥员

指挥员选择有利位置，在直视范围内与受检人保持 2 米左右距离，全面掌握现场情况。一旦发现异常，指挥员应立即警示执勤民警，并迅速采取果断措施，必要时可依法使用警械、武器。指挥员每半小时向现场指挥部报告情况，遇有紧急情况及时报告。

2. 引导员

引导员位于安全门前 1 米处，负责维持秩序。引导员应提示受检人接受安全检查，仔细观察受检人的神态和动作，从中发现可疑人员，并迅速示意手检员实施重点检查。

3. 手检员

手检员位于安全门后，负责对受检人进行人身检查(女受检人的检查必须由女手检员实施)。手检员应随时观察受检人的神态和动作，并保持高度警惕。

4. 前传员

前传员位于 X 光机前，负责提示、协助受检人将被检物品放置在传送带上。前传员应仔细随时观察受检人的神态和动作，遇有可疑情况，立即示意执机员实施重点检查。

5. 执机员

执机员负责 X 光机的图像识别。执行员一旦发现可疑物品时，应立即示意后传员实施开包检查。

6. 后传员

后传员位于 X 光机后，负责协助执机员进行图像识别。同时，后传员应观察现场有无可疑动向，并对执机员提示的重点物品进行开包检查。

(四)检查流程

安检人员到达任务现场后，即按照分工提前就位。安检人员在勤务前 2 小时做好安检准备。安检准备包括：按操作规程开启并调试好安检门和 X 光机；根据实际需要，确定好安全门、探测器等器材的灵敏度。安检开始后，应执行以下程序：

1. 验票

检查开始前，由活动主管部门负责查验票证。票证确认后，请受检人员进入安全检查区。

2. 初检

在指定检查位置，事先应设置一个或若干个安全门，配备相应的 X 射线检查系统。引导员引导进入活动场所的人员通过安全门，提示其将随身携带物品通过 X 射线检查系统，进行初检。

3. 复检(搜身检查)

通过安全门初检后，不能确认安全的受检人员由安检员利用手持金属探测器进行复检。进行复检的安检员应站在被检人右前方 45 度角位置。复检应按照从被检人左侧向另一侧、从上至下、从前到后的顺序实施全面检查。具体是：从被检人左臂，左肩胛，左腋下，左前胸，腰部，左腿，腿内侧到右腿，右前胸，右腋下，右肩胛，右臂；转身后按照头部，后颈，背部，腰部，臀部及以下顺序检查。全面检查的同时要对重点部位认真检查(查过部位不要重复检查)，对报警部位检查后要复检。

经过 X 射线检查系统透视发现有违禁物或可疑情况的受检物品，由安检员进行开包、开箱复检。手工对箱包的检查时，民警要遵循先看外观，再掂重量，后查内部，最后做使用性检查的顺序进行。在查内部时要由上至下分层检查，将箱包内物品分层取出。取出上层物品时，要用手轻压着下层物品，注意上下层之间有无可疑连线，防止安装有松发或压发装置。对于取出的物品要分清顺序和方向，左放左，右放右，检查完毕后按原码放顺序复原。

4. 重点检查

对经过初检和复检仍不能确认安全的受检人员，应当进行重点检查。重点检查应在事先准备好的检查室内进行。重点检查时，必须有两名与受检人同性别的安检员同时在场。

三、安检仪成像规律

安检仪成像颜色主要分为；

(一)有机物：橙色(等效原子序数为1~10)

1. 等效原子序数等于或低于10的化学元素(如氢，碳，氮，氧等)。
2. 实例如塑料、纸张、纺织品、食物、木制品和水等。
3. 其中毒品和大部分的炸药也属于有机物(橙色)的范畴。

(二)混合物和轻金属：绿色(等效原子序数为11~18)

1. 等效原子序数在11到18之间的化学元素(如铝、钠、硅、硫等)。
2. 实例如玻璃、瓷器和铝制品等。
3. 有机物和无机物混杂在一起也往往呈现为绿色。

(三)无机物：蓝色(等效原子序数为18以上)

1. 等效原子序数大于18的化学元素(如钙、铁、铜、银等)。
2. 主要是重金属，如钛、铬、铁、镍、铜、锌、锡、铅、金、银等。

(四)未能穿透的物品(多为重金属)：黑色

(五)厚度较大但是能穿透的(多为大密度物质)：金属红色

注意：此处关于有机物、混合物、无机物的定义与严格化学意义上的定义有出入。

四、人身及随身物品安全检查应注意的问题

(一)安检人员应具有高度的责任感，恪尽职守

在人身及随身携带物品安全检查的过程中，应采取统一组织、分工负责的方法，定人、定岗、定位、定责任(即“四定”)，确保万无一失。安检人员要充分认清肩负安检工作的责任感和使命感，严格遵守安检工作制度和操作程序，全面而详细地实施安全检查措施，克服麻痹大意，避免漏检现象。特别是对一些神态和举止异常的人，以及身份与服饰、携带物品明显不相符合的人，要防止其声东击西、企图蒙混过关，绝不能放过任何一个可疑人员和一件可疑物品。

检查过程中，组织安全检查工作的主管部门应随时检查各岗位人员在岗情况，以及执行岗位责任制的情况，防止发生安检疏漏。另外，如果安检过程中遇有突发事件应及时处置，采取紧急措施，并向活动安全保卫指挥部报告。

(二)尊重受检人的人格尊严，合法合情合理

在实施人身检查时，安检人员的语言要文明，动作要规范，尽可能获得被检人的理解和支持。检查时语言、动作稍不注意，可能会带来不良后果。特别是对外国人和有宗教信仰人员安全检查时，既要保证安全检查的效果，又要注意尊重他们的风俗习惯以及宗教信仰，这就要求安检人员平时注意学习一些外事知识和宗教知识，为做好安检工作积累一些相关知识和经验。对残疾人检查也一定要注意方式、方法，其伤残部位是敏感部位，在保证安全检查

效果的前提下，尽可能不触碰其残疾部位，对他们要给予充分的关心和尊重。

对妇女进行人身检查时，应当严格遵循“男不查女”的原则，这是国际惯例。女被检人一定要由女手检员进行检查，重点检查妇女可能藏匿危险物品的特殊部位(如头发及饰物、胸部、裆部、鞋等)。

在对随身携带物品检查时，注意合法、合情、合理地运用“先人后己”的原则。也就是说，在怀疑被检人员随身携带物品可能有问题时，要注意爱护受检人物品，合乎情理地先让物品的持有人打开包装，安检人员再做进一步的检查。在被检人打开包装时，要注意按照一定顺序和方向拿取物品，切忌乱翻乱动；检查完毕，对确认安全的物品按照原样位置放回。同时，安检人员一定要密切观察被检人的表情和动作，防止被检人趁机作出异常的举动，对检查出的危险物品或违禁物品按照规定进行收缴或处理。

(三)密切注意重点对象，确保不留隐患

无论是对人身进行手持金属探测的复检，还是进行人身的徒手检查时，安检人员一定要密切注意观察被检人的神态，始终提防被检人的双手，防止被检人的突然袭击。

在检查出一件危险物品或者与危险物品有关的物品时，还需注意根据其线索和疑点追查到底。有些不法分子不仅十分狡猾，可能会把爆炸装置、施毒装置、枪支弹药等分解后进行藏匿，而且他们凶残狠毒，可能会在一个人身上(或是在一个活动场所中)藏匿多个危险物品，企图制造更加严重的伤亡后果。因此，安检人员不能因为检查出一件危险物品或是发现一个疑点就沾沾自喜，掉以轻心，要保持高度的警惕性，保证安全检查的全面又彻底，不留后患。

第六节　安全检查岗位职责及检查方法

一、指挥员职责

1. 负责对现场安检人员勤务组织与实施，根据进站客流妥善安排勤务，提出工作要求，检查督促各安检通道安检人员岗位职责履行情况，发现问题，及时纠正处理。

2. 负责对现场安检通道开启、关闭及突发事件前期的应急指挥。

3. 负责对现场安检人员劳动纪律、工作状态进行监督检查。

4. 负责对现场发现禁、限带危险物品的正确处置。

5. 接受上级的指示、命令和下级的请示、报告，处理安检现场出现的各种问题及处理旅客投诉，督促安检人员确保安检质量、文明执勤，提高服务水平。

6. 讲评当日执勤情况，对工作中表现突出的人员予以表扬，对工作责任心不强、出现差错的人员予以批评教育。

二、引导员工作职责、标准

安检引导员是指提示和协助进站的旅客将携带的行李物品放置在 X 光安检仪传送带上接受安检，并有序通过安全门的工作人员。

(一)岗位职责

1. 组织旅客有序排队，接受安全检查。遇有较大客流时，应注意控制候检旅客进站速度，分段放行。

2. 引导进站旅客将行李物品正确放置在X光安检仪传送带上接受安全检查(为甄别各类危险物品提供条件)。

3. 引导进站旅客逐个通过安检门接受人身安全检查。

4. 协助执勤民警及其他安检岗位人员处置突发事件。

5. 将引导过程中发生的问题及时进行汇报。

(二)工作标准

1. 在旅客未进入安检通道时，安检人员应当站立于X光安检仪进口前方，两腿自然分开与肩同宽，两臂内合，右手压左手于小腹前(或双手背于腰后)，挺胸、收腹，两眼平视前方，微笑服务。

2. 确保进站旅客携带行包(大、小包，腰包、手包、手提袋)及随身物品件件过机，旅客逐个通过安全门，过机(门)率达到100%。

3. 组织旅客逐个过检，确保进站安检秩序良好。

4. 使用文明用语引导旅客进站接受安全检查。

(三)引导工作中注意事项

1. 遇有心脏起搏器或者假肢等伤、病、残、孕旅客，应请其绕过安检门接受人身手工检查。

2. 对于免检的外交信(袋)，需检查其铅封是否完好。同时通知执勤民警，经核准后放行。

3. 在X光安检仪旁放置安检筐备用，引导受检旅客随身携带的易碎、贵重或其他特殊物品，放入安检筐内通过X光安检仪进行安全检查。

4. 将超薄物品放置在安检筐内，再通过X光安检仪检查。

5. 对不宜进入X光安检仪检查的物品，应通知安检处置员开包手工检查。

三、安检手检员工作职责及标准

手检员是对经过安全门报警的人员或可疑人员进行金属探测器检查或手工检查，及时发现藏匿在受检人员身上禁、限带危险物品的工作人员。

(一)岗位职责

1. 手检员对通过安全门报警的旅客或可疑人员，使用手持金属探测器进行人身手工检查。

2. 对可疑人员进行重点检查，防止将禁、限带危险物品夹带进站上车。

3. 严格执行手检工作程序，细致查找禁、限带危险物品。

4. 将手检过程中发生的问题及时进行汇报。

(二)工作程序

1. 领取手持金属探测器。

2. 对安全门及手持金属探测仪进行检查，看是否处于正常工作状态。

3. 对经过安全门报警的旅客进行人身检查。

(1)认真观察安检门报警情况，对经过安全门报警的旅客进行人身全方位手工检查。

(2)手检过程中，如果探测器报警，子检员左手应配合触摸报警部位，以判明报警物品性质。同时请受检人员取出物品进行检查，检查完毕后对该部位进行复检。

(3)当检查到鞋部有异常时，应请受检人员脱鞋检查。

(4)对形态可疑，有意回避检查的人员，要作为重点受检对象。同时，提高警惕，做好自身防护工作。

4. 手检过程中发现禁、限带危险物品，应随时交由安检处置员处置，违禁品及携带者交由执勤民警进一步审查。

5. 手持金属探测器检查顺序。

安检员站在被检人侧前方45度角的位置，检查顺序应从左臂、左肩胛、左腋下、左前胸、腰部、左腿、左脚踝、腿内侧至右脚踝、右腿、右前胸、右腋下、右肩胛、右臂，然后请被检人转身，对其背部进行检查，依次由头部、后肩、背部、后腰、臀部、右腿后侧、右脚踝、左脚踝、左腿后侧，排除可疑点后放行。

(三)工作标准

1. 时间标准：夏季以每分钟检查3至5人为准；冬季以每分钟检查2人为准。

2. 客流量标准：各重点时期(春、暑运、小长假、警卫任务期间等)应按“统筹兼顾、等级管理、分级方案”的原则制定人身安检标准，即每名旅客人身手检的时间卡控。(例：客流集中时，采取快速手检方式开展；客流平缓时，采取人身全方位手检方式开展)。

3. 旅客经过安全门报警，手检员应告知旅客接受人身手工检查。当检查到身体某一部位发现报警、可疑物，应告知旅客取出该物品。确认系危险物品时，应告知旅客不能带进站，并交安检处置员处置。

4. 手检完成后，应提醒旅客带好行李物品进站，不要停留。

(四)手持金属探测器人身检查的方法

1. 全身检查：主要针对重点时期、重点旅客的人身检查。

检查原则：从左到右，从上到下，从前到后，仪器与手工相结合，通过仪器报警、手的触摸、眼睛的观察排除疑点。检查重点部位：肩胛、胸部、腋下、腰部、臀部、裆部、大小腿内侧、脚跟。

2. “U”形身检：主要是针对日常旅客上半身“U”字形的快速人身检查方法。

检查原则：从左到右，从上到下，从前到后，仪器与手工相结合，通过仪器报警、手的触摸、眼睛的观察排除疑点。

检查顺序：安检员站在被检查人侧前方45度角的位置，检查顺序应从左前胸、腰部、左裤兜、右裤兜、右上衣兜、右前胸，然后对其背部进行检查。依次由头部、后肩、背部、后腰，排除可疑点后放行。检查重点部位：肩胛、胸部、腋下、腰部。

手检过程中注意事项：

(1)检查中使用文明用语，不得强拉硬拽。

(2)使用手持金属探测器进行检查时，应按照设备技术要求操作，既要做到切实对受检人员身体各部位进行检查，又不致因动作不当引起受检人员反感。

(3)对查出的物品和受检人员主动从身上取出的物品都不能轻易放过，应逐一进行检查。

(4)检查过程中，应注意观察受检人员表情，随时做好应变准备。

(5)对女性实施检查时，必须由女性安检人员进行。

(6)检查结束，应告知受检人员检查完毕，感谢配合工作并提醒其拿好自己的物品。

手检过程中发现问题的处置：

①手检过程中，手检器报警，受检人员表示不便在现场亮明物品时，应及时上报安检班

长及执勤民警处理。

②发现爆炸物品或装置等突发事件时，应严格按照相关应急处突预案程序处置。

四、安检执机员工作程序、职责及标准

安检执机员是指对进站旅客随身携带的行李物品进行 X 射线图像判别的安检工作人员。

(一)岗位职责

1. 利用 X 光安检机对进站旅客的行李物品进行甄别。

2. 及时发现行李物品中危害铁路运输生产及旅客生命财产安全的禁、限带危险物品，并通报安检处置员开包手工检查。

3. 严格执行 X 光安检仪检查程序，认真要甄别、确定禁、限带危险物品。

4. 保持 X 光安检仪设备卫生整洁。

5. 认真、准确记录机检过程中发生的问题，并及时进行汇报。

6. 未经许可不得擅自启动或关闭 X 光安检仪。

(二)工作标准

1. 端坐于 X 光安检仪操作台前，两腿自然分开，双手平放在腿上，在通过 X 光安检仪成像对禁、限带危险物品识别时，双手放置丁操作台上，两眼注视电脑屏幕，注意发现各类危险和可疑物品。

2. 熟知危险物品的种类和范围，掌握 X 光安检仪工作原理、成像规律、判图方法，准确鉴别各类危险物品。

3. 图像识别时，能够准确判定危险物品在过检行包内的位置。

4. 执机员按照操作要求对旅客行李 X 光安检仪接收到的影像进行检查。对于可疑行包的行李影像进行复检，执机员应重点分析，加强辨别。

5. 规范无缝交接。交接设备使用情况，检查设备、台账是否完好、齐全，通报岗位上发生的特殊情况。

(三)判定处理

1. 根据国家相关法律法规要求对禁、限带危险物品图像进行分析判别。

2. 如在图像中发现疑似爆炸物或装置，执机员应立即上报安检班长及执勤民警，同时按照相应应急预案进行处置。

3. 如在图像中发现易燃物品、枪支弹药及其他禁、限带危险物品时，告知安检处置员进行开箱包检查，同时上报安检班长及执勤民警。

4. 当执机员无法通过分析图像直接判定物品性状确认安全或射线无法穿透物品时，应立即上报安检班长及执勤民警。

5. 开包检查后的行李物品应当再次通过 X 光安检仪复检，彻底排除无危险物品后放行。

6. 填写安全检查岗位勤务情况记录本。

(四)图像识别过程中注意事项

1. 当执机员无法通过图像分析直接判定物品性状是否安全或射线无法穿透物品时，应立即上报安检班长及执勤民警。

2. 在检查过程中发现不明液体时，应及时通报安检处置员开包检查。

3. 发现带有电池、导线等物品时，应通报安检处置员开包检查。

4. 如在图像中发现枪支、疑似爆炸物或装置，执机员应立即上报安检班长及执勤民警。

同时按照相应应急预案进行处置。

五、安检处置员(开包员)工作程序、职责

(一)工作程序

1. 当安检执机员示意需开包检查时，安检处置员，应核对受检行李物品部位，确定可疑物品的性质，待携带人自行打开。

2. 开包检查时，开启的箱包应侧对携带人，使其能目视自己的物品。

3. 开包检查过程中，安检处置员应根据物品种类性质采取相应的(看、听、摸、捏、掂、嗅、探、摇)方法进行检查。

4. 认真准确填写《危险品查处登记本》。

(二)岗位职责

安检处置员一般由民警担当，是指对携带禁、限带危险物品的旅客按照国家相关法律法规，依照程序进行正确处置的工作人员。

1. 根据国家相关法律法规要求，正确处置禁、限带危险物品。

2. 向携带禁、限带危险物品的旅客宣传法律常识及危险品的危害性。

3. 严格执行开箱包检查工作程序，认真、谨慎查找禁、限带危险物品。

4. 对旅客主动放弃的民用危险物品进行登记，对旅客要求暂存的贵重禁、限带危险物品(生活类)认真登记，并告知暂存时限不能超过30天，逾期按自动放弃处理。

5. 熟知防爆器材(防爆毯、防爆罐、防爆围栏、警械带)的准确位置及使用方法，遇有紧急情况，能够正确应急先期处置。

6. 旅客自动放弃的危险物品要分门别类，码放在储物箱中，不得随意堆放，并及时移交。

7. 将开箱包过程中发生的问题及时向安检班长(指挥员)汇报。

第九章　检　　查

第一节　观察与识别

安保工作中，需要对所遇到的社会现象和事实进行系统、周密的观察与识别，并进行理性思维与客观判断，才能从简单的社会现象中抓住复杂事物的实质，从而准确地发现、识别和揭露事实真相。

一、观察

(一)观察的种类

从不同的角度，可以将观察分为不同的类型，主要有浏览观察、定向观察、定位观察和流动观察。

1. 浏览观察。所谓浏览，就是将观察范围内的人、事、物普遍地、粗略地环视一遍，通过浏览使自己对环视范围的人、事、物有个初步的认识或大致的了解，为下一步观察打下基础。浏览要有明确的目的，即在需要了解范围内的人、事、物中，将注意力集中在搜索寻找反常线索上。浏览观察要在广泛浏览的基础上，根据任务的需要及时准确地发现目标，否则在瞬间就有可能因为观察者的经验、注意力的影响，造成嫌疑人员的伪装、脱逃或隐藏。因此，在实施观察时必须环顾四周，兼顾远近，了解情况，抓住要点，及时发现不同方向、不同方位潜在的嫌疑人员。

2. 定向观察。一般是在获得比较确切的治安信息或熟悉通缉、协查通报的基础上所进行的目标明确的观察。特别是犯罪嫌疑人或通缉、协查的犯罪嫌疑人已进入安保工作区域，就应将注意力重点放在搜寻该犯罪嫌疑人身上，加强寻找与犯罪嫌疑人体貌特征相似的人员。同时还要加强对着装特点、语言情况、携带物品以及犯罪嫌疑人身上的各种特征标志的观察，以减少观察的局限性，提高工作的准确性。正确实施定向观察，有助于认定犯罪嫌疑人员，有助于提供侦查线索和缩小工作范围。

3. 定位观察。安保工作人员在执行任务时，应有明确的分工，有每个人员的责任区域或者责任目标，这就是所谓的定位观察。通过定位观察落实岗位责任制，强化定岗、定人、定查的方法，以避免出现顾此失彼的现象。

4. 巡视观察。安保工作人员在执行任务时，要加强对嫌疑对象及危险情况的观察。特别是在复杂公共场所、夜间光线暗淡等视野窄小及嫌疑人员多且又不完全确定的情况下，就可以更大范围地监视外部环境，亦可防止犯罪嫌疑人从背后或侧翼偷袭，造成安保工作人员伤亡或犯罪嫌疑人的逃脱。

(二)观察的途径

1. 心理观察。由于心理活动的作用，人们的身体动作、面部表情或语音语调都能表示出一种无法用技巧来掩饰的定势。犯罪嫌疑人进行犯罪，通常有个从预谋到实施的过程。在预备犯罪过程中，犯罪嫌疑人内心发生心理上的冲突。当冒险、侥幸心理占主导地位时，犯罪的目的、动机开始确立。当犯罪嫌疑人确立犯罪行为目的，形成犯罪行为动机以后，为了使自己顺利达到目的而又不被惩罚，就需要决定行动的手段或途径，包括作案方式的选择、对象的物色、工具的准备、理想的作案时间、路线的选择以及作案后如何销赃灭迹、逃避打击等。在准备的过程中，通过对现场的观察和凭借经验进行假设、推理、预测，来选择那种既不被发现，又能达到目的的最好实施方法。

尽管犯罪嫌疑人对犯罪行动进行了准备，但犯罪行为实施的危险性和应受的惩罚性，依然会使得案犯在实施犯罪时，具有强烈的恐惧心理。在这种情况下，犯罪嫌疑人的情绪紧张、慌乱、恐惧心理，容易出现破绽，这是一种神经动力过程，从心理和行为上讲，是一种自动化的行为活动方式，即习惯、技能、技巧等活动的神经机制，也是难以抗拒的心理现象。无论犯罪嫌疑人多么老练，他们也会因危险的到来而心情紧张、恐惧，暴露出蛛丝马迹，具体表现在面部表情和眼神上。

心理观察的要领是：主要注意嫌疑人的眼睛，通过眼睛，窥测出他们的心理状态，并根据情况作出相应的判断。此外也可以通过眼神，或犯罪嫌疑人自窥身体携带的物品、藏匿的物品等，作出相应的判断。

2. 行为观察。行为观察是指安保工作人员对犯罪嫌疑人的行为动作进行的观察活动。人体的各种机能，通过条件反射在大脑皮层有关中枢之间形成暂时的联系，再经过一定次数的反复巩固和强化，就能达到自动化程度。当神经活动定型中的某一环节起作用时，相关的环节立即刻板地自动重复出现。虽然人可以在意识的支配下进行伪装，但这种控制和支配是有限的，只能在意识所及的范围内推动着伪装的实施，反常的表现仍会不自主地加以流露，特别反映在姿态、手势及其面部表情和目光的交流上。

(三)观察应注意的问题

1. 选择观察对象和环境。发现和判定违法犯罪嫌疑人具有多层次、多方面的特点，而且都与之形成的周围环境有着密切的联系。因此，进行实地观察，要慎重选择观察对象及所处的环境，尽可能得到良好的观察效果。

2. 灵活安排观察程序。灵活地安排观察程序，主要是指对观察过程的安排，不能僵死，一成不变，要根据实地发生的变化情况，及时作出调整。特别是实地观察中产生出的、一些由观察者与观察对象双方因素造成的不自然的失去常态的情况，要及时修正计划，以减少观察过程中的误差。

3. 把观察与思考紧密结合起来。观察不是人的感觉器官对观察对象纯客观的描述，而是以一定的理论、目的为指导，以一定的经验和知识为基础的认识活动。只有在观察活动中明确目的，有理论作指导，在广博知识和丰富经验的基础上，善于思考，才能发现和判定各种违法犯罪嫌疑人员。实践证明，只有把观察与思考相结合，才能捕捉到嫌疑之点。

二、识别

识别，是指安保工作中，运用自己敏锐的观察能力、丰富的社会经验和相关专业知识，结合违法犯罪人员活动的规律特点，以感知的外部事物特征为依据，对违法犯罪嫌疑人的行为、形象、方言和证件等进行判别的过程。

（一）人物体貌特征识别

人物体貌特征识别是安保工作中，根据公安机关发出的《通缉令》或《协查通报》中描述的罪犯及嫌疑分子的相貌特征，从头部特征和体态特征入手进行的对罪犯或违法犯罪嫌疑人员的辨别和辨认活动。外貌一般应以相貌特征为主，结合体态特征进行。

1. 头面部特征。人的头面部形态是由脑颅、面颅构成的骨性基础和覆盖在头骨表面的软组织所决定的。头面部形态是进行个人识别的关键。人体外貌特征一般可分为头面部、五官、体态三大类，而作为人之首的头面部特征，则常常代表着一个人的基本外貌特征，我们通常认人、记人，都是从人的头面部特征开始的。人的头面部特征千差万别。从生理上说，头面部特征是由头骨形态所致，如男性与女性特征有区别，老人与童幼的特征不同。通常看，男性颅骨比女性颅骨较为粗壮，男性的眶缘较女性为圆钝，男性的额骨、鼻突鼻骨和上领骨一般都比女性的粗壮等。

虽然人的外貌特征千差万别，但和指纹一样，具有一定的规律可循。在我国古代画论中，对人像就有“相之大概，不外八格”之述。所谓八格就是田、由、甲、目、用、风、申、国八字，意思是人的头部正面的基本型类似以上字体。从体质人类学上讲可把面部特征分为10种类型：椭圆形（中字形）；卵圆形（甲字形）；倒卵圆形（风字形）；圆形（田字形）；长方形（国字形）；扁方形（日字形）；菱形（申字形）；梯形（由字形）；倒梯形（用字形）；五角形；冉字形）。

人的面部颜色，有黑脸、黑红脸、红脸膛、赤红面、紫红脸、酱红脸、黄脸膛、蜡黄脸、白净子、小白脸、铁青脸、粉红脸等。如日照时间短，比较寒冷地方的人，脸色就浅；长期从事野外作业的工人、农民的脸都黑，在机关工作见太阳少的人，脸色就比较白。一般规律是：气候炎热地区的人要比寒冷地区的人脸黑、红一些；农民的脸要比工人、知识分子的脸色黑一些，经商的人比做工的人脸黑一点。此外就是一些有疾病的人：肺有病的人脸色灰黄，肝有病的人眼角发青，脾有病的人嘴唇发黄，心有病的人两额发红等。

2. 发式特征。在诸类人物特征里，发式形态也是较为不稳定的特征之一。发式特征具有较强的时效性，头发人人有之，不同年龄的人有不同的发式，不同性别、不同民族、不同地区的人有不同的发型。一般情况下，人的发式一旦确定，大多相对稳定，少有什么变化。

从发的形状和加工看，有卷发、波浪发、直发、束发、假发、染发、烫发和因病理局部脱发或不生发的称为癞病等。从发的颜色看，有黑发、锈黑、青黑、纯黑、麻黄、暗黄、金黄、黄红、松红、土红、白发、花白、黄发、棕发等。从发的密度和秃位看，有密发、稀发、额秃、顶秃、枕秃、颜秃、全秃等。

从男性发式看，有平头、运动头、光头、圆头、四方头、后翻、四六分、三七开、二八分、奔头、老向头、中碎、短碎、长碎、爆炸式等。思想较为正统或单纯的男性，发式都较为简单，一般常见的有光头、平头、分头或背头四种类型；行为较为放荡的，意志消沉赶新潮的男性，或男性女装三节头、大包头，或奇形怪状的长发、卷发等。这类发型一般较为好认、好记，而且当他未发现当事人异常时，大都不会改变自己原有的发型。从犯罪性别男女比例看，男性犯罪约占95%以上。因而对男性发式的特征进行分类识别，准确描述，具有非常现实的重要意义。

女性发式多种多样，据不完全统计，有花样达300余种。从较为流行的发式看，简单可分为直发、中发、卷发三类；长发型有：长碎发、披肩发；中发型有：齐肩长、三节头、不等碎、童装碎等；短发型有：短碎、超短碎（男人头）等。随着社会治安的日趋严峻，女性犯罪、男女结伙犯罪呈不断上升势头，因而注意对女性发型特征的识别，和掌握对女性发式的记忆亦显得很有必要。

3. 胡须特征。作为男性，生长胡须是每个男性正常的生理现象。由于民族传统和个人爱好的差异，胡须的形态也是千差万别，各具特色的。如年轻人留胡子，给人一种美感；中年人留胡子，给人感觉成熟稳重；老年人蓄胡须显得精神更旺盛。胡须的特征一般有：平直型、下垂型、上翘型、浓密型、连面型五类。生活中常见的胡须有：连面胡、山羊胡、鼻下胡、下巴胡、弓型胡、八字胡、络腮胡等。

4. 五官特征。人体外貌特征给人印象最深的、最具个人特点的、最好识别的莫过于五官特征了。人体五官，历代传统说法不一，《荀子天论》以耳、目、口、鼻、形为五官。古代医学称身有五官六腑，即以鼻、目、口、舌、耳为五官。《隋书·刘炫传》以两手、口、耳、目为五官。我们现在常说的五官，一般都是指眼睛、鼻子、嘴巴、耳朵和眉毛。

眼睛是人体稳定的特征之一，眼睛不但能表达人们的内心感情，而且能鲜明地反映人的个别标志。古人有“画龙点睛”之说，可见眼睛作为人体个别特征的普遍性。眼睛的形态一般可分为以下三类：大眼睛即牛眼、杏核眼、虎眼、黑豆眼、小泡眼、对眼；小眼睛：即细眯眼、曲曲眼、死鱼眼、眯缝眼、阴阳眼；吊眼即单凤眼、吊眼梢、八字眼、吊眼、压刀眼、三角眼。

鼻子位于人头面部前中心位置，作为稳定特征之一，鼻子能形象地反映出人的个性。从鼻的外形看，可按鼻翼突出外展程度、鼻背部形态、鼻孔形状分为三种类型。从正面看，鼻翼外展宽度可分三种类型：宽阔型，鼻翼宽大于两眼内角间距；适中型，鼻翼宽几乎同两眼内角相等；狭窄型，鼻翼宽小于两眼内角间距。

口，也称嘴巴，是面部的重要特征。口由唇、舌、牙等组成，它前接外界，后通咽喉，外面看见的部分通常称为嘴唇。唇分上唇和下唇，闭全时只有一条横缝，称为口裂，其两端为口角。

耳朵，位于头部的两侧，它主管听觉和平衡。我们所讲的耳朵，是指突出在头颅两侧的耳廓。耳廓的外形像个贝壳，在头的两侧，宛如一个“收音喇叭”。

眉毛，长在眼睛的上方，眉弓骨的上边。长势由内向外生长，内叫眉根，是上下生长，外叫眉梢是顺势生长。它的作用是保护眼睛，防止汗水、雨水流人眼睛。其次是美观，从生理上讲它的作用不太大，但却必不可少，是一个美、丑、喜、悲、哀、怒、威、神的重要标志。眉毛的种类一般有平直形、弓形、八字形、立眉形和间断形。

5. 特殊标记特征。由于各种先天遗传因素和后天人为，在人体的体表除人人所共有的基本特征之外，总是经常会出现一些明显的特殊标记，如痣、记、疤、文身等。只要能留意记住这些特征与人物的基本特征，综合反映便能描述出一个人特征的稳定性。

人物体表特征皮肤上生长的青色、红色或黑褐色丘疹状的结节叫痣，长有毛的痣叫毛痣；直径在5毫米以上的痣(不含毛痣)叫大痣；皮肤上的色素斑块叫记；伤口或疮口愈合后在皮肤上遗留的瘢痕叫疤；体表组织增生的肉疙瘩叫瘤；病毒引起的表皮小肿瘤，能自行消退或生长的叫疵；皮肤色素细胞脱失所出现的白斑叫白斑；皮肤上刺的各种图案、文字，总称文身或刺青，文身常见的有龙、风、兽、禽、昆虫、花、果、刀、剑、文字、人像及其他。

人物的习惯动作：翻眼，眼球习惯性上下转动；眨眼，眼睑习惯性连续睁闭；皱眉，习惯性皱眉头；挑眉，习惯性将眉毛向上挑起；推镜，习惯性用手摸眼镜，或用手推摸眼镜支架；抓头，习惯性用手抓摸头部；挖鼻，习惯性用手挖鼻孔；打手势，说话时习惯用手比划；左撇子，习惯用左手；缩颈，习惯耸肩缩展；两足呈倒八字形，内八字，行走时，足尖内收，两足呈八字形。

世界上有几十亿人口，人物特征与指纹特征一样，除双胞胎外，在同一国家、同一地区要找出两个人物特征一模一样的人来，恐怕没有。因而人口再多却人形百态，一人一形，千人千面。这不同的各种形态，正是每一个人的人物个别特征和特殊习惯动作等的组合效应。如人的颈部特征有长颈、短颈，有粗颈、细颈，有突喉结、平喉结。躯干特征有左高右低肩、右高左低肩，有鸡胸、桶胸、阔胸、狭胸、毛胸等。其他特征有酒窝、狐臭、高额骨、皱纹、麻子、粉刺、雀斑。神经性特征有面肌抽搐、说话歪嘴、摇头、手抖等；功能性缺陷有口吃、语吃、痴呆、哑巴等；发音特征有嘶哑、尖细、重鼻音、宏亮、清脆等。

6. 记住歹徒特征的基本方法。第一，记体态特征。包括案犯的身高、体态（是胖是瘦，还是中等体型）、肤色（白、黑、黄色）、发型（包括头发的长短、颜色，是否光头、秃头、染色、卷发等）、脸型（瓜子脸、方形脸、圆形脸还是菱形脸）、额头（前突、平直还是后倾）、眉毛（粗密还是稀少）、鼻梁（扁塌、平直、鹰钩还是挺拔）、嘴唇（厚、薄、中等）、下巴（方、圆、尖）、六指头、酒渣鼻等先天性其他病理性特征。

第二，记衣着特征。虽然衣服、发型在众多的人物、特征中是一个变量，是不稳定的特征，可能随时变更。但在一定时间、地点内，将它的款式、颜色、质地等特征提供给警方，都有可能在案件侦查中产生意想不到的收获。

第三，记语音特征。注意作案人讲什么方言，是否纯正，是否外地口音，音色是否沙哑，是否口吃，说话中是否夹带脏话、黑话、行话等。

第四，记行为特征。行为是个人在长期不同的条件、环境、遭遇经历活动中形成的，具有一定的稳定性。如左手持刀的、是否伪装的、习惯带什么工具，对当事人的态度、手法、语气等，以及劫取的物品种类、数量，行走的姿势、习惯动作等。

（二）语言识别

安保工作中，通过对识别对象的问话，可以从对方谈话中使用的方言判断其大致生活或居住的地区，从而对审查对象，特别是审查流窜犯罪或通缉在逃犯罪嫌疑人具有十分重要的现实意义。这里我们仅就汉语方言做一简单介绍。

方言词语是指表现本方言特色和民族共同语有明显差别，只通行在本方言区或某几个方言区的独特的词语。方言词语具有明显的地域性，是言语识别的主要依据之一。方言常见的特征有义同词异、义异词同两类。

1. 词义相同、词素颠倒或词素部分不同的词汇。如“早晨”，在粤方言词中为“晨早”；“手套”，粤方言词为”手袜“；“下雪”，湘方言词为“落雪”；“单车、自行车”，湘方言词为“线车”；“月亮”吴方言词为“月光”。

2. 词义相同，词形完全不同的语言词汇。如卷心菜：圆白菜（北京语）、疙瘩白（沈阳语）、包头菜（合肥语）、包菜（长沙语）、球菜（温州语）。聊天：唠嗑（东北语）、打嘴鼓（潮州语）、扯乱弹（长沙语）、摆龙门阵（四川语）。

3. 词义宽窄不同的方言词语。如“水”，在粤方言、客家方言中还兼指“雨”，“下雨”称为“落水”，浙江平阳一带人称“凉水”。“吃”在吴、湘方言中还兼指“抽”、“喝”等功能。“肥”在普通话中只能指动物，而不指人，但在粤语方言中可兼指人，如“肥仔”、“肥佬”等。

4. 方言区域分类。

第一，北方方言。北方方言是现代汉民族共同语的基础方言，以北京话为代表，北方话为基础，其内部一致性较强，北京语音是它的标准语音。在汉语各方言中，北方方言分布地域最广，使用人口占汉族人口总数的70%以上。

北方方言分为四个次方言。华北、东北方言，分布在北京、天津两市和河北、河南、山东及东北三省、内蒙古的部分地区；西北方言，分布在山西、陕西、甘肃及青海、宁夏、新疆、内蒙古部分地区；西南方言，分布在四川、云南、贵州等省及湖北大部地区；江淮方言，分布在安徽、江苏两省长江以北地区，以及镇江以西九江以东的长江南岸沿江地区。

第二，吴方言。分布在上海市、江苏省长江以南镇江以东地区，南通小部分及浙江省大部分地区。典型的吴方言以苏州话为代表(但近年来以上海话更具有代表性)，使用人占汉族总人口的8.4%。

第三，湘方言。或称湘语，简称“湖南话”，分布在湖南省大部分地区(中部和南部)、广西北部的全州等地县，以长沙话为代表，使用人口占汉族人口总数的5%。

第四，赣方言。分布在江西省大部分地区(中部、北部、西部)，湖北东南角、湖南省东部地区，以南昌话为代表，使用人口占汉族人口总数的2.4%。

第五，客家方言。以广东梅县话为代表，分布在广东、福建、台湾、江西、广西、湖南、四川等地，以广东东部和北部、福建西部、江西南部、广西东南部为主。使用人口占汉族总人口的4%。

第六，闽方言。闽方言俗称闽语，又叫“福佬话”，是汉语方言内部分歧最大、语音最杂的一大方言。主要分布区域跨越四省，包括福建省大部分地区、广东东部潮汕地区、海南和雷州半岛部分地区、浙江南部温州地区部分区域、台湾省大多数汉族人居住区。南洋群岛的数百万华侨也以闽方言为交际语言。闽方言使用人口约占汉族总人口的4.2%。闽方言北方片以福州话为代表，约占1.2%，南方片以厦门话为代表，约占3%。

第七，粤方言。粤方言是一种在国内外影响较大的方言，一般叫“广东话”或粤语，以广州话为代表，当地人称之为“白话”。分布在广东(中部、西南部)、珠江三角洲地区和广西的东部、南部等约一百多个县。香港、澳门及一些海外侨胞也讲粤语。使用人口占汉族总人口的5%左右。

(三)发现和识别违法犯罪

1. 发现违法犯罪。所谓发现，是指保安工作中，揭露已经实施或正在实施的违法犯罪疑点和清查排除治安灾害事故和治安事件的过程。发现疑点是进行识别和检查的前提和根据，没有发现可疑对象，就没有识别、检查对象，所以对保安人员来说，如何发现疑点是一项必备的专业基本功。

(1)发现违法犯罪的根据。任何违法犯罪者都有征候和迹象，即我们通常说的破绽、线索和预兆。犯罪征候包括：犯罪人征候，犯罪行为征候，犯罪物征候，犯罪地征候，犯罪情况征候等。这些征候有些很明显，有些却很隐蔽；有些是静态的，有些是动态的。违法犯罪征候在违法犯罪人不经意时往往会显露出来，然而由于违法犯罪人主观或周围环境的变化，也会随之消失。

(2)发现违法犯罪疑点。违法犯罪的疑点是客观存在的，是可以作出主观判断的，判断的正确与否取决于保安人员的认识能力和各方面的条件。通常，保安人员可根据以下三点进行判断：一是反常，即存在违反常规的现象；二是矛盾，即言行诸多方面表现出不一致性；

三是疑似，即存在疑似通缉犯，携带物品疑似凶器、赃物、作案工具，身上痕迹疑似血迹、体液的等。疑点的种类主要有行为疑点、人身疑点、痕迹疑点、实物疑点、关系疑点等。

(3)培养发现疑点的途径。保安人员在工作中，很多时候是用在发现形迹可疑的人、事、物上，因此，发现疑点的方法很重要，要学会辨别正常行为与反常行为，要注意在实践中培养发现疑点的能力，要掌握观察的方法。

2. 识别违法犯罪。所谓识别，是指保安人员在工作中，运用自己的观察能力、工作经验和专业知识，结合犯罪分子活动的规律特点，以感知的外部特征为依据，对嫌疑人的行为性质或人身形象进行判别的过程。

(1)识别违法犯罪的根据。识别违法犯罪不是偶然的机遇，心理科学告诉我们，犯罪心理支配下的犯罪行为完全区别于正常心理支配下的正常行为，违法犯罪特征必然通过其行为本身表现出来，这就使违法犯罪的识别成为可能。人们在公共场所的行为，一般由动作、表情、语言、携带物品、着装打扮等因素构成，其中动作、表情、携带物品和着装打扮又可以称作无声语言或行为语言。动作在一定程度上表明人的行为目的或行为发展趋向，表情是违法犯罪过程中由心理因素所导致的面部生理组织所呈现的状态，语言能直接表明行为的目的，携带物品和着装打扮突出的作用是能够表明行为人的职业、身份、行为目的等许多情况。

(2)识别违法犯罪的条件。并不是所有的违法犯罪者都有明显的识别条件，同是一种类型的违法犯罪，在不同的情况下，是否能够被识别也不能一概而论。同样，并不是所有的安保人员都能在大街小巷，人来车往之地，在熙熙攘攘的人群之中都能识别违法犯罪行为，即使是同一个人，在不同的情况下，识别的准确度也是不一样的，这些都说明违法犯罪的识别是有条件的。

第一，从违法犯罪行为方面来说，一般情况下，需要具备以下特点：违法犯罪的目标必须是指向流动在公共场所的人或财物；完成违法犯罪行为和某个阶段的过程比较长；违法犯罪行为或其中某个阶段发生在公共场所；违法犯罪行为或其某个阶段具有明显的外化特征。

第二，从识别主体来看，保安人员在工作中想要识别违法犯罪行为，必须具备以下条件：必须充分熟悉多种违法犯罪行为的规律和特点及基本的反常表现；要学会辨别人们的正常行为与违法犯罪人员的反常行为；必须充分熟悉公共场所的环境及人员行为规律；要练就职业性的捕捉疑点的敏锐的洞察力、快速的记忆力和准确的判断力；要熟悉多种法律法规。

第三，敏锐地捕捉疑点的洞察力，是识别违法犯罪的前提。公共场所人多物杂，流动多变。公共场所往往被违法犯罪分子作为侵害的空间和行为指向的目标。违法犯罪分子利用公共场所的条件混迹于人群之中，这给识别带来一定的难度。违法犯罪分子表面正常，但其行为毕竟与正常行为不同，只有靠敏锐的洞察力看破假象获取违法犯罪信息，才能识别违法犯罪。

第四，快速的记忆力是识别违法犯罪的基础。城市街道，繁华场所，人多复杂，流动性大，不可能对每个人都进行检查，但又要准确全面和及时地掌握不断变化的情况。公共场所的每一刹那都有无数信息散发出来，如果没有良好的快速记忆力将其“储存”起来，就无法通过分析判断筛选出违法犯罪的信息。在违法犯罪识别过程中的快速记忆力具有记忆速度快的特点，在极短的时间里完成对众多信息的记忆。

第五，准确的判断力是识别犯罪的关键，观察阶段所获得的信息是复杂的，有真有假，有的与违法犯罪有关，有的与违法犯罪无关，这就需要在瞬间做出一番去粗取精、去伪存真的分析判断，最后得出关于某人是否具有违法犯罪嫌疑的结论。因此，安保人员要具有准确的分析判断的能力。判断主要受下列因素的影响：观察是否客观；对犯罪规律和特征的掌握程度；是否抓住主要特征。

(3)违法犯罪识别的方法。获取犯罪信息的方法和途径是多方面的，但是鉴于公共场所、繁华街道人财物流动的特点，运用观察法较为适宜。观察法是违法犯罪识别的基本方法。观察法与其他方法相比有如下特点：随机性，实施观察不受时间、场合等条件的限制，可以随时为之；连续性，对于一个具体的观察者来说，他的观察不会因为外界情况的变化而中断；隐蔽性，观察行为可以保证不被观察对象察觉。

安保人员在执行勤务时，应掌握识别的基本实战方法与技巧是“八看八对”。即看证件对姓名；看相貌对年龄；看事业对职业；看原籍对口音；看言行对学历；看衣着对身份；看物品对来历；看同伴对关系。从中观察行为和时间的差异，行为和环境的差异，行为和场合的差异，行为和目的的差异，以便发现疑点，打击犯罪。

(4)违法犯罪识别应注意的问题。保安员在工作中，识别违法犯罪应注意以下问题：

第一，在违法犯罪识别中，运用观察法应注意全面、客观。事物的性质是从多方面表现出来的，但往往存在许多假象，犯罪分子在作案过程中，其言语、举动、神情、携带物品等都与正常行为有所不同，进行观察时，应从各方面入手，不能单凭一点。实践证明，单凭一点往往会犯错误。对违法犯罪的识别要注意保护公民合法权利，做不到准确无误，就会事与愿违，所以，观察要客观。一方面要排除各种假象和伪装，另一方面应防止主观臆断，否则容易出偏差。

第二，在识别违法犯罪时要注意自身安全，犯罪分子多系亡命之徒，常常持械和结伙作案。这给安保人员的人身安全造成了最直接的威胁，再加上有关法规在诸如搜查、武器使用等方面的规定，以至在违法犯罪识别过程中保安人员面临的危险程度就更大，因此保安人员的自身安全问题不可忽视。

第三，要注意取证。取证是识别违法犯罪过程中的关键一环，没有足够的证据，就谈不上打击犯罪。违法犯罪识别往往是在人物流动较快的场所进行的，人们互不认识，物品随人流动，如果不及时取证，就会失去收集证据的机会。错过机会，再去补充，往往如大海捞针。证据主要有人证、抓获经过、人犯供词和物证。其中最易出现问题的是人证和物证，而这两种证据恰恰又是最有力的证据。由于有的受害者和目击者是在旅行途中，因此应及时收集证言，并及时进行搜索，以获取证据。

第二节 检 查

一、检查概述

(一)检查的基本规则

一是行为规则，检查前出示体现主体身份的工作证件，以使对方理解，接受检查。二是问话、检查规则，即首先应问被检查人的姓名、出生年、月、日、住址、职业、从哪里来到哪里去、携带的物品、与同行人的关系等；然后查验身份证件、检查物品。三是灵活规则，遇有特殊情况，如被检查对象涉嫌携带凶器和违法犯罪物品的，可先检查物品后问话。

(二)检查的重点对象

在经观察已发现可疑情况的基础上，对下列几种有违正常人行为模式疑点的对象应引起重点注意，纳入检查范围之内。

1. 身份可疑。一个人的身份是否可疑，主要是从其行为与时间、空间及行为人之间的关系表现出来的。

2. 行为可疑。行为可疑，主要是指有从事违法犯罪活动嫌疑，举止有违正常人的行为模式，在拥挤混乱的环境中有与其身份不相符合的“小动作”的人，如见到检查人员有躲避行为的。

3. 携物可疑。如携带可疑工具；携带大量不明现金；携带法定违禁品等。

4. 痕迹可疑。如衣着染有血污；手脸有污垢；穿着不符体态、季节；身负不明之伤等。

5. 体貌可疑。如体貌类似被通缉、通报查找的；面带疲劳困倦之意的；面有惊恐失常之态的等。

(三)对特殊人员的检查要求

1. 未成年人。检查未成年人，要照顾未成年人的身心特点，尊重其人格尊严，保护其合法权益，要讲究和采用不同于成年人的方式方法。

2. 聋哑人。对聋哑人不便当场检查的，可带至单位后，聘请通晓哑语的人协助。

3. 对醉酒的人，首先应采取约束措施，以解除对醉酒人自身及他人安全的威胁，待酒醒后，再予检查。

4. 妇女。对妇女有必要进行人身检查的，由女性安保人员进行。

5. 外国人。应按我国有关规定和国际公约及双边领事条约的规定经上级批准后进行。

二、证件检查

(一)证件检查的目的

我国有关法律规定，持证人必须随身携带合法证件，真实、合法、有效的证件可以证明一个人的真实身份。证件检查的目的就是要通过对证件真伪的判定和对证件记录内容与持证人的核对，查明被检查人的真实身份。

(二)证件检查的种类

能够证明被检查人身份的证件主要有居民身份证、护照与签证和其他身份证件。

护照是一个主权国家发给本国公民出入境和在国外旅行、居留时使用的合法身份证件和国籍证明。目前在国际交往中普遍使用的有外交护照、公务护照和普通护照，以及供出入境使用的通行证、旅行证等。签证是指一个主权国家发给本国公民或外国人出入经过本国国境的许可证明。签证和护照同时使用。只有护照而没有签证，除有特殊规定或协议以外，一般不能离开本国国境，前往其他国家。签证一般做在护照或替代护照的证件上。我国目前签发的普通签证是用汉语拼音字母加以标示的，有以下八种：D 字签证(定居签证)；Z 字签证(职业签证)；X 字签证(学习签证)；F 字签证(访问签证)；C 字签证(乘务签证)；L 字签证(旅游签证)；G 字签证(过境签证)；J1、J2 字签证(记者签证)。

由于某种原因，或在特殊的时间、地点，有些人还可以使用其他证件证明身份。这些证件主要有：机动车驾驶证、工作证、学生证、律师证、证明信、介绍信以及特殊通行证等。

(三)证件检查的内容

1. 确认人证相符。验明持证件人与证件同一，人证相符，是指持证人与其所持证件必须完全一致。做好人证相符的核对，是识别涂改、转借或持用他人证件冒名顶替的关键，也是查验证件的第一个步骤。把好人证相符关，主要掌握人与照片相符这一环节，看证件上的照片与持证人是否一致，是否存在伪造、变造、转借等现象。要求检查人员坚持先看人，后看证，根据相貌特征认真核对，特别要对印章、暗记、花纹、图案、颜色、纸质等方面逐一检查，不可忽略其中任何一个环节。

2. 核对证件内容。证件之所以能够证明持证人的身份，是因为它载有持证人身份的主要内容。如果不将证件内容与持证人进行核对就失去了检查证件的意义。核对证件的内容要把证件查验工作同观察询问结合起来，就可以通过观察，在各种反常现象中发现疑点，通过证件查验找到问题，最后通过询问进行核实、确认。

3. 判定证件真伪。真实、合法、有效的证件能够证明一个人的真实身份，但是，伪造证件不仅不能证明持证人的真实身份，反而成为掩盖违法犯罪嫌疑的证据。判定证件的真伪是发现、识别各种违法犯罪嫌疑人的有效方法。判定证件的真伪，要掌握各类证件的质地、印字的字体结构、印油色调、加盖印章的位置以及暗记特点等。对字体排列不匀、大小不一、笔画不正规、色调不清晰等现象，要严格鉴别，仍不能排除疑点的，可进行技术鉴别。

（四）证件检查的方法

1. 眼、手并用，判定证件的真伪。一般情况下，判定证件的真伪主要靠现场直观识别，这就需要检查人员眼、手并用，从外观上首先判定证件的真伪。

（1）眼看。眼看主要是看证件的式样、文字图案等外观特征。法定证件都有固定统一的设计、制造标准，而且制造精细，有的还有暗记。伪造的证件即使仿造、变造技术高超，只要细心观看，还是可以发现疑点的。其他证件或证明文件的查看，可以从证件、文件的式样、格式、字体、印章等方面发现问题，特别是要注意观看印章是否符合有关国家规定以及印文效果。对变造的文件要注意观看是否有擦刮、消褪、涂改、挖补、接贴、更换照片等变造迹象。

（2）手摸。手摸即通过手感辨别证件的真伪。居民身份证是公安机关按统一标准制作颁发的，一般而言，涂改、变造会留下损伤用手触摸即能感觉到。居民身份证以聚酶薄膜塑封，封套与证件粘连一体，四周封口平整、光滑、笔直，如封套用料不同、与证件脱离而较软、周边封口不平实，则有可能是假的。另外，身份证的照片如果是贴上去的，用手一摸即可感触到。必要时，可用手适度折弯此件，用手感测试其用料的质地。有条件的，可以配备一定数量的身份读卡器，且读卡器进行阅读检查，也可以有效地鉴别。

2. 人、证对照，查验证件内容。将证件内容与你眼前的这个人相对照。人、证相符，即查清了持证人的真实身份；人、证不符，则要么持证人有假，要么证件有假。

（1）要将证件上的照片与持证人相对照。具体做法是“问证先看人，接证对照片”。即看着被查人，要求其出示证件，同时用心识别其面部特征，接过证件即先看照片，以便将其面部与照片核对，必要时可反复核对。

（2）要将证件上登记的项目与持证人相对照。主要是看年龄，对体貌；看职业，对衣着举止；看住址，对携带物品；看民族、籍贯、来处，对语言口音；看证件颁发时间、有效期限，对实际年龄。

（3）注意持证人自述与证件内容之间的逻辑关系。各种证件内容间有一定的逻辑关系，特别是居民身份证各项目之间有固定的逻辑关系。

（4）迅速将证件内容与被通缉、协查通报的犯罪嫌疑人相核对。

3. 仪器验证。身份证主要地二代身份证使用以来，对二代身份证可以使用身份证阅读器来查验内容，从而发现证件的真实性。

(五)证件检查的要求

1. 始终注意持证人的反应。索要证件、核查证件、退还证件，都要密切注视被检查对象，不要忙于其他事而只伸手不抬头地索要证件；不要只低头研究证件内容而不抬头核对；不要不正眼看持证人而随手递出证件给对方。要看着对方要证、看证和送还证件，既是文明礼貌的要求，也是发现持证人情绪变化、寻找疑点的关键。

2. 边查边问。查验证件时，视具体情形让持证人自述证件内容，边问边查。这样，持假证件的人自述的内容就有可能与证件登记项目相矛盾，暴露问题。

3. 注意安全防范。检查证件的过程中，始终要有安全防范意识。索要证件时，要让被检查对象站在面前、明亮处，要密切注视其双手掏证的动作，发现异常，应立即阻止其动作，或先检查身份，后检查证件。查验、核对证件时，也要密切注视持证人的情绪、动作变化，一有异常，应立即控制持证人，防止低头看证时，被检查对象行凶或逃脱。

4. 防止发生差错。查验证件无误后，应将证件发还持证人。在有多人被检查时，要严防错发和他人重领或冒领。应将证件发还持证人本人，一般情况下不准代领、代发。如果需要做技术鉴别的证件，应向持证人说明事由。

三、物品检查

(一)物品检查的目的

检查的物品是指被检查对象所携带的物品以及在其身边发现的物品。这些物品在没有经过检查确定其性质之前，都有可能是赃物、凶器、作案工具、危险物品和违禁物品。因此，物品检查的目的就是认定被检查物品的性质。

(二)物品检查的方法

人们外出大多用箱包携带物品，尤其是违法犯罪嫌疑人大多利用箱包来隐藏各种赃物或凶器等物品。因此，物品检查主要是对箱包的检查，具体方法有：

1. 人与箱包分离，控制被检查对象的物品。对物品进行检查，首先令被检查对象将箱包放在适当位置，然后，令其离开一段距离。必要时，可令其转过身去，背对检查的物品。

2. 查验物品的步骤。查验物品应按看、听、闻、摸、拆的顺序进行。看，就是看物品的形状、结构、包装、质地；听，就是听物品是否有声响，有什么声响；闻：就是闻一下物品的气味，有无异味；摸：就是摸一下物品的形状、材料质地，掂一下物品的重量。以上每一环节，都要认真分析，作出判断。如果能够断定物品性质，就尽量不要拆开物品，以免破坏物品的性能，或破坏物品上的痕迹。

3. 轻开、慢拉，谨慎开启。开启箱包之前，仔细观察一下开启的方式，先轻轻挪动一下拉链、纽扣，看是否方法正确，以防将其损坏，同时要注意拉链、纽扣上是否另有机关，防止箱包内有爆炸装置。

4. 轻拿、轻放，顺序查验。对箱包类物品要轻拿、轻放，以防损坏；对有连线、有声响、有气味的物品，更要谨慎拿取；拿取物品时要从上往下顺序进行，不要掏底取物，更不能将箱包内东西反复上下翻动；对赃物、凶器，一起不要满把抓，尽可能用干净布垫子或戴手套轻取，或拿一般人不常动的地方，防止破坏违法犯罪痕迹。

(三) 物品检查的要求

1. 明确物品检查的重点。实施物品检查是查获违法犯罪人员，获取罪证的重要手段。因此，要有重点地实施物品的检查：帮人携带或者来历不明的；通报协查的；有可能是犯罪赃物或证据的物品；携带的物品与携带者职业、事由和季节等不相适应或与用途、目的不符的；携带国家明令禁止的物品。

2. 注意安全防范。检查物品的注意力往往集中在物品上，很容易忽视对被检查对象的控制。因此，要特别强调安全意识，要始终控制被检查对象。翻检物品时，要注意观察物品变化，不要硬拉、硬开，防止危险物品发生意外。

3. 检查要仔细、彻底。检查物品一定要仔细，不要怕麻烦，能开则开，能拆则拆，各夹层、内芯都要仔细观察。凡是被检查对象携带的物品，不论大小，一律查清，不要有遗漏。如果检查不细致、不彻底，不仅发现不了违法犯罪证据，放纵了违法犯罪，而且不能及时发现、收缴、处置凶器、危险物品，容易发生各种危险。

4. 文明检查。检查物品要轻拿、轻放，防止损坏物品。检查后要按原顺序将物品装好放好。一般情况下，不要破拆物品。对涉及宗教信仰和当地风俗的物品，检查时要注意尊重人们的宗教信仰和当地风俗习惯。查验女性箱包时，尽量不要将所有物品统统取出亮开，特别是一些女性用品，注意保护隐私。

四、车辆检查

(一) 车辆检查的目的

车辆特别是机动车已经成为现代社会人们生活中必不可少的交通工具，并对社会生活的各个方面产生了较大影响。对车辆进行检查，其目的是通过检查认定车辆的性质和车辆所运载货物的性质。

(二) 车辆检查的内容

车辆检查包括对车辆本身的检查和车辆装载货物的检查。对车辆本身的检查主要是检查车辆的证件、牌照、外观，确认车辆的合法性，发现车辆被盗、被抢和驾车作案的痕迹物证。对车辆装载货物的检查包括对货运车辆装载货物的检查和对客车对各种物品的检查，以确认货物的性质，发现、收缴隐藏其中的赃物和物品、危险物品和违禁物品，以及凶器、作案工具等。

(三) 车辆检查的方法

车辆检查按照从车前部到车轮，到车后部；从车外表到车内部的顺序进行，最好运用各种可用的检查仪器、探测仪器，以增加其检查的准确性。检查时，具体方法有：

1. 严格车辆检查程序。对车辆检查的程序是先证件检查，后车体检查。检查车体按先外后内，自前向后的顺序进行。也可以对证件与车体同时进行检查。

2. 对人和车辆实施控制。车辆检查，除了首先控制人以外，还应控制车辆。检查前，应令驾驶员熄火、拉紧手制动后下车，必要时应收存车钥匙。如车上有其他人员，也应令其下车等候。

3. 查验证件和牌照。车辆的行驶执照和牌照是车辆的合法证明。检查时必须认真查验、核对牌照，发现伪造或污损、涂改牌照，特别是要将牌照与车辆的种类、产权性质、使用情况等认真核对，发现或排除疑点。

4. 认真、仔细观察车辆外观和锁具。对车辆外观和锁具进行认真仔细地观察，可以发现违法犯罪的痕迹物证。观察应从前往后顺序进行，不要有遗漏。要特别注意观察汽车的前保险杠、车灯是否有被撞的痕迹；车门、车身两侧及摩托车车把是否有擦痕；车轮附着物、车辆四角、车身上是否有血迹和其他瘢痕；摩托车锁具、汽车门锁具和点火装置是否有被撬、破坏的痕迹。

5. 检查车载货物和车内物品。对车辆装载货物的检查，一般是采用翻动、抽查的方法，必要时可卸车倒包检查。观察货物要注意货物层是否夹藏赃物、走私物品、危险物品、违禁物品和凶器等作案工具。对可疑货包要做重点检查。检查车内物品，首先要认真观察、搜寻，对座椅、后备厢等易藏东西的部位，要仔细搜寻，可用手反复触摸。对通报协查的可疑物品，要求重点检查。

(四)夜间如何识别嫌疑车辆

夜间一般是各类治安、刑事案件的高发时段，而各类违法犯罪嫌疑人通常拥有作案用的交通工具，以备运输和逃窜之用。夜间嫌疑车辆识别的实际经验总结以下方面：

一看行驶路线与车速：正常车辆行驶路线单一，车速比较稳定，具有明显的目的性。而那些伺机作案的车辆却恰恰相反，存在行驶时车速时快时慢，行驶路线没有明显“目的性”的现象。

二看车辆型号：对于那些车厢封闭贴深色太阳膜、机动性能灵活的车辆，例如：小型面包车、小型货柜车等，这类车具有以下特点：转弯半径小、机动性灵活便于逃跑；成本低、来源广，嫌疑人可以用很便宜的价格买到二手的小面包车，或者轻而易举地通过盗窃的方式得到；车厢封闭可以很好地隐蔽赃物或其他作案工具。

三看车辆号牌：具有作案嫌疑车辆的号牌一般有以下特点：一是通过夜间反光可以明显地看出是假牌；二是车辆尾部不挂号牌或整个车无号牌；三是使用遮盖物遮挡号牌。

四看车辆灯光：正常车辆的灯光明亮、机件完善，在转弯时绝大部分车辆会使用转向灯。而那些有嫌疑的车辆灯光条件不完善或者根本不使用灯光，并且在转弯调头时不会按规定使用转向灯，因为这样便于嫌疑人对自身的隐蔽。

五看车辆的发现地点：综合以上条件，如果发现有车辆从金融单位、生活小区、工业园区及其他治安刑事案件高发地点驶出、停放或行驶中明显表现出对道路不熟悉的车辆，就应当引起我们的足够重视。

第十章 铁路及轨道交通的安全检查

我国铁路及轨道交通是非常重要的交通工具，发展也是非常好，运输任务非常繁重，但同时因其自身的特点，也极易成为恐怖人员袭击的对象，如发生于 2014 年 3 月 1 日的昆明火车站的砍杀事件、2010 年 9 月 12 日发生于 K862 次列车上的精神病人持刀伤人事件等。而城市轨道交通近年也迅猛发展，因其独特的特点：不占用地面交通资源、快捷、准时、交通环境好等，各大城市基本上都拥有或正在拥有自己的城市轨道交通。虽然二者在很多方面差异较大，但在交通人流及管理方面有共通之处。2010 年 9 月 27 日，铁道部副部长胡亚东在全路加强安检查危工作电视电话会议上的讲话中提到："经部研究决定，准备在全路实施全覆盖的旅客安检和高速铁路全覆盖式安检的基础上，把全覆盖式的旅客安检制度扩展到全路。"所谓人覆盖式的旅客安检制度，就是不但要对旅客的携带行李进行安全检查，而且要对旅客的人身进行安全检查。目前在城市轨道交通中尚没有要求，仅对乘客所携带的包裹进行安全检查。

第一节 铁路及轨道交通安全检查特点

一、人员高度集中，流量大

在我国铁路及轨道交通依然是最安全的交通方式。我国的铁路及轨道交通承担着巨大的人员流通与物质运输的任务，据武汉铁路公安局统计；每天在武汉三站(武昌、汉口、武汉)进站的客流有 15 万人左右，在高峰期能达到 25 万人，而在 15 时至 20 时为客流高峰。在我国每年的春运都是铁路及轨道交通的一大主题，数以亿计的群众将通过铁路及轨道交通的方式交通，给铁路及轨道交通带来巨大的压力。而这基数庞大的人流，对于安检工作而言则是巨大的挑战，在这时间集中的时段，铁路及轨道交通的安检部门的工作人员只能尽自己的能力去做，但被检查的人员仍然只能是其中很小的一部分。

二、安检工作人员数量、质量难以符合工作要求

中国铁路基础发达，全国共有火车停靠站 6000 余个，而在城市的轨道交通的停靠站则更多。在这些停靠站，基本上都设了安全检查通道，对进入其中的人员进行安全检查。如果按"一机一门两板(一个 X 光机、一个安检门、两部手持金属探测仪俗称金属探测手板)"的标准配置 6~8 个人，再加上工作轮班需要，则仅安检工作人员就将达数十万人，这是不可能做到的，所以我们现在看到很多安检站的安检人员只有 1~2 人，这是不可能完成安检任务要求的。

在质量上，我国只有民航机场的安检人员的培训学习的时间较长，内容学习体系较完善，对于铁路及轨道交通的安检工作人员而言，大部分都经过较短的学习，速成，对安检的

工作的性质、任务、内容等都没有吃透，就直接上岗，必然在安检时流于形式。严格、规范安检培训，加强安检人员的专业学习，持证上岗则成为解决这一问题的关键所在。

三、工作强度大，难以保证效果

据铁路部门统计，每年通过铁路运输的方式的客流达 15 亿人次，而在城市轨道交通的利用也不在这个数字之下。而且旅客的年龄大小、文化素质、道德修养等都会给安检工作带来影响，在交通活动中，特点是铁路的安检工作中，对象往往会携带重量大、数量大、差异大、品种多的行李包裹，这些都要求安检工作人员要注意力集中，有较的身体素质和工作敏感性，既要做好工作，又要注意保护自己，精神压力也很大。

在安检工作中，执机员要长时间盯住屏幕，注意辨识 X 光机所显示的物品的差异性。在这种情况下，要保证安检效果基本上是不可能的，只能是尽心而已，出现漏检、错检等失误则成为必然。如果再加上有的安检工作人员工作责任心不强，疏忽大意，应付差事，则使安检工作流于形式，难以发挥效果。

四、应对突发事件能力不足

在调查中，笔者发现有很多的安检人员对所从事的安检工作的危险性认识不清，认为发生事件的可能性不大，安全性高，其实安检工作是处于治安工作第一线的，可以说是与犯罪嫌疑人面对面的斗智斗勇，犯罪嫌疑人要逃避安检的发现，安检就是要发现犯罪行为所必需的工具，当犯罪嫌疑人发现其行为被发现后极有可能会袭击安检人员。在安检培训中，对突发事件的应对培训较不完善，演练不足，造成安检人员应对突发事件的能力欠缺。

2013 年以前，我国社会人员对恐怖主义的危害性估计严重不足，认为恐怖活动主要是在部分地区，离自己很远，从 2013 年 3 月 1 日昆明火车站砍杀事件发生后，大家才意识到恐怖活动其实就在身边。由于我国治安工作的需要，避免社会恐慌，国家机关对恐怖活动的信息尚不能完全向社会公开，使社会对恐怖活动的情报未能及时掌握，且我国针对恐怖活动的预警机制尚不完善，这些都将使社会应对突发事件的能力严重不足，会对恐怖活动出现“极左”或“极右”的判断，如 2015 年 4 月 20 日深圳市黄贝岭地铁站因一名乘客在站台上突然晕倒，引起部分乘客恐慌奔跑，虽然管理部门马上启动应急措施，但仍然有 12 名乘客受伤。

第二节　铁路及轨道交通危险物品的种类及识别

一、铁路旅客禁止携带的物品

根据《铁路危险货物品名表》的内容，铁路部门把以下物品列为禁止携带范围：

(一)枪支、械具类〈含主要零部件)，包括：

1. 公务用枪：手枪、步枪、冲锋枪、机枪、防暴枪等；
2. 民用枪：气枪、猎枪、小口径射击运动枪、麻醉注射枪等；
3. 其他枪支：道具枪、仿真枪、发令枪、钢珠枪、催泪枪、电击枪、消防灭火枪等；
4. 具有攻击性的各类器械、械具：警棍、催泪器、电击器、防卫器、弓、弩等。

(二)爆炸物品类，包括：

1. 弹药：各类炮弹和子弹等；

2. 爆破器材：炸药、雷管、导火索、导爆索、爆破剂、手雷、手榴弹等；

3. 烟火制品：礼花弹、烟花、鞭炮、摔炮、拉炮、砸炮、发令纸以及黑火药、烟火剂、引火线等。

(三)管制刀具：匕首、三棱刀(包括机械加工用的三棱刮刀)、带有自锁装置的弹簧刀以及其他类似的单刃、双刃、三棱刀等。

(四)易燃易爆物品，包括：

1. 易燃、助燃、可燃毒性压缩气体和液化气体：氢气、甲烷、乙烷、丁烷、天然气、乙烯、丙烯、乙炔(溶于介质的)、一氧化碳、液化石油气、氧气、煤气(瓦斯)等；

2. 易燃液体：汽油、煤油、柴油、苯、乙醇(酒精)、丙酮、乙醚、油漆、稀料、松香油及含易燃溶剂的制品等；

3. 易燃固体：红磷、闪光粉、固体酒精、赛璐珞等；

4. 自燃物品：黄磷、白磷、硝化纤维(含胶片)、油纸及其制品等；

5. 遇水燃烧物品：金属钾、钠、锂、碳化钙(电石)、镁铝粉等；

6. 氧化性物质和有机过氧化物：高锰酸钾、氯酸钾、过氧化钠、过氧化钾、过氧化铅、过醋酸、双氧水等。

(五)毒害品：氰化物、砒霜、毒鼠强、汞(水银)、剧毒农药等剧毒化学品以及硒粉、苯酚、生漆等。

(六)腐蚀性物品：盐酸、硫酸、硝酸、氢氧化钠、氢氧化钾、蓄电池(含氢氧化钾固体或注有碱液的)等。

(七)放射性物品：放射性同位素等。

(八)传染病病原体：乙肝病毒、炭疽菌病毒、结核杆菌、艾滋病病毒等。

(九)《铁路危险货物品名表》所列除上述物品以外的其他物品以及不能判明性质可能具有危险性的物品。

(十)国家法律、行政法规规定的其他禁止乘客携带的物品。

二、铁路旅客限制携带进入站车的物品

《铁路旅客运输规程》(自 2010 年 12 月 1 日起施行)规定，旅客搭乘火车时，以下物品限制携带：

(一)下列物品不得带入车内

1. 国家禁止或限制运输的物品；

2. 法律、法规、规章中规定的危险品、弹药和承运人不能判明性质的化工产品；

3. 动物及妨碍公共卫生(包括有恶臭等异味)的物品；

4. 能够损坏或污染车辆的物品；

为方便旅客的旅行生活，限量携带下列物品：

1. 气体打火机 5 个，安全火柴 20 小盒。

2. 不超过 20ml 的指甲油、去光剂、染发剂。不超过 100ml 的酒精、冷烫精。不超过 600ml 的摩丝、发胶、卫生杀虫剂、空气清新剂。

3. 军人、武警、公安人员、民兵、猎人凭法规规定的持枪证明佩带的枪支子弹。

4. 初生雏 20 只。

(二)行李中不得夹带货币、证券、珍贵文物、金银珠宝、档案材料等贵重物品和国家禁止、限制运输物品、危险品。

(三)不能按包裹运输的物品：

1. 尸体、尸骨、骨灰、灵柩及易于污染、损坏车辆的物品；

2. 蛇、猛兽和每头超过20kg的活动物(警犬和运输命令指定运输的动物除外)；

3. 国务院及国务院铁路主管部门颁发的有关危险品管理规定中规定的危险品、弹药以及承运人不明性质的化工产品；

4. 国家禁止运输的物品和不适于装入行李车的物品。

(四)托运下列物品时，托运人应提供规定部门签发的运输证明：

1. 金银珠宝、珍贵文物、货币、证券、枪支；

2. 警犬和国家法律保护的动物；

3. 省级以上政府宣传用非卖品；

4. 国家有关部门规定的免检物品；

5. 国家限制运输的物品；

6. 承运人认为应提供证明的其他物品。托运动、植物时应有动、植物检疫部门的检疫证明。托运放射性物品、油样箱时，应按照国务院铁路主管部门的规定提出剂量证明书、油样箱使用证。

三、城市轨道交通禁止携带的物品

各城市对轨道交通中禁止携带的物品的种类限定有一定的差异，但也大同小异。

(一)北京市

北京市公安局发布的《北京市轨道交通禁止携带物品目录》，自2015年5月6日起实施。

1. 枪支、子弹类：

(1)军用枪：手枪、步枪、冲锋枪等以及各类配用子弹；

(2)民用枪：气枪、猎枪、运动枪、麻醉注射枪等以及各类配用子弹；

(3)其他枪支：道具枪、发令枪、钢珠枪等。

2. 爆炸物品类：

(1)弹药：炸弹、照明弹、燃烧弹、催泪弹等；

(2)爆破器材：炸药、雷管、导火索等；

(3)烟火制品：礼花弹、烟花、鞭炮、摔炮、拉炮、砸炮等。

3. 管制器具类：

(1)管制刀具：匕首，三棱刮刀，带有自锁装置的弹簧刀(跳)，刀尖角度小于60度、刀身长度超过150毫米的各类单刃、双刃和多刃刀具，刀尖角度大于60度、刀身长度超过220毫米的各类单刃、双刃和多刃刀具等；

(2)菜刀、砍刀、美工刀等刀具，锤、斧、锥、铲、锹、镐等工具，矛、剑、戟等，以及其他可造成人身被刺伤、割伤、划伤、砍伤等的锐器、钝器。

4. 易燃易爆品类：

2000毫升(含)以上白酒，5个(含)以上打火机，10盒或200根(含)以上火柴，以及其他包装上带有易燃、易爆等危险化学品标志或提示信息的日常用品类(如花露水、洗甲水、发胶、摩丝等)。

(二)上海市

上海市轨道交通禁止携带易燃、易爆、有毒、有放射性、有腐蚀性以及其他有可能危及人身和财产安全的危险物品，具体如下：

1. 枪支、军用或警用械具(含主要零部件)。

(1)公务用枪：手枪、步枪、冲锋枪、机枪、防暴枪等。

(2)民用枪：气枪、猎枪、运动枪、麻醉注射枪等。

(3)其他枪支：样品枪、道具枪、发令枪、仿真枪等。

(4)军械、警械、警棍、弓弩等。

2. 爆炸物品类。

(1)弹药：各类炮弹和子弹等。

(2)爆破器材：炸药、雷管、导火索、导爆索等。

(3)烟火制品：鞭炮、爆竹、礼花弹、烟花等。

3. 有毒有害物品：氰化物、汞(水银)、剧毒农药等剧毒化学品以及硒粉、苯酚、生漆等。

4. 放射性物品：放射性同位素等。

5. 腐蚀性物品：盐酸、硫酸、硝酸、氢氧化钠、氢氧化钾、蓄电池(含氢氧化钾固体或注有碱液的)等。

6. 易燃物品类。

(1)易燃物品、助燃物品。

氢气、一氧化碳、甲烷、乙烷、丁烷、天然气、乙烯、丙烯、乙炔(溶于介质的)、液化石油气、氧气、煤气等。

(2)易燃液体。

汽油，煤油，柴油，苯，乙醇(酒精)、丙酮，乙醚、油漆、稀料、松香油及含易燃溶剂的制品等。

(3)易燃固体：红磷、闪光粉、固体酒精、赛璐珞等。

(4)自燃物品：黄磷、白磷、硝化纤维片、油纸及其制品等。

(5)遇水燃烧物品：金属钾、钠、锂、碳化钙(电石)、镁铝粉等。

(6)氧化性物质和有机过氧化物：高锰酸钾、氯酸钾、过氧化钠、过氧化钾、过氧化铅、过醋酸、双氧水等。

7. 管制刀具：匕首、三棱刀(包括机械加工用的三棱刮刀)、带有自锁装置的弹簧刀以及其他类似的单刃、双刃、三棱刀(含陶瓷类刀具)。

8. 国家法律、法规规定的其他禁止乘客携带的物品。

(三)广州市

地铁安检禁止旅客随身携带或者托运的物品有：枪支、军用或警用械具类(含主要部件)及其仿制品；爆炸物品类及其仿制品；易燃、易爆物品；毒害品；腐蚀性物品；放射性物品；管制刀具；强磁化、有强烈刺激性气味等危害安全的物品以及国家法律法规规定禁止携带、运输的物品。旅客可以限量随身携带饮料两瓶(合共不超过1000毫升)和一些日常生活用品。

(四)武汉市

禁止携带：严禁携带易燃、易爆、有毒、有放射性、腐蚀性等危险品和可能危及行车、人身安全的其他物品进站乘车；不得携带禽畜、宠物或易污损、无包装易碎、尖锐的物品。

第三节　安全检查常用英语

一、安检英语的特点

随着我国国际地位的提高，在中国举办大型国际活动越来越多。因此安检人员必须掌握一定的外语知识。安检外语与其他外语会话不同，因为安检人员是执法者，但又是外事服务人员，所以安检外语有其自己的特点。

在对外国人进行安全检查时，常常需要借助外语来搞好这项工作。讲什么，讲多少话都要视具体情况而定。一般来说，要做到在最短的时间内使大量的人通过，并做到安全有保障。所以安检人员所使用的语言应当简洁、明了。有时只需讲一两个字，甚至一个手势就足已达到目的。

二、安全检查前用语

This way, please.
Please go through the security door.
Everyone is required to go through the security door.
请走安全门。

All your bags should be checked by X-ray.
We need to check all bags by X-ray.
We're required to check all bags by X-ray.
所有的行李都要经过 X 射线检查。

Would you please remove any metalic items?
请您将金属物品拿出来。

If you have any metalic items, please take them out and put them in the tray.
如果您身上带有金属物品，请将它们拿出来放在托盘里。

Excuse me, you cannot just go in. You have to accept the securtiy inspection.
对不起，您不能就这样进去。您得接受安全检查。

The security check is for the safety of everyone including you.
安全检查是为包括您在内的每一个人的安全。

The X-ray machine does no harm to your camera.
X 射线检查对照相机没有损害。

Modern machines now do not damage films or video tapes. But if you mind, you may take them out and put in the tray.

现代的检查仪器对胶卷和录像带没有影响。但如果您介意，可以将它们拿出来放在托盘里。

三、检查过程中用语

May I inspect your belongings, please?
可以检查您的随身物品吗？

Could you open your bag, please?
请将您的包打开。

May I have a look in your handbag?
可以检查您的手提包吗？

Do you still have any metalic items, such as, coins, cigarette case or lighters?
您身上是否还有像硬币、香烟、打火机之类的金属物品？

Do you hear the beep sound? Please check if you still have any metalic things?
听到嘟嘟声了吧？请看一下您是否还带有金属物品。

Now I'll use the detector to check you. Please turn around.
现在我要用探测器对您进行检查。请转身。

Raise your left arm, please.
请将左臂抬起来。

Will you please take your shoes?
请把鞋脱掉。

May I check your belt?
I'd like to check your belt.
可以检查您的皮带吗？

Can I ask you to remove your belt?
请解开您的皮带，好吗？

Excuse me, Sir. Is this box yours? What's in the bottom?
对不起，先生。这是您的箱子吗？箱子底部是什么？

Please follow me to the room over there for further inspection.
请跟我到那边的屋子做进一步检查。

Sorry, you cannot bring in any alcoholic beverages.
对不起，您不能带进酒精饮料。

Alcoholic beverages are forbidden.
禁止带入任何酒精饮料。

According to the regulation, you are not allowed to bring wine in.
根据规定，您不能将酒带进去。

You're not allowed to carry knives, no matter how small they are.
不允许带刀，即便是小刀也不行。

I'm afraid that we have to confiscate it.
恐怕我得将它没收。

Sorry, you are not allowed to bring in this electric gun.
对不起，您不能将这个电动枪带进去。

We can keep it for you so that yoll can get it with this card before you leave.
我们可以替您保管。离开之前，请您用这张卡取回。

Please fill in the form and sign your name.
请填一下这个表，并签名。

四、检查结束后用语

Thank you for your cooperation.
谢谢您的合作。

You may leave now. Thank you very much.
您现在可以离开了。谢谢!

Please take all your belongings.
请带上您的所有物品。

Have a safe journey.
祝您一路平安。

Take care.
请照顾好自己。

Enjoy yourself.
玩得快乐!

Enjoy your staying in China.
祝您在中国玩得愉快!

Have a nice day.
祝您愉快!

Good-bye. So Long. Bye-bye.
再见。

参考文献

1. 国务院：《大型群众性活动安全管理条例》(国务院令第505号)，2007年。
2. 国务院办公厅：《关于印发(突发事件应急预案管理办法)的通知》(国办发〔2013〕101号)，2013年10月25日。
3. 国务院应急管理办公室：《关于印发〈突发事件应急演练指南〉的通知》(应急办函〔2009〕62号)，2009年9月25日。
4. 公安部：《关于认真贯彻实施〈大型群众性活动安全管理条例〉的通知》(公通字〔2007〕62号)，2007年9月29日。
5. 公安部，国家体育总局：《关于印发〈加强全国足球比赛安全管理工作的规定(试行)〉的通知》，2012年12月16日。
6. 湖北省公安厅：《关于印发〈湖北省公安机关大型群众性活动安全管理工作规范〉的通知》，2010年1月6日。
7. 北京市第十三届人民代表大会常务委员会：《北京市大型群众性活动安全管理条例》，2010年7月30日。
8. 山西省人民政府：《山西省大型群众性活动安全管理办法》，2010年5月8日。
9. 合肥市人民政府：《合肥市大型群众性活动安全管理规定》，2014年1月30日。
10. 北京市公安局：《关于印发〈北京市大型群众性活动安全风险评估工作规范(试行)〉的通知》(京公治字〔2010〕1463号)，2010年12月1日。
11. 北京市人民政府：《北京市大型社会活动安全检查办法》(政府令第19号)，2007年11月9日。
12. 公安部治安管理局、国务院法制办编：《〈大型群众性活动安全管理条例〉释义及使用指南》，中国人民公安大学出版社2008年版。
13. 董青青、盛虎主编：《危险物品安全管理》，群众出版社2007年版。
14. 魏莲芳、白红杰编著：《安检与排爆》，光明日报出版社2014年版。
15. 华敬锋编著：《大型活动安全保卫工作的理论与实务》，中国人民公安大学出版社2006年版。
16. 杜学主编：《大型活动的组织与管理》，旅游教育出版社2003年版。
17. 刘金龙主编：《大型活动安保卫工作教程》，中国人民公安大学出版社2010年版。
18. 章春明主编：《大型活动治安管理实训教程》，中国人民公安大学出版社2011年版。
19. 韦先洪、邹卫农、屈德平编著：《保安勤务》，光明日报出版社2014年版。
20. 秦立强主编：《大型活动公共安全管理创新理论与实践》，中国人民公安大学出版社2013年版。
21. 王精忠、张胜前、陈康、刘金龙主编：《治安秩序管理》，中国人民公安大学出版社2014年版。

22. 王占军、黄超主编:《危险物品管理》,中国人民公安大学出版社 2014 年版。
23. 朱益军主编:《安检与排爆》,群众出版社 2004 年版。
24. 张胜前著:《大型活动安全管理》,长江出版社 2014 年版。
25. 张恩伟主编:《防爆安全检查概论》,群众出版社 1997 年版。
26. 武汉铁路公安处编印:《安检查危培训教材》。
27. 李永明:《大型活动安全许可研究》,山东大学 2006 年硕士论文。
28. 顾慰萍、刘志民主编:《毒品预防与控制》,经济科学出版社 1997 年版。
29. 戴民主编:《助理保卫师》,中国劳动社会保障出版社 2011 年版。
30. 戴民主编:《保卫师》,中国劳动社会保障出版社 2011 年版。
31. 戴民主编:《初级保卫员》,中国劳动社会保障出版社 2011 年版。
32. 王海仁:《风险社会中大型活动安保工作运作实践》,载《公安学刊-浙江警察学院学报》2010 年第 5 期。
33. 方向、高振儒等:《爆炸物的探查与排除技术》,载《四川兵工学报》2002 年第 12 期。
34. 石斌:《试析美国政府对恐怖主义的定义》,载《世界经济与政治》2002 年第 4 期。
35. 孙光:《爆炸现场分析要点及其判定依据》,载《江西警察学院学报》2011 年第 1 期。
36. 金诚:《奥运安全保卫人员的素质要求及培训》,载《北京人民警察学院学报》2002 年第 4 期。
37. 北京市公安局教育训练处:《以国际安保理念和现代管理手段 推进北京奥运安保培训工作》,载《公安教育》2008 年第 10 期。
38. 徐用兵、丛玮:《浅析爆炸装置的识别技术》,载《江西公安专科学校学报》2003 年第 6 期。
39. 陈卫、王青:《防伪技术在国家大型活动证件技术方案中的应用》,载《警察技术》2010 年第 6 期。
40. 刘庆等:《大型活动中的警犬安检技术》,载《警察技术》2013 年第 3 期。
41. 刘艳芳:《大型群众性活动突发事件预警机制的构建》,载《江苏警官学院学报》2008 年第 4 期。
42. 刘蕴络:《爆炸装置的分类》,载《劳动安全与健康》2001 年第 6 期。
43. 黄魁等:《国外爆炸物探测与识别技术综述》,载《爆炸器材》2007 年第 3 期。
44. 姚臻:《关于"恐怖主义"的界定》,载《北京政法职业学院学报》2010 年第 2 期。
45. 谢明刚:《大型活动面临的恐怖威胁分析》,载《警察实战训练研究》2009 年第 4 期。
46. 陈静、王泽东:《当前我国面临的恐怖主义威胁及反恐对策》,载《中国民航飞行学院学报》2005 年第 5 期。
47. 刘松萍:《会展反恐防御预警系统》,载《广州大学学报》2008 年第 6 期。
48. 李宇飞:《大型活动中防范恐怖袭击对策探要》,载《新疆警官高等专科学校学报》2007 年第 4 期。

联系人：田红恩
电　话：137 2030 4986
E-mail：113391595@qq.com
武汉大学出版社（全国优秀出版社）